KB146988

한반도 중립화

: 평화와 통일의 지름길

한반도 중립화

: 평화와 통일의 지름길

초판 1쇄 2023년 3월 20일

기획 부산우리민족서로돕기운동
지은이 강종일·김승국·양재섭·이재봉·임상우·정지웅

출판책임 박성규
편집주간 선우미정
편집 이수연·이동하·김혜민
디자인 고유단
마케팅 전병우
멀티미디어 이지윤
경영지원 김은주·나수정
제작관리 구법모
물류관리 엄철용

펴낸이 이정원
펴낸곳 도서출판 들녘
등록일자 1987년 12월 12일
등록번호 10-156

주소 경기도 파주시 회동길 198
전화 031-955-7374 (대표)
031-955-7381 (편집)
팩스 031-955-7393
이메일 dulnyouk@dulnyouk.co.kr
홈페이지 www.dulnyouk.co.kr

ISBN 979-11-5925-748-3 (03340)

한반도 중립화

: 평화와 통일의 지름길

부산우리민족서로돕기운동 기획

강종일·김승국·양재섭·이재봉·임상우·정지웅 지음

들녘

기획

부산우리민족서로돕기운동

부산우리민족서로돕기운동은 인도적 대북 협력 사업을 기본으로 활동하는, 25년 된 평화통일운동 시민단체다. 2009년에는 국내 최초로 평양에 500KW급 햇빛발전소를 짓기 위해 북측과 합의서를 체결하기도 했다.

2018년에는 러시아 사할린에, 정부와 민간단체 통틀어 그 누구도 관심을 갖지 않았던 〈일제강점기사할린징용한인희생자추모관〉을 건립하는 등 민족의 자존성을 높이는 사업들도 활발히 진행하고 있다. 대표는 조기종, 차상조, 현덕수 그리고 대한불교조계종 홍법사 주지 심산스님이 공동으로 맡고 있다. 해외에는 조지아 이광복 지부장이 있고, 중국 단동에도 지부가 있다.

한편 부산우리민족서로돕기운동은 '분단 100년을 넘기지 말자'는 기치를 걸고 스위스 같은 영구중립국으로 2045년 안에 민족의 통일을 이루기 위해 선도적인 활동에 나서고 있다.

www.onecorea.com
E-mail : least-people@daum.net

저자 소개

강종일

경희대학교 정치학사와 연세대학교 행정학석사를 마치고, 미국 하와이대학교 대학원에서 국제정치학 박사학위를 받았다. 대한일보 편집국 기자로 근무한 후, 주월남 미국대사관 행정관과 주미얀마 대한민국대사관 1등서기관을 역임했다. 현재 한반도중립화연구소장과 한반도중립화통일협의회장으로 활동하고 있다. 주요 저서는 『평화적 수단에 의한 평화』(공역, 2000, 들녘), 『한반도 중립화 통일은 가능한가』(2001, 들녘), 『고종의 대미외교: 갈등·기대·좌절』(2006, 일월서각), 『한반도 중립화로 가는 길』(2007, 광양사), 『한반도 생존전략: 중립화』(2014, 해맞이미디어), 『고종의 영세중립 정책』(2015, 해맞이미디어), 『한반도 중립화론 자료집』(2017, 한신기획), 『한반도 중립화 통일운동 20년사』(2019, 한신기획), 『중화(中和): 자연이 인간에게 주는 화합의 원리』(2022, 원더북스) 등이다. 주요 논문은 "한반도 중립화 통일방안 연구"(한국국제정치학회, 『국제정치논총』 제41집 1호, 2001) 외 다수가 있다.

김승국

철학박사로 평화마을 화내천(和乃天) 대표 및 일본 오사카(大阪) 경제법과대학 아세아연구소 객원연구원을 맡고 있다. 1980년대부터 지금까지 평화연구와 평화통일운동에 몸담고 있기도 하다. 한국은행과 은행감독원에서 근무했으며, 한겨레신문 기자, 월간 『말』 편집장, 유네스코(아시아 태평양 국제이해 교육원) 선임연구원, 숭실대 강사, 일본 메이지(明治) 대학 객원연구원 등을 역임했다. 주요 저서는 『겨레의 칠성판 核』(황토, 1989), 『한국에서의 핵문제·핵인식론』(일빛, 1991), 『오만한 나라 미국』(아이필드, 2002), 『한반도의 평화와 북한 핵문제』(한국학술정보, 2007), 『잘사는 평화를 위한 평화 경제론』(한국학술정보, 2008), 『한반도의 평화 로드맵』(한국학술정보, 2008), 『마르크스의 「전쟁·평화」론』(한국학술정보, 2008), 『이라크 전쟁과 반전평화 운동』(한국학술정보, 2008), 『한-미-일 동맹과 지속가능한 평화』(한국학술정보, 2009), 『평화연구의 지평』(한국학술정보, 2009), 『칼을 쳐서 보습을』(YMCA 생명평화센터, 2009), 『한반도 중립화 통일의 길』(한국학술정보, 2010), 『마을 민주 공화국』(한국학술정보, 2018) 등이다.

양재섭

"생명과 평화"를 평생의 화두로 삼고 대구대학교에서 30년 넘게 가르치고 연구했던 생명과학자(유전학전공)가 정년퇴임 후 삼청동에 있는 북한대학원대학교에서 더 공부해 북한학 박사(정치·통일 전공)가 되었다. 서울대학교에서 이학사-이학석사-이학박사 과정을 거쳤고 교수 재직 중에는 생명과학의 메카로 불리는 미국 칼텍(Caltech)의 교환교수로 갔다 온 적이 있다. 한국유전학회 회장을 역임하였고 교내에서는 자연과학대학장과 대학원장으로 일했으며 한국기독교교회협의회(NCCK) 화해통일위원회 부위원장으로 활동하였다. 그리고 평양을 두 차례 방문한 경험이 있다. 현재는 한반도중립화통일협의회 공동회장과 6·15공동선언실천경기중부본부 고문으로 활동하면서 중립화통일과 평화문제를 고민하며 살아가고 있다. 다수의 생명과학 관련 저역서 외에 학위논문 『북한 생물학의 과학적 이데올로기 수입사』가 있고 신앙에세이집 『생명을 나누는 타원형교회』를 출간하기도 했다.

이재봉

원광대학교 정치외교학·평화학 명예교수. 미국 하와이대학교에서 1994년 정치학박사 학위를 받았다. 1996년부터 원광대학교에서 정치외교학 교수로 미국정치, 국제관계, 북한사회, 통일문제, 평화학 등을 강의하다 2020년 정년퇴

임했다. 〈남이랑북이랑〉, 〈남북평화재단〉, 〈통일경제포럼〉, 〈통일맞이〉, 〈한반도 평화경제회의〉 등 시민단체를 통해 평화운동가, 통일운동가로 활동해왔다. '평화적 수단에 의한 통일'을 주장하며 민족화해와 평화통일을 추구한 노력으로 2019년 한겨레통일문화상을 받았다. 번역한 책으로 『평화적 수단에 의한 평화』(2000), 지은 책으로 『두 눈으로 보는 북한』(2008), *Korea: The Twisting Roads to Unification*(2011), 『이재봉의 법정증언』(2015), 『문학과 예술 속의 반미』(2018), 『평화의 길, 통일의 꿈』(2019), 『통일대담』(2020), 『종교와 평화: 평화와 통일을 위한 종교의 역할』(2021) 등이 있다.

임상우

서강대학교 사학과 교수로 재직하였고(1991-2018), 동 대학 부총장을 역임하였다. 현재 동 대학 사학과 명예교수로 있으면서 '한반도 중립화를 추진하는 사람들(중추사)'의 사무총장 직(2020-2021)을 수행한 바 있으며, 한반도의 평화와 궁극적인 통일은 오직 중립화를 통해서만 가능하다는 신념을 시민운동으로 승화시키는 일에 매진하고 있다. 1991년 미국 뉴욕주립대학교에서 서양현대사 및 서양 지성사를 전공하여 박사학위를 받았으며, 미국 워싱턴대학교, 프랑스 파리정치대학교, 이탈리아 피렌체대학교 및 독일 뮌헨공대에서 방문교수를 지냈다. 학회 활동으로는 (사)역사학회 법인이사, 한국사학사학회 회장, 통합유럽연구회 회장 등을 역임했다. 저서로는 『막스베버의 학문과 정치』를 비롯하여 유럽 지성사와 유럽 통합에 관한 여러 권의 책을 발간했으며 사학사, 지성사, 유럽 통합에 관한 다수의 논문을 발표했다.

정지웅

서울대학교에서 문학을 공부하였으나, 최전방에서의 군 복무가 계기가 되어 그의 화두가 된 통일문제를 연구하여 같은 대학원에서 정치학 석·박사학위를 받았다. 이후, '한반도 평화를 위한 국제적 여건 연구'라는 주제로 State University of New York에서 박사후 과정을 이수하였다. 한국교육개발원 연구원을 거쳐 (사)통일미래사회연구소장, 아신대 조교수, (사)코리아통합연구원 연구위원, 각종 단체의 자문위원을 역임하면서, 한반도 분단과 사회의 갈등 문제를 해결하기 위해 꾸준한 연구와 활동을 하고 있다. "분단통일국과 한반도 통일—힘과 통합이론의 관점에서"(박사논문), "German Reunification from the Perspective of Integration Theory : From Functionalism to Neofunctionalism", "통일추진 동력으로서의 민족주의", "정경분리정책과 남북관계, 그 의의와 한계", "한반도의 평화적 통일을 위한 방안과 유형의 모색", "독일통일의 통합이론적 접근", "독일통일과 예멘통일", 『북한핵 프로그램』(역저), 『통일과 한국기독교』, 『통일학』, 『남북한 사회통합 방안 연구』(공저), 『동북아 바둑판』 등 다수의 논문과 저서가 있다.

발간사

2022년은 분단 77년이 되는 해입니다. 7개월도 아니고 7년도 아니고 무려 77년째입니다. 우리가 언제까지 이 분단의 사슬을 안고 살아가야 합니까? 일제 치하에서 선열들이 독립을 위해 목숨을 초개같이 여기고 싸운 것이 이런 나라를 물려주기 위함은 당연히 아니었을 것입니다. 우리는 선열들 앞에 참으로 못난 후손들입니다. 우리 대에서 반드시 분단 100년을 넘기지 않고 통일을 이루어야 합니다.

그런데 왜 통일이 안 되고 있는 걸까요? 이 물음에 이렇게 대답해 봅니다. 남북 어느 쪽도 통일하자고 상대방에게 정식으로 제안한 적이 없다고. 그래서 통일이 안 되고 있는 거라고 말입니다. 그동안 남북 간에는 적지 않은 합의들이 있었습니다. 멀리 1972년 7·4공동성명부터 최근 2018년 4·27판문점선언까지 군사적 대립을 해소하고 곧장 통일을 지향해갈 수 있는 여건과 명분은 충분히 마련되어 있었습니다. 그럼에도 통일(협상) 제안은 고사하고 여전히 정치·군사적 갈등만 계속하고 있습니다.

엉뚱하지만 이런 예를 들어보겠습니다. 거의 7년 동안 연애만 하고 있는 연인이 있었지요. 둘은 만나기 전에 거의 비슷한 말을 했습니다. 여자는 피아노학원을 운영하고 있었는데, 월세도 비싸고 원생들도 줄어서 언제 돈을 모아 결혼할지 모르겠다며, 이러다가 문이나 닫게 되면 어떻게 하냐고. 남자는 건실한 중견기업에 다니고 있었는데, 회사가 조만간 구조조정을 단행할 것 같다고, 권고사직을 당하면 어떻게 할지, 이대로 마음 편히 연애나 할 수 있을지 모르겠냐며 걱정부터 했습니다. 이 때문에 두 사람의 사귐은 오래가지 못할 것 같았지요. 그런데 6개월이 지나고 1년이 가고 무려 7년째 헤어지지 않고 연애를 계속하고 있는 겁니다.

서른 중턱에 결혼을 전제로 만나 40세 문턱을 넘기고도 줄곧 연애만 하고 있자 어느 날 소개자가 답답해서 두 사람을 불렀습니다. 결혼 안 할 거면 당장 헤어지고 각자 새 사람을 찾아보라고요. 두 사람은 펄쩍 뛰었습니다. 사랑하는 사이인데 왜 헤어지냐고요. 소개자는 그 말을 놓치지 않고 가을에 반드시 결혼식을 올리라고 강권을 했습니다. 그렇지 않으면 두 사람을 떼놓기 위해 무슨 공작을 할지 모른다고 을박지르기도 했지요. 그래서인지 몰라도 이후 두 사람은 그해 가을에 결혼식을 올렸고 지금은 두 아이를 키우며 잘 살고 있습니다. 남자는 여전히 그 회사를 다니고, 여자 역시 피아노학원을 계속 운영하면서 말입니다.

남북통일 문제도 위 연인들 상황과 같지 않을까요? 서로 한 번도 통일하지 않는다고는 상상조차 하지 않고 있습니다. 통일을 위해 남측은 통일부, 북측은 조국평화통일위원회를 두고 있습니다. 양측 다 통일을 이루겠다는 의지를 정부 차원에서 공식 확인해주고 있는 셈입니다. 그럼에도 77년째 통일이 안 되고 있는 것은 '핑계 없는 무덤 없다'고 남북이 제각각 온갖 이유를 내세우며 상대방에게 통일(협상)하자고 제안을 하지 않기 때문으로 봅니다. 청혼을 하지 않는데 어찌 결혼을 할 것이며, 마찬가지로 통일하자고 제안을 하지 않는데 어찌 통일이 이루어질 수 있겠습니까?

남쪽은 통일의 걸림돌로 북쪽의 핵무기를 문제삼을지 모르겠습니다. 핵무기를 이고 있는 북쪽과 어찌 통일 협상을 하냐고요. 그렇다면 되묻고 싶습니다. 북쪽에 핵무기가 없을 때는 왜 평화협정 체결이나 통일 협상을 시작하지 않았냐고요. 북쪽도 마찬가지입니다. 미군이 남쪽에 있는데 무슨 통일 협상이냐고 생각할 수 있을 겁니다. 주한미군이 있는 상태에서 통일이 되었다가 이후 북쪽에 무슨 일이 일어날지 모르는 불안감은 있을 겁니다. 그러나 그것 역시 기우일 수 있습니다. 남북 간 통일 협상의 시작만으로도 난제처럼 꼬여 있는 제반 문제가 실타래 풀리듯 다 풀릴 수 있다고 확신합니다. 주한미군 역시 얼마든지 '명예로운 철수'가 가능하다고 봅니다. 우리는 바로 이 책이 그 묘안을 제공하게 될 것으로 믿습니다.

이 책은 한반도의 항구적인 평화와 통일을 위해 영구중립이 필요하다고 주장합니다. 미·중·러·일 강대국들의 갈등 틈바구니에 있는 지정학적 여건 때문에 통일 한반도는 영구적인 중립국이 되어야 한다는 것이지요. 관련하여, 현 시기에 중립 운운이 설득력이 있겠는가라고 의문을 제기할 수도 있겠습니다. 러시아의 우크라이나 침공을 계기로 그동안 중립국으로 있던 스웨덴과 핀란드가 나토 가입을 선언함으로써 스스로 중립국 지위를 포기하는 일이 발생했기 때문입니다. 충분히 회의적인 시각이 있을 수 있습니다. 그러나 한반도는 사실상 지구상에 하나밖에 없는 분단국가라는 특수한 상황에 놓여 있습니다. 그렇기에 기존 일반 중립국들이 어떤 입장을 취하든 상관없이 우리의 상황에 맞춰 영구중립의 길로 들어서야 할 것입니다. 그리하여 새로운 사례를 우리가 만들어내야 합니다. 즉, 앞으로는 한반도가 영구중립국의 새 모델이 되어야 할 것입니다. 이 책 본문이 이해의 폭을 넓히는 데 도움이 될 것으로 믿습니다.

관련하여 이런 경우를 생각하지 않을 수 없습니다. 현재 벌어지고 있는 우크라이나 전쟁을 일부 전문가들은 우크라이나가 미국을 대리해 러시아와 싸우고 있다고 말합니다. 전혀 틀린 말은 아니라고 봅니다. 그런데 우리는 미국과 군사동맹으로 엮여 있습니다. 만일 미국이 우크라이나로 무기 제공이나, 더 극단적인 경우 파병을 요청한다면 우리는 어떻게 해야 합니까? 대만 문제로 중국과 미국이 군사적 충돌을 하면요? 그렇게 된다면 현재의 남북은 원치 않게 전쟁의 소용돌이 속으로 빨려 들어가게 될 것입니다. 즉, 남의 나라 전쟁에 끼여 우리 영토가 초토화될 수도 있는 것입니다. 과거 참여정부 시절에 미국이 한국군의 이라크 파병 요구를 관철시킨 것과, 그보다 더 멀리는 우리 군이 미국의 베트남 침공 전에 휘말려들어 많은 희생자를 내기도 했습니다. 그런 전례에 비추어볼 때 오늘날에도 그 같은 일이 벌어지지 않는다고 누가 장담하겠습니까?

미국과 관련된 한반도 주변의 군사적 충돌로 우리가 입게 될 피해는 그 규모조차 가늠하기 어렵습니다. 바로 그러한 상황이 닥치는 것을 예방할 수 있는 군사외교정책이 영구중립 노선이라고 할 수 있습니다. 또한 이것은 평화통일을 앞당길 수 있는 최선의 방안 중 하나라고 확신합니다.

이 분야를 평생 연구해오신 강종일 선생님이 글을 쓰셨습니다. 한반도 평화와 통일을 위해 학자적 양심을 간직하고 저술 활동을 해오신 이재봉 선생님 역시 집필자로 참여하셨습니다. 얼마 전까지 중립화운동단체 실무를 총괄하신 임상우 선생님도 계십니다. 같은 주제로 출판한 적이 있는 평화운동가 김승국 선생님도 참여하셨습니다. 대학에서 관련 연구와 후학들을 가르치는 정지웅 선생님과 현직 은퇴 후 오히려 더 왕성하게 평화통일을 위해 활동하고 계시는 양재섭 선생님도 옥고를 보태셨습니다.

우리는 이 책이 남북 정부 당국자들에게 한반도 영구중립을 매개로 통일 협상을 시작해보고자 하는 강력한 동기부여가 되기를 원합니다. 이에 남측부터 대통령실을 비롯하여 여야 국회의원, 정부의 장차관들과 통일·외교·국방 관계자들, 학계 연구자들, 그리고 전국적으로 산재해 있는 많은 통일운동 단체에게도 널리 읽혀지길 희망합니다.

1953년 7월 정전협정 이후 남북은 통일을 위해 실질적이고 구체적인 움직임을 한 번도 보인 적 없습니다. '아무것도 하지 않으면 아무 일도 일어나지 않는다'는 말처럼, 남북이 통일을 위해 아무것도 하지 않으면 영구분단으로 치닫게 될 것입니다. 통일이 되지 않고서는 항구적인 평화도 기대할 수 없습니다. 그렇기에 지금부터라도 실질적이고 구체적인 움직임을 보여야 합니다. 그 시작이 바로 한반도의 영구중립 추진이라고 생각합니다. 또한 이것은 분단 100년을 넘기지 않고 통일 대업을 이루기 위한 위력적인 기제임을 확신합니다.

'가장 늦은 통일을 가장 멋진 통일'로 우리 대에서 기필코 구현해냅시다. 끝으로 필자로 참여하신 선생님들께 진심으로 감사드리며, 통일되는 날 건강한 모습으로 웃으면서 이 책을 회고해봤으면 좋겠다는 말씀을 드립니다. 감사합니다.

통일 염원 77년 11월

리인수(부산우리민족서로돕기운동 사무총장)

머리말

2021년 3월 리인수 〈부산우리민족서로돕기운동〉 사무총장이 강연을 요청했다. 부산시의회에서 '한반도 중립화'에 관해 얘기해달라는 것이었다. 1년 후 2022년 3월엔 같은 주제로 중립화 전문가들과 함께 책 한 권 써달라고 부탁했다. 〈부산우리민족서로돕기운동〉이 중립화에 관해 큰 관심을 갖고 있다는 사실을 거듭 확인했다. 출판 제안 구호가 먼저 눈에 들어왔다. "분단 100년을 넘기지 말자!"

2022년 분단 77주년을 맞았는데 언제까지 분단의 사슬을 안고 살아야 하느냐는 한탄이 섞여 있었다. 1990년대부터 통일운동에 앞장서온 그가 통일을 이룰 수 있는 방도를 고민하며 한반도 중립화를 통한 통일이 가장 바람직하다는 결론을 얻었다고 했다. 늦어도 2045년까지 '중립화 통일'을 이루자는 목표를 세우고 평화통일운동을 적극 펼치겠다는 다짐도 밝혔다.

나도 1990년대부터 평화와 통일에 관해 공부하고 소박하게나마 시민운동에 참여해오면서 한반도 중립화와 통일에 관해 글도 쓰고 강연도 해온 터라 그의 제안을 주저 없이 받아들였다. 즉각 중립화 전문가들에게 연락했다. 강종일, 김승국, 양재섭, 임상우, 정지웅 선생이 쾌히 승낙했다.

중립화 관련 소주제를 7~8개 선정하고 그에 관해 누가 가장 잘 쓸

지 정했다. 중립화에 관해 적어도 20여 년 연구해온 분들이라 집필 기간을 6개월로 잡았다. 수시로 자료를 공유하며 8월까지 초고를 만들어 9월 토론회를 가졌다. 책 제목과 소주제 제목을 다듬고 각각 부족한 부분을 보완하기로 했다. 집필 시작 전 원고 작성 기준을 만들었지만, 두 가지 문제로 토론이 길어졌다.

첫째, 용어 문제다. 이 책 제1장에서 자세히 다루듯, '중립화'는 전쟁이 일어날 때만 '일시적 중립'을 지키는 게 아니라 전시든 평시든 '영원한 중립'을 지키는 상태다. 국어사전엔 '영구중립'과 '영세중립'이란 용어를 같이 올려놓고 있다. 둘 다 "나라가 전쟁이나 군사동맹에 관여하지 아니함으로써 국제법상 독립 유지와 영토 보전을 보장받는 일"이라 설명해놓고 있다.

'영구(永久)'와 '영세(永世)'는 영원한 기간을 가리키는 같은 뜻의 말이다. 일반적으로 '영구 거주', '영구 보존', '영구 귀국'처럼 '영구'라는 말을 많이 사용하는데, '중립' 앞에서는 흔히 '영세'를 쓴다. 예를 들어, 스위스나 오스트리아를 소개할 때 '영세중립국'이란 말은 자연스러운데 '영구중립국'이라는 말은 좀 어색하다. 한편, 한자에 익숙하지 않은 젊은 세대에겐 '영세'라는 말이 오해를 불러일으킬 수 있다. '영세민', '영세농', '영세기업' 등에서처럼 "살림이 보잘것없고 몹시 가난한 상태"를 가리키는 '영세(零細)'로 받아들이기 쉽기 때문이다.

이 때문에 필자들 사이에 논쟁이 벌어졌다. 쉽고 널리 쓰이며 오해를 불러일으키지 않는 '영구중립'을 쓰자는 주장과 오랜 관행으로 이미 굳어진 '영세중립'을 쓰는 게 혼란을 피할 수 있다는 의견이 맞선 것이다. 통일은 이처럼 어려운 모양이다. 각자 취향에 따라 쓰기로 했다. 이 때문에 '영구중립'이나 '영세중립'을 의미하는 '중립화'라는 용어를 될수록 많이 썼다.

둘째, 글의 형식 문제다. 이 책 출판 취지가 통일운동가들도 잘 모르거나 오해하기 쉬운 중립화에 관해 널리 알리고 중립화 통일운동을 확산시키는 데 있기 때문에, 일반대중이 되도록 쉽고 편하게 읽을 수 있도록 각주와 참고문헌을 생략하자는 방안을 먼저 마련했다. 요즘 가짜뉴스가 많이 나오기에 독자들이 확실한 정보를 갖도록 하고 특히 앞으로 중립화에 관해 공부할 사람들이 참고할 수 있도록 자료 출처를 반드시 밝히는 게 바람직하다는 수정안이 제기됐다. 이 대목에선 통일이 쉽게 이루어졌다. 독자들에게 신뢰를 주기 위해 자료 출처를 표기하되 되도록 본문에 포함해 읽기 편하도록 하자고 합의했다.

위와 같은 출판 취지와 편집 방침에 이어 책의 구성은 다음과 같다. 제1장과 제2장은 강종일 한반도중립화연구소장 겸 한반도중립화통일협의회장이 맡았다. 강종일 박사는 1990년대 후반부터 지금까지 오로지 중립화를 주제로 연구하며 10여 권의 저서와 자료집을 펴냈는데, 중립화에 관해 한국에서뿐만 아니라 세계에서 가장 오랫동안 가장 깊게 공부해온 학자일 듯하다. 제1장에서 중립의 의미와 종류에 관해 설명하며, 원래 전쟁 당사국을 지원하지 않는다는 의미의 중립이 중립화, 영구중립, 비동맹 중립 등 몇 가지로 나뉘어 한 국가의 외교정책으로 발전했다고 밝힌다. 중립화가 국가이익의 극대화를 추구하는 대외정책이 됐다는 것이다.

제2장에서는 영구중립국 사례와 현황을 설명한다. 그에 따르면, 현재 세계엔 스위스와 오스트리아를 비롯해 4개의 영구중립국이 있다. 과거엔 벨기에와 룩셈부르크도 영구중립국이었지만 두 차례 세

계대전에 휘말리며 그 지위를 포기했다. 고종의 근세 조선과 라오스는 중립화에 실패했다. 몽골이 현재 영구중립을 추진하고 있다는 대목이 주목을 끈다.

제3장은 언론인 출신 철학박사 김승국 평화통일운동가가 썼다. 요즘 우크라이나에서의 전쟁이 확산하는 가운데 우크라이나의 중립화가 휴전 또는 종전 조건으로 나오기도 했는데, 김승국 박사는 이 전쟁의 여파로 유럽의 탈중립 움직임이 일어나는 상황을 소개하고 분석한다. 이미 언론에 보도됐듯, 북유럽의 스웨덴과 핀란드가 나토(NATO)에 가입 신청서를 제출했다. 두 나라가 나토에 가입하면 러시아와의 군사적 대결 전선이 강화됨으로써 이전의 중립 상태보다 더 큰 안보 위험이 발생할 우려가 있다고 그는 예상한다.

제4장을 맡은 정지웅 아신대학교 교수 겸 통일미래사회연구소장은 문학도였지만 최전방 군 복무를 계기로 통일문제에 관심을 갖고 정치학자로 변신해 왕성한 연구 활동을 하고 있다. 남한의 통일정책과 중립화를 다루며, 먼저 1948년 이승만 정부부터 2022년 윤석열 정부까지 통일·대북정책을 소개 분석한다. 현재 남한의 대북정책은 힘의 우위를 바탕으로 경제 지원을 지렛대로 북한 핵을 억제하고자 하는데, 이에 북한이 응하지 않고 있기에, 한반도 중립화 방안이 새로운 의미를 가진다고 주장한다.

제5장은 특이한 이력을 지니고 있는 양재섭 대구대학교 명예교수가 맡았다. 양 교수는 서울대학교에서 이학박사를 받아 대구대학교에서 30년 이상 가르치고 연구하다, 북한대학원대학교에서 북한학박사를 받은 북한 전문가다. 한국기독교교회협의회(NCCK) 화해통일위원회 부위원장을 지내고 현재 한반도중립화통일협의회 공동회장

을 맡고 있는 통일운동가이기도 하다. 그는 북한의 통일방안과 중립화정책을 다루는데, 북한은 1960년 잠정적 통일방안으로 연방제를 제안하고, 1980년 중립국가의 정체성을 추가한 '고려민주연방공화국 창립방안'을 내놓은 후 조금씩 다듬어왔다. 그리고 1997년 '조국통일 3대원칙'과 '전민족대단결 10대강령' 그리고 '고려민주연방공화국 창립방안'을 모아 '조국통일 3대헌장'으로 체계화하여 오늘에 이르고 있으며 '연방제 중립국 통일방안'을 고수하고 있다고 소개한다.

제6장에서는 이재봉 원광대학교 명예교수가 한반도 중립화의 필요성과 가능성을 짚어본다. 평화학자이며 통일운동가인 그는 남한이 세계 역사상 가장 호전적 국가인 미국과의 군사동맹 때문에 전쟁에 휘말릴 가능성이 크다며 중립화가 필요하다고 주장한다. 요즘 대만을 두고 미국과 중국 사이의 갈등과 긴장이 커지고 있는데 만약 무력 충돌로 이어진다면 주한미군 때문에 남한이 전쟁터가 될 수 있다는 것이다. 안으로는 남한이 자주성을 지니고, 밖으로는 중국의 힘이 미국과 비슷해지거나 커지면 한반도가 영구중립국이 될 수 있으리라 예상한다.

제7장은 편집과정에서 급히 추가됐다. 이재봉 교수가 2022년 10월 발표된 미국의 국가안보·국방전략 보고서들과 중국의 공산당대회 보고서를 비교해 읽어보고 대만을 둘러싼 전쟁 가능성이 머지않아 현실화할 수 있다며 이에 대한 남한의 대비책으로 한미동맹 폐기와 주한미군 철수를 주장하는 글을 발표했다. 제6장 내용과 겹치는 부분이 적지 않지만 한반도 중립화의 필요성을 거듭 강조하기 위해 그대로 싣기로 했다.

제8장에서는 임상우 서강대학교 명예교수가 한반도 중립화를 위

한 당면과제와 전망을 다룬다. 최근 〈한반도 중립화를 추진하는 사람들(중추사)〉 사무총장을 맡았던 그는 한반도 평화와 궁극적 통일은 오직 중립화를 통해서만 가능하다는 신념을 시민운동으로 승화시키는 일에 매달리고 있다. 한반도 중립화를 추구하는 과정에서 제기될 수 있는 여러 과제와 쟁점들을 비교 검토하며, 요즘 급변하는 국제적 패권 세력의 재편에 따라 중립화 통일운동이 채택해야 할 전략 및 당면과제를 제시한다. 특히 신냉전이 시작되는 국제질서의 '대전환의 시대'에 동아시아와 한반도가 격동의 현장으로 전환될 가능성이 농후하기 때문에 중립화가 절실하다고 주장한다.

책의 끝에 부록을 달았다. 저자들이 중립화에 관해 글을 발표하거나 강연하면서 받아온 질문과 비판에 대한 간략한 답을 모아 실은 것이다. 대부분 본문에서 다룬 내용이지만, 우리 사회에 '중립'에 관해 오해와 편견이 너무 많기에 강조하는 취지로 쉽고 간단하게 정리해보았다.

오래전부터 중립화에 관해 공부해온 사람으로서 이 책 출판을 제안하고 후원해준 〈부산우리민족서로돕기운동〉에 감사드린다. 바쁜 출판 일정 가운데서 기꺼이 교정, 편집, 출판을 맡아준 들녘출판사에도 감사드리지 않을 수 없다. 이 책을 통해 중립화에 대한 오해와 편견 그리고 부정적 인식이 사라지고 한반도 중립화 통일운동이 활발하게 전개되길 기대한다.

2022년 11월

엮은이 이재봉

차례

제3장 유럽의 탈중립 움직임 _김승국 …99

제4장 남한 통일정책 변화와 한반도 영세중립 _정지웅 …117

제5장 북한의 통일방안과 중립화 정책 _양재섭 …159

제1장

중립의 의미와 종류

_ 강종일

중립의 역사는 인류의 전쟁과 함께 시작되었다고 한다. 성서에 따르면, 예언자 이사야(Isaiah)가 유대인들에게 이웃 나라인 이집트와 아시리아가 전쟁을 하고 있는데 이스라엘 백성들은 누구도 어느 편을 지원하지 말 것을 지시했다고 한다. 중립이란 개념을 최초로 사용한 사례이다. 이러한 중립은 여러 세기에 걸쳐 하나의 단순한 정치적 원리로부터 교전 당사국이나 중립적인 국가를 위한 권리와 의무의 원리로 진화해왔으며, 초기의 국제법도 그렇게 인식하고 발달하였다(황인관 저, 홍정표 역, 1988: 3).

오늘날 사용되고 있는 중립화(中立化)의 어원은 중립(中立)에서 파생되었다. 즉, A국가와 B국가가 전쟁을 하는 동안 그 전쟁에 참여하지 않는 C국가는 전쟁 당사자인 어느 국가도 지원하지 않고 편의를 제공하지도 않으면서 전쟁을 관망하는 제3국을 의미한다. 그러나 오늘날에는 실제 전쟁이 아닌 강대국과 강대국 사이에서 나타나고 있는 심리전도 있어 전쟁 당사자를 뚜렷하게 구분하기가 어려우므로 국제적 중립을 구분하기가 어렵게 되고 있다.

---

* 이 글은 2007년 9월 7일 국회 외교통상위원회에 제출한 "동북아 평화와 안정을 위한 한반도 중립화 통일방안 연구"에 관한 보고서와 강종일, 『한반도 생존전략: 중립화』(해맞이미디어, 2015), 19-30쪽을 참고로 수정하고 보완한 글이다.

그러한 중립의 개념에서 파생된 용어들로 중립화가 있으며, 중립화는 영구중립(永久中立)이나 같은 뜻을 가진 영세중립(永世中立), 그리고 강대국 사이에서 어느 편에도 가입하지 않고 독자적인 노선을 가면서 양 국가들로부터 국가이익을 추구하는 것을 극대화시키려는 제3세계가 지향하는 비동맹 중립(非同盟 中立)도 중립의 개념에서 나온 것이다.

중립화와 관련된 몇 가지 용어의 개념을 확인하려는 목적은 현재 사용되고 있는 중립화와 영세중립의 어원이 무엇이며, 어떻게 발전했으며, 영세중립과는 어떠한 관련이 있으며, 중립화 국가의 조건은 무엇이며, 어떠한 나라가 영세중립의 대상 국가인가를 개념화하고 이해함으로써 중립화와 영세중립국가를 이해하는 데 도움을 주기 위함이다.

이 글은 중립에서 파생된 용어인 중립화나 영세중립 그리고 비동맹 중립 등 관련 용어들의 정의와 개념을 살펴보고, 영세중립과 중립화 국가의 조건은 무엇이며, 어떠한 국가들이 중립화나 영세중립의 대상 국가인가를 살펴보기로 한다.

I. 중립과 관련된 용어들의 개념

'중립'(中立, neutrality)은 인류 역사와 함께 전쟁에서 사용되기 시작했다. 전쟁 당사국들이 전쟁을 할 때 전쟁 당사국이 아닌 제3국은 그 전쟁에 개입하지 않고, 무기도 지원하지 않으면서 방관하는 태도를 견지하는 국가의 외교정책이다. 즉, 전쟁의 주체나 당사자가 아닌 제3국은 전쟁 당사국의 어느 쪽도 지원하거나 편의를 제공하지 않는 중립의 주체가 되는 국제법적 지위를 의미한다. 중립 외교의 효시라 할 수 있는 예로서 기원전 7세기경 예언자 이사야(Isaiah)가 이스라엘 백성들에게 이집트와 아시리아 간의 전쟁에 참여하지 말고 엄정한 중립을 지킬 것을 지시함으로써 처음으로 사용된 중립의 효시가 되었다(황인관 저, 홍정표 역 1988: 3).

중립의 또 다른 의미는 중성(中性)의 의미도 내포하고 있다. 중립은 라틴어의 뉴터(neuter)에서 유래된 것으로 일반적 의미는 공정(公正: fairness), 공평(公平: impartiality), 중용(中庸: golden mean)의 의미를 내포하고 있다. 하지만 오늘날 중립이 국제적으로 또는 국제관계에서 적용되는 경우는 특별한 의미를 내포하게 된다. 즉, 중립이란 어떠한 특정한 전쟁에 참여하지 않으면서 제3의 국가로 교전 당사국에 대한 어떠한 이익과 편의를 제공하지 않으면서, 교전 국가들에 대해 엄정한 중립의 지위를 유지하고 전쟁 당사자에 대해 공평한 관계를 유지하거나, 또는 어느 한편에 일방적 원조(援助)를 하지 않는 특수한 법적 지위를 의미한다. 이와 같은 의미를 갖고 있는 중립의 개념은 근대 유럽 국가들의 관계에서 가장 많이 적용되고 있다. 먼저 중립과 관련되고 파생된 중립화, 영세중립 그리고 비동맹 중립 등 용어의 일반적 의미를 보다 자세하게 살펴보기로 한다.

1. 중립

위에서 설명한 바와 같이 중립이란 전쟁을 바라보는 시각에서 어떠한 행동도 하지 않고, 어떠한 지원도 하지 않는 엄정한 중립의 지위를 유지하면서 관망하는 것을 의미하며, 그 전쟁의 종료와 함께 그 중립의 효력은 상실된다. 그러므로 오늘날 중립은 한 국가의 입장에서는 개입하지 않는 외교정책을 의미한다. 중립의 종류는 통상중립(customary neutrality)과 영세중립(permanent neutrality)으로 구분한다. 통상중립은 전쟁의 당사자가 아닌 제3국으로 어느 편에도 가담하지 않으며, 무력을 지원하거나 편의를 제공하지 않는 제3국의 불개입의 외교정책이다(강종일, 2001: 94-95).

중립은 대개 국가를 기준으로 하면 그 국가의 외교정책을 의미하나, 국민 개인일 경우 중간, 중도의 의미로 사용된다. 하지만 전시 국제법상으로 통용되던 중립의 개념은 2차 세계대전 후 미소 냉전체제에서 전시와 평시를 엄격하게 구분하기 어렵게 됨에 따라 국제적 분쟁에 개입하지 않은 것으로 불명확한 개념이 되기도 한다(오기평, 1976: 277). 그러므로 오늘날 중립의 개념은 오직 제한적인 전쟁의 경우와 법률상의 중립이 성립될 수 있다. 일반적으로 중립과 관련된 용어들은 국가를 기준으로 사용된다.

그 이유는 실전이 아닌 심리전이 전개되고 있는 현대 국가들 간의 중립은 전시와 평시를 엄격히 구분하기가 거의 불가능하기 때문에 직접적으로 국제적 분쟁에 개입하지 않는다고 할지라도 국제관계에서 적과 우군의 국가를 가릴 수 없게 됨으로써 중립의 구체적 지위와 성격을 규정하기 어려운 특징을 가지고 있다(홍정표 1988: 13-14). 그 실태를 살펴보자.

첫째, 중립은 과거 전쟁을 전제로 한 일반 국제법상의 지위였으나 오늘날에는 실전(hot war)의 경우에는 중립의 위치가 뚜렷하게 나타날 수 있으나, 전쟁에 가담한 교전국(belligerent)과 가담하지 않은 비교전국(non-belligerent)의 국제법상 구별이 확실하게 가능하게 된다. 하지만 전쟁에는 심리전(psychological warfare)이나 냉전(cold war) 등 교전국과 비교전국의 구분이 명확하지 않은 상태에서 중립의 지위는 상당히 모호하게 된다. 중립국의 입장을 분명하게 표방하지 않을 경우이다.

둘째, 중립의 지위는 기본적으로 중립의 의무에 기초를 둔다. 중립국의 의무를 강조한 것은 국제적으로 중립이 보장되어 있는 국제법에 의한 국가의 의무를 충실하게 수행해야 한다는 것이다. 만약 중립국이 중립의 의무를 이행하지 않고 교전국을 지원하거나 교전국에 편의를 제공하면 중립을 인정한 국가들에 의해 해당 중립국의 국제적 중립의 지위는 없어지거나 무시하게 된다.

셋째, 중립의 지위는 해당 중립국과 그 지위를 인정하는 관계 국가 간의 합의나 묵시적 합의로 성립되는 상대적 지위다. 이는 한 국가가 일방적으로 중립의 의지를 선포하여 국제법상으로 인정받은 중립국의 지위를 획득하지 못한 것을 의미한다. 따라서 완전한 중립국이 되기 위해서는 중립 당사국과 관련 국가와의 묵시적 합의로 국제법상으로 중립국의 지위를 인정받게 된다.

끝으로, 중립의 지위는 소극적이고 기회주의적이며 동시에 현상 유지로 잘못 인식되기도 한다. 중립은 원래 해당 국가 간의 국가이익의 차원에서 전쟁을 회피하려는 목적에서 출발하기도 한다. 중립을 원하는 해당 국가는 중립을 실천하려는 본질적 의지가 가장 중요한 요인으로 작용하며 관련 국가들의 인정 여부는 중립을 원한 국가의 자의에 기초한 법적 조치에 따라 성립하게 된다.

중립국은 일반적으로 국제관계에서 볼 수 있는 기존의 질서나 현상 유지에 초점을 맞추기보다는 장래에 발생할 수 있는 전망이나 위험에 따라 국가이익의 결과에 따라 대응하게 된다. 즉, 현재나 미래의 전쟁이 자국에 미칠 영향을 더 중시하면서 중립 그 자체의 논리에는 언제나 기존의 현상을 유지하려는 기본적 관념이 작용하게 된다.

중립이란 제3국 간의 전쟁이란 상태에 직면하여 참전 또는 중립의 어느 쪽이 자국의 국가이익이 되는가를 평가하여 중립을 선언하고, 필요할 경우 이를 파기할 수도 있으므로 다분히 기회주의적이라는 비난을 받을 수 있다. 따라서 중립의 형태는 영세중립이나 중립화보다 단기간의 시일을 나타내는 경향을 보이게 된다.

오늘날 중립국의 양태로는 적극적 중립국, 소극적 중립국 및 국제적 중립국으로 구분된다. 적극적 중립이란 2차대전 후 인도, 미얀마, 이집트와 같은 국가로, 미소 양대 진영이나 강대국의 어느 편에도 가담하지 않고 강대국의 세력권에서 벗어나 국가의 안보와 이익의 극대화를 유지하려는 것이다.

소극적 중립이란 스웨덴이나 핀란드와 같이 과거 소련과 장거리 국경을 접하고 있어 자국의 공산화를 방지하기 위한 양해된 중립국의 지위이다. 핀란드 국민은 1939년 소련의 침략을 경험했으며, 국민의 교육 수준이 높아 공산주의의 결함을 인식하고 있어 핀란드식(Finlandization) 중립주의를 선택하고 있다.

국제적 중립은 스위스나 오스트리아와 같이 주변 강대국과 협정에 의해 완충국가의 역할을 할 수 있고, 주변 국가로부터 침략하지 않는다는 국제적 협정을 통한 보장을 받는 영세중립이나 중립화된 국가를 말한다.

2. 중립화

'중립화'(neutralization)의 전통적 정의는 특정 지역에 있는 특정한 국가의 행동을 침해하는 것을 규제하기 위해 고안된 하나의 특별한 국제적 지위이다. 그러므로 중립화된 국가는 스스로의 방어를 제외하고는 다른 국가들이 반대하는 무기나 무장을 할 수 없으며, 중립화된 상태를 변경할 수 있는 어떠한 조약의 의무도 수용하지 않는다. 영세중립이나 중립화의 정의는 그 국가의 자주독립과 영토의 통합을 주변의 강대국들과 집단적 협정을 통해 영구적으로 보장받는 국제적으로 인정된 제도적 장치이다(Cyril Black, et al, 1968: xi).

중립화의 개념은 근대 국제법상의 관행에서 생성된 것이다. 근대 국제법상의 관행에 의하면, 이러한 전통적 정의를 토대로 한 중립화의 개념은 기본적으로 중립제도를 근간으로 하여 형성된 것으로 중립의 상태로 가는 과정을 뜻하거나 그러한 중립적 입장을 취하는 것을 의미한 것으로 근대 국제법의 기본 개념에서 파생된 것이다.

중립화를 둘러싼 논의는 우선 두 가지 측면에서 논리상의 어려움이 있다(Holsti, 1977: 112).

첫째, 중립화와 관련된 용어들의 상이한 뜻을 내포하고 있는 중립, 중립주의(neutralism), 비동맹 중립(nonaligned neutrality) 등의 용어에 대한 개념들의 구분이 문제다. 상기 용어들은 외교정책의 정향(orientation)에서는 동일한 형태와 의미를 내포하고 있다.

둘째, 중립화 대상 국가의 국제정치적 중립화 기능의 성립 요건이다. 다양한 국제정치의 형태와 조건 속에서 중립의 대상 국가와 보장 국가의 관계를 설정하는 제반 요인들의 다양성이다. 중립화가 가능한 지역으로는 세 가지 형태가 있다(Black et al, 1968: xi).

첫째는 스위스나 오스트리아와 같이 국제적으로 승인된 정부를 가지고 있는 주민들이 살고 있는 거주 지역이며,

둘째는 가자지구나 캐쉬미르와 같이 국제적으로 승인은 되었으나 정부가 없으며 주민들이 거주하고 있는 지역이며,

끝으로 남극과 북극 그리고 국제하천, 국제수로 등과 같이 국제적으로 승인되고 있으나 주민들이 거주하지 않는 지역들이다.

중립화와 유사한 개념으로 자의적 중립화(self-neutralization)가 있다. 이는 중립화가 외국의 승인을 필요로 하지 않고, 중립화의 주체가 일방적으로 중립화를 선언함으로써 그 효력이 지속되는 것과 같이 자의적 중립화도 경우에 따라서는 주체 당사자의 일방적 선언으로 성립될 수 있다는 것이다. 코스타리카는 자의적으로 영세중립을

선포한 국가이다.

자의적 중립화란 주변 국가들의 승인이나 협의를 거치지 않고 성립된 예외적인 중립화 국가를 의미한다. 예를 들면, 오스트리아는 1945년 연합국에 패망 후 국가적 목표를 스위스와 같은 영세중립국을 지향할 목적으로 일방적으로 자의적 영세중립 정책을 지향하게 되었다. 시릴 블랙은 이를 오스트리아의 자의적 영세중립 정책으로 설명하고 있다. 관련 국가들과 어떠한 형태의 합의나 승인을 얻지 못할 경우 국제법상의 영세중립국가의 국제적 지위를 인정받을 수 없지만, 오스트리아는 주변의 국가들로부터 영세중립의 국제적 지위를 간접적으로 인정받고 있다(Black et al, 1968: 18). 중립화는 강대국 간의 충돌 위험을 안고 있는 국제수로, 국제하천 등 특정한 국제적 분쟁지역을 대상으로 한다.

3. 영세중립

'영세중립'(permanent neutrality)이란 영세중립을 희망하는 국가와 다른 보장국가들이 조약을 통해 일시적인 중립의 권리와 의무를 영구적으로 유지하는 것을 의미한다. 잠정적 중립이 주로 전시에 적용된 데 반해, 영세중립은 전시와 평시를 막론하고 공히 적용되며 존재한다. 다시 말해 영세중립의 주체적 국가는 주변의 국가들과 협정을 통해 영구적으로 중립국의 보장을 받는 국제법상의 지위와 제도적 장치를 말한다(Black et al, 1968: xi).

영세중립은 전시중립과 대칭되는 개념이다. 영세중립의 성립 조건은 당사국과 강대국에 의해 인위적인 협정에 의해 성립된다. 즉, 관련 당사국 간의 협정에 의해서만 성립된다는 것이다. 이와 같이 영세중립의 국제법상의 지위는 조약에 의해 부여되는 영세중립과 보장국가들 사이의 쌍무적 또는 다자적 관계로 조약상의 상호의무에 의해 성립된다.

영세중립은 영세중립을 지향하는 국가와 이를 보장하는 관계 국가들 간의 상호 지속적이고 보완적인 관계로 개별적 또는 집단적으로 가능하다. 물론 관련 당사국의 집단적인 다자간 협정과 조약의 형식으로 그 지위가 부여되고 보장되는 것이 국제적인 통례지만 절대 필요한 조건은 아니다. 영세중립은 반드시 국가를 그 대상으로 한 데 반해, 중립화는 반드시 국가일 필요는 없다.

4. 중립주의와 비동맹

'중립주의'(neutralism)와 '비동맹'(non-alignment)은 일반적으로 한 국가의 대외정책의 기본 원칙으로서 두 대립된 국가의 어느 편에도 가담하지 않고 중립을 유지하면서 이를 국가의 공식 대외정책으로 채택하는 것을 의미한다.

중립주의 용어는 제2차 세계대전 후 프랑스가 북대서양조약기구(NATO)에 가입하지 않는 국가를 지칭하는 표현으로 통용되기 시작했다(오기평, 1976: 277). 중립주의는 중립을 지향하고 있는 국가가 어떤 블럭과 군사적으로 연계하지 않으면서 자국의 안보를 위한 유효한 안전보장 장치로 선택하는 국가적 양태이다(홍정표, 1988: 13-14).

이는 냉전 시대의 산물로 제2차 세계대전 후 제국주의나 식민주의를 반대한 신생독립국가들이 표방하는 민족주의를 내포하고 있다.

'비동맹'은 비동맹 중립 또는 비동맹 중립주의와 같은 의미를 내포한다. 비동맹 중립주의는 1950년대 초 인도 네루(Nehru) 수상에 의해 처음으로 주창되었다. 비동맹은 중립주의보다 적극적인 의지를 내포하고 있으며, 대표적 국가로는 제2차 세계대전 후 미·소의 냉전체제 속에서 국가이익을 극대화하기 위해 어느 편에도 가담하지 않았던 인도, 인도네시아, 이집트 등 제3세계 국가들이 1955년 4월 결성한 반둥회의 결과로 출현하게 되었다.

중립주의나 비동맹 중립은 약소국들이 자의적 결단으로 자국의 영토와 주권을 보호하기 위해 강대국 간의 갈등과 헤게모니 대립으로부터 멀리 벗어나 국가이익의 극대화를 모색하는 일종의 국제정치의 양식인 관점에서 중립화와 기능적 측면을 공유하게 된다. 즉, 위에서 설명한 바와 같이 중립화 단계에서 국제법상 관련 국가의 안전보장을 협정으로 부여받지 않은 상태에서 중립을 원하는 국가의 행태와 같다는 것이다. 제2차 세계대전 후 미국과 소련의 양극체제의 틀 속에서 신생 독립국가들의 비동맹 중립이 지니는 외교적 논리는 크게 4가지 측면에서 생각할 수 있다(오기평, 1976: 278).

첫째, 전후 강대국들의 핵 시대를 맞이하여 신생 독립국가들이 핵 보유 국가와 동맹관계를 맺지 않음으로써 핵으로부터 국가의 안전을 보호하려는 것이다.

둘째, 중립주의는 비단 군사적이거나 정치적 차원뿐만 아니라 경제적 측면에서 중요한 작용을 한다. 즉, 신생 독립국가들이 어느 진영에도 가담하지 않고 중립주의란 정책으로 등거리 외교를 전개함으로써 동서 양 진영으로부터 무리한 규제를 피할 수 있고, 조건 없는 경제 지원을 받을 수 있어 한 국가에 의존하는 것보다 경제적으로 국가이익에 더 도움이 된다는 것이다.

셋째, 중립주의 정책은 신생 국가들이 갈등 관계에 있는 양 진영을 향해 군축이나 긴장 완화를 요구하는 적극적인 압력을 행사함으로써 세계 평화와 안정에 기여할 수 있는 도덕적인 힘을 형성한다는 것이다.

끝으로, 동서 양 진영에 가담하지 않은 신생 중립주의 국가들은 개별 국가들의 단순한 중립 이외에도 일정한 블럭을 형성하여 국제정치의 집단적인 제3의 세력으로 성장하여 동서 양 진영을 조정하는 역할도 수행하게 되었다.

5. 비동맹 중립

'비동맹중립'(non-aligned neutrality)은 전시와 평시를 막론하고 중립을 유지하면서 특정 국가와 동맹하지 않고 중립 정책을 유지하는 외교정책을 말한다. 비동맹 중립의 반대는 동맹 중립으로 이는 중립의 개념적 정의에는 부합되지 않을 수 있으나, 중립을 지향하는 주체가 어떠한 특정 국가와 동맹을 유지하면서 다른 국가들에게는 철저한 중립 정책을 유지하고 조약 당사국이 아닌 다른 국가들도 이를 관례로 인정하는 중립국의 국제적 지위를 말한다.

비동맹 중립은 적용하는 시기를 중심으로 볼 때 전시나 평시를 막론하고 그 효력이 지속될 뿐만 아니라, 동맹 중립의 주체들이 일시적으로 그 중립국의 국제적 지위를 임의로 변경할 수 없다는 맥락에서는 영세중립에 가까운 외교정책으로 이해될 수 있다. 비동맹 중립을 지향하는 주체의 국제적 지위에 대해 주변 국가들의 승인이나 동의가 요구되지 않으며, 동맹 중립 주체들이 외교정책의 변경에 따라 임의로 동맹 중립의 정책을 변경할 수 있는 맥락에서는 단순중립에 가까운 의미를 갖는다. 비동맹 중립은 어떠한 국가와는 동맹을 유지하면서도 다른 국가들에게는 중립 정책을 유지하는 외교정책의 한 패턴이다.

비동맹 중립의 대상 국가는 주변에 많은 강대국이 존재하는 영세중립국의 영토적 위치와는 일치하지 않을 수 있다. 동맹 중립국의 주체가 하나의 강대국과 국경을 접하면서 독립을 유지하려는 외교정책과 연결된다. 따라서 동맹 중립국은 강대국으로 포위되어 있지 않고 하나의 강대국과 국경을 접한 국가가 자체 보존을 위한 국제적 지위가 될 수 있으며, 조약 당사국의 승인이 요구되는 면에서 중립국이나 영세중립국과도 구별된다. 핀란드는 대표적인 동맹 중립의 국가라 할 수 있다.

II. 중립화의 조건

한 국가가 중립화나 영세중립을 국가의 외교정책 목표로 채택하기 위해서는 몇 가지 조건을 갖추어야 한다. 국제정치에서 시간과 공간에 따라 지속적으로 변하고 있는 국제정치의 속성과 정치체계의 형성과 변화를 위한 절대적이고 불변의 조건이란 존재하지 않는다. 한 국가가 중립화나 영세중립을 실현하기 위해 일반적으로 여러 가지 성립 조건이 요구될 수 있으나, 여기서는 일반적으로 논의되고 있는 주관적 조건, 객관적 조건, 국제적 조건을 살펴본다(김갑철, 1979: 318).

1. 주관적 조건

한 국가가 중립화 또는 영세중립국가가 되기 위해서는 3가지 조건을 갖추어야 한다. 다시 말해 중립화를 지향하고 있는 국가의 국민들과 지도자들이 중립화를 얼마나 선호하면서 적극성을 보이느냐에 대한 척도이다. 일반 국민의 의지 중에서도 최고 정책결정자가 진정으로 중립화를 원하는지 여부는 더욱 중요한 조건이 된다.

위에서 지적한 국민들의 의지에 맞지 않게 또 다른 중요한 주관적 요인은 중립화 국가의 실현을 목표로 한 국민들이 그 목표를 달성한 후 지속적으로 보여주어야 할 확고한 단결력이다. 즉, 중립화를 원한 국가가 중립화를 실현한 후, 중립화 정책을 가지고 정파가 분열되어 파벌정치를 형성하거나, 국민과 지도자가 경쟁적 관계에서 국력을 낭비할 경우 중립화 정책이 유지되기는 어렵기 때문이다.

중립화 국가의 실현을 목표로 하거나 중립화가 실현된 후에 그에 따른 제반 국내적이고 국제적인 규정을 준수하려는 국민들의 의지도 수반되어야 한다. 이는 중립화를 지향하는 국가가 진정한 의미에서 정치적, 경제적, 외교적으로 독립국가의 지위를 유지하고, 중립화에 따른 제반 의무 규정을 충실히 이행할 수 있는 능력과 의지를 갖고 있어야 한다. 즉, 중립화의 대상 국가가 중립화에 따른 국제관계와 외교정책상의 여러 가지 제약과 조건, 그리고 권리와 의무를 수용할 의지가 있어야 한다는 것이다.

2. 객관적 조건

중립화의 객관적 조건은 주로 자연적 또는 지정학적 조건을 그 대상으로 한다. 다시 말해 약소국이 강대국으로 포위되어 있거나, 강대국으로부터 무력 침략과 정치적 간섭을 많이 받았거나, 앞으로도 주변국의 침략을 받을 가능성이 많은 약소국의 지정학적 위치와 관련을 가지고 있다. 그러므로 중립화의 객관적 조건은 강대국보다 약소국에 더 많은 조건이 적용되는 경향을 보이게 된다.

한반도는 지리적으로 강대국인 중국과 러시아와 국경을 접하고 있고, 경제적 대국인 일본과 해협을 두고 있어 역사적으로 중국과 일본으로부터 많은 침략을 받았으며, 일본의 식민지가 되기도 했다. 특히 한반도는 제2차 세계대전 후 미국과 소련에 의해 한민족의 의지와는 관계없이 강제적으로 분단되어 오늘에 이르고 있다. 한반도의 이러한 지정학적 현상은 중립화의 객관적 조건을 충족시키는 요인으로 지적되고 있다.

그러므로 중립화의 일차적 대상 국가는 국력이 주변의 국가들보다 미약한 국가들이 된다는 국제정치의 기본적 유형에서 크게 벗어나지 못한다. 예를 들면, 한반도와 같이 분단국의 정치적 상황은 외부 세력들의 경쟁적 개입이나 헤게모니 대상으로 용이하게 작용하거나 침략과 지배의 대상으로 유혹적이기 때문에 중립화의 저해 요인으로 작용할 수도 있으나, 반대로 중립화에 필요한 조건으로 작용되기도 한다.

3. 국제적 조건

한 나라가 영세중립국가로서 인정을 받기 위해 중요한 조건은 주변에 위치한 강대국들로부터 협정에 의한 영세중립국가로서의 불가침 보장을 받아야 한다. 즉, 주관적 조건만으로는 자의적 중립화는 실현될 수 있으나, 중립화나 영세중립국가는 될 수 없다. 예를 들면, 한반도가 중립화 국가가 되기 위한 국제적 조건은 미국을 비롯한 중국, 러시아, 일본 등으로부터 국제법상의 중립화 보장을 받아야 한다는 것이다.

위에서 중립화의 개념과 조건에 대해 검토한 바와 같이 역사적으로 거론된 한반도 중립화의 논의는 자연히 한반도가 처하고 있는 지정학적 특수성 때문에 주변국의 영향과 제약성을 동시에 받아왔다. 한반도의 중립화와 직접으로 관련된 요인들은 한반도가 중립화의 국가가 되어야 한다고 주장하는 당위적 요인으로 보는 시각과 반대로 영세중립국이 될 수 없다는 부정적 시각으로 보는 상반된 주장을 보인다. 그러면 한반도는 중립화 국가가 되어야 한다는 찬성론자와, 이를 비판하는 반대론자들도 있을 수 있을 것이다.

Ⅲ. 중립화의 대상 국가

일반적으로 모든 국가는 자의나 타의에 의해 중립화 대상국이 될 수 있다. 하지만 모든 국가가 중립화의 대상 국가가 될 필요는 없다. 다시 말해 중립화를 지향하는 국가의 목표는 그 국가의 생존권을 확보하는 전략적 목적이 있다. 생존권을 확보하는 것은 타국이나 주변의 국가로부터 무력 침략을 방지하려는 것이다.

중립화 국가의 외교정책 목표가 그 국가의 생존권과 직결된다는 사실을 전제로 한다면, 약소국의 주변에 강대국이 위치하거나, 약소국이 강대국 패권경쟁의 대상 국가로 고려된다면 중립화의 국제적 대상이 되는 것이다. 그러나 중립화를 지향하는 국가와 그 주변에 위치한 국가들의 국력이 같거나 비슷하여 외침을 받을 가능성이 적을 때 그 국가는 중립화의 필요성이 감소된다. 만약 중립화를 지향하는 국가의 주변에 강대국이 위치하여 그 강대국과 전통적으로 동맹관계를 유지하거나 친선관계를 유지하면서 외침의 가능성이 미약할 때 중립화 대상 국가로 발전하지 않는 것이 국제적 관례이다. 그러므로 중립화의 대상 국가는 주변에 강대국이 존재하면서 주변 국가들로부터 침략을 많이 받았거나 앞으로도 받을 가능성이 있는 국가가 중립화의 제1차적 대상국이 되는 것이다.

그러면 어떠한 국가가 중립화의 대상국인지 살펴보자. 시릴 블랙(Cyril Black) 프린스턴대학교 교수팀이 분류한 중립화의 대상 국가로는 신생 독립국가, 신생 분단국가, 주변 강대국의 침략과 헤게모니 경쟁의 대상이 되는 국가, 지정학적으로 강대국에 포위된 국가, 주변 국가의 침략을 많이 받았거나 앞으로도 침략을 받을 가능성이 있는 국가, 지리적으로 강대국과 강대국 간의 교량적 역할을 하는 국가 등이 영세중립국이 되어야 한다는 것이다(Black et al, 1968: 68-69).

시릴 블랙의 중립화 대상 국가에 따르면, 한반도는 중립화의 대상국이 가져야 할 모든 조건을 갖추고 있다. 즉, 한반도는 중국과 러시아의 대륙세력과 미국과 일본의 해양세력의 교량적 역할을 하고 있을 뿐만 아니라, 4개국의 국가이익이 한반도의 국제정치와 밀접하게 상호작용하고 있기 때문이다. 만약 한반도가 미국과 가까운 정권으로 통일이 된다면 중국과 러시아에는 지정학적으로 불리하게 될 수 있을 것이며, 한반도가 중국과 러시아의 영향권으로 통일이 될 경우 미국과 일본에는 불리하게 작용할 수 있다는 것이다. 과거 미국과 소련은 한반도를 분단하여 그들의 국가이익에 필요한 완충 국가의 역할을 목적으로 한반도를 분단한 것으로 분석할 수 있을 것이다.

한반도 주변 4개 국가인 중국, 러시아, 일본 그리고 미국은 세계에서 국력이 1등부터 4등까지 가는 국가들이므로 한반도와 동북아의 영구평화를 위해서는 한반도가 반드시 영구중립이 되는 것이 세계평화를 위해 바람직할 것으로 평가된다.

〈참고문헌〉

강종일, "한반도 영세중립 통일방안 연구," 한국국제정치학회, 『국제정치논총』 제41집 1호 (2001. 4.).

———, 『한반도 생존전략: 중립화』 (해맞이미디어, 2015).

강종일, 윤황, 정지웅, "동북아 평화와 안정을 위한 한반도 중립화 통일방안 연구", 국회 통일외교통상위원회, 『정책연구』 07-03(2007. 9. 7.).

김갑철, "중립화 통한론과 한국의 안보," 『강대국과 한반도: 4강 체제와 한국』 (일신사, 1979).

오기평, "개항백년: 한반도 중립화 안의 역사적 논거의 분석," 한국국제정치학회, 『한국정치학회보』 제10집 (1976).

황인관 저, 홍정표 역, 『평화통일을 위한 남북한 공영방안: 중립화통일론』 (신구문화사, 1988).

Black, Cyril E., Richard A. Falk, Oran R. Young, *Neutralization and World Politics* (New Jersey: Princeton University Press, 1968).

Holsti, Kalevi J., *International Politics: A Framework for Analysis*, 3rd ed. Englewood Cliffs (New Jersey: Princeton Halls Inc. 1977).

영세 중립국가들의 사례와 전개 과정

_ 강종일

I. 머리말

오늘날 지구상에는 4개의 영세중립국가들이 있다. 스위스는 1815년 3월 나폴레옹 전쟁의 전후처리를 논의하는 비엔나(Vienna) 회의에서 주변 8개 국가와 협정을 통해 영세중립국이 되었다. 오스트리아는 1955년 4월 소련과 영세중립을 위한 모스크바 협정을 미국, 영국, 프랑스가 추인함으로써 영세중립국이 되었다. 코스타리카 공화국은 1983년 11월 영세중립국임을 선포하여 영세중립국이 되었으며, 투르크메니스탄은 1995년 12월 유엔총회의 승인으로 영세중립국이 되었다.

벨기에는 1839년, 룩셈부르크는 1867년, 런던 조약에 의해 당사국들의 의지가 아니고 주변 국가들의 요청으로 영세중립국이 되었다. 그러나 벨기에는 독일의 침략을 받게 되자 1919년 제1차 세계대전 중 연합국의 일원으로 참전함으로써 영세중립국의 지위를 포기했다. 룩셈부르크도 제2차 세계대전 중인 1940년 독일의 침략으로 영세중립을 스스로 포기했다.

영세중립국들의 영세중립 유형은, 첫째는 자의적으로 영세중립국

---

* 이 글은 2007년 9월 7일 국회 외교통상위원회에 제출한 "동북아 평화와 안정을 위한 한반도 중립화 통일방안 연구"에 관한 보고서와 강종일, 『한반도 생존전략: 중립화』(해맞이미디어, 2015), 19-30쪽을 참고로 작성하고 수정과 보완을 한 글이다.

이 되기를 원해 인접국들의 승인을 받은 스위스가 있고, 둘째는 오스트리아는 소련과 영세중립을 위한 모스크바 각서를 다른 연합국들이 추인함으로써 영세중립국이 되었고, 셋째는 스스로 영세중립국을 선포하고 영세중립국이 된 코스타리카 공화국이며, 넷째는 유엔총회의 승인을 받아 영세중립국이 된 투르크메니스탄이 있다. 몽골은 현재 영세중립국이 되기 위해 노력하고 있다.

근세 조선의 고종황제는 일본의 조선 침략을 방지하고, 자주독립국 유지를 위해 영세중립국이 되려고 노력했으나 일본의 방해와 미국의 소극적 협조로 뜻을 이루지 못하고, 1904년 1월 20일 "조선은 영세중립국이다."라고 일방적으로 선포했으나 일본이 1904년 2월 러일전쟁을 일으킴으로써 고종의 영세중립 정책은 실패했다. 라오스는 1968년 주변 국가들로부터 영세중립국으로 승인을 받았으나 내부 정파들의 이념 대립으로 영세중립국이 되지 못하게 되었다.

이 글의 목적은 위에서 살펴본 것처럼, 오늘날 영세중립국가들은 서로 다른 방법을 통해 영세중립국이 되었으나 세계에서 가장 평화를 애호하는 모범국들로 발전하고 있다. 향후 한반도가 영세중립국가로 통일하기 위해서는 어느 영세중립국의 유형을 선택해야 할 것인가를 모색하는 데 초점을 둔다.

이 글의 구성은 Ⅰ절의 머리말에 이어, Ⅱ절에서는 영세중립국가들의 역사적 사례를 살펴보고, Ⅲ절에서는 영세중립 정책을 시도했으나 실패한 국가와 도시들을 개관하며, Ⅳ절에서는 특수 지역의 중립화 도시국가의 사례를 살펴보고, Ⅴ절에서는 결론으로 한반도가 영세중립국이 되기 위해 무엇을 어떻게 해야 할 것인가에 대한 대안을 남북 정부에 제언한다.

II. 영세중립 정책에 성공한 국가들의 사례

오늘날 영세중립국가로 성공한 나라는 스위스를 비롯해 오스트리아, 코스타리카 공화국, 투르크메니스탄 등이며, 몽골은 영세중립을 추진하고 있다. 모범적인 영세중립국가로 발전한 이들의 역사적 배경과 전개 과정을 살펴본다.

1. 스위스의 영세중립 정책

전술한 것처럼 스위스는 오늘날 영세중립국가로서 국제적 모델이 되고 있다. 그래서 한반도가 스위스 모델의 영세중립 통일을 지향하기 위해서는 스위스의 영세중립 정책과 역사적 사례를 고찰할 필요가 있다. 스위스는 1815년 3월 나폴레옹 전쟁을 종결하는 비엔나 회의에서 스위스의 영세중립국 승인을 받았다. 즉, 스위스는 같은 해 11월 파리 조약에서 오스트리아, 프랑스, 영국, 프러시아, 러시아, 포르투갈 등 8개국이 스위스의 영세중립을 정식으로 승인했다(Edgar Bonjour, 1952: 60). 하지만 스위스가 국내적으로 순수한 영세중립을 정치적 원리로 채택한 것은 스위스 연방의회가 1515년 연방정부는 전쟁 발생 시 어느 편에도 개입하지 않고 중립국으로서 지위를 유지할 것을 결의함으로써 스위스의 영세중립 정책이 시작되었다

(Bonjour, 상게서).

스위스는 역사적으로 주변 강대국들인 프랑스, 독일, 이탈리아 및 오스트리아와 국경을 접하고 있어, 지정학적 관점에서 영세중립국으로서의 충분한 조건을 갖추고 있었다. 스위스가 영세중립 정책을 추구하게 된 동기는 국내적 요인과 국제적 요인을 가지고 있다.

국내적 요인은 스위스가 15세기 중엽부터 자치권을 가진 각 주(州: Canton) 간에 영토 확장을 위한 전쟁으로 치열한 내전이 계속되자 이를 방지하기 위한 하나의 수단으로서 대내적으로 중립의 필요성이 대두되었다. 국제적 요인으로는 스위스가 주변 국가의 침략을 원천적으로 방지할 수 있는 제도적 장치를 마련하려는 목적에서 영세중립 정책이 출발한 것이다. 스위스는 중세 동로마 제국의 지배를 받으면서 1291년 3개 주가 동맹체제로 출발했다(Fahrni, 1994: 26). 하지만 스위스는 1436년부터 각 주가 극심한 내전으로 주들 간의 영토 전쟁이 계속되었다(Fahrni, 상게서: 28).

그로 인해 스위스 사람들은 어떻게 하면 격화되고 있는 스위스 주들 간의 전쟁을 종식할 것인가에 대한 대응책을 고심하게 되었다. 각 주 간의 갈등과 대립을 종식할 수 있는 수단으로서 고안된 것이 각 주가 다른 주들 간의 전쟁에 개입하지 않고 방관하는 중립이 필요하다는 인식을 하게 되었다. 그러나 스위스가 결정적으로 중립 정책을 구상한 것은 1515년 프랑스와의 마리그나노(Marignano) 전투에서 대패한 후로, 의회가 영세중립을 본격적으로 고려하는 결의안을 채택했다. 그러한 국내·외 상황에서 스위스는 1536년 각기 주권을 가진 13개 주(The 13 Old Cantons)가 연합하여 현대적 연방국가로 발전하게 되었다(Fahrni, 상게서: 12-13).

스위스 정부는 유럽의 헤게모니 경쟁에 참여하는 것을 포기하고, 1546년 세날칼디언(Senalcaldian) 전쟁 중 영세중립 정책을 공식 발표했다. 그로 인해 스위스는 유럽에서 발생한 30년 전쟁(1618-1648)이나 루이 14세 전쟁(1638-1715), 7년 전쟁(1756-1763)에서 중립주의 정책을 실천했다(신성로마제국의 신·구교파 간 왕위 계승 전쟁). 프랑스가 1647년 베른(Berne) 지방의 서쪽 스페인 영토인 프랑쉐 콩테(Franche Comté) 지방을 병합함으로써 스위스는 프랑스의 위협을 직접 받게 되었다. 프랑스와의 국경선 변경으로 스위스 의회가 무장 중립의 선포를 촉진하게 되었다. 스위스의 주변 국가들은 스위스의 중립 선언으로 18세기 초부터 스위스를 유럽의 평화협정에 참여시키지 않으면서 사실상(de facto) 중립국가로 인정을 하게 되었다(Fahrni, 전게서: 57).

프랑스는 1803년 프리블그 조약(Fribourg Treaty)으로 스위스 각 주들의 영토 보전과 독립을 인정했다. 프리블그 조약에 따라 스위스 정부는 자국 군대 2만4천 명을 프랑스 군대에 배속시켰다. 이를 구실로 영국, 프러시아, 러시아, 오스트리아의 연합군은 1813년 라이프찌히 전투에서 승리한 후 스위스를 위협하자 스위스 의회는 모든 교전 국가에 엄정한 중립을 선언하기 위한 특별의회를 소집했다(In K. Hwang, 1980: 34).

4개 연합국의 동맹국들은 1814년 3월 체결한 쇼몽 조약(Chaumont Treaty)에서, "스위스 연방은 구 경계선을 중심으로 국경을 재설정하고, 그 독립은 강대국들의 보장으로 이뤄져야 한다."는 내용을 발표하였고, 1815년 3월 20일 "스위스는 영세중립의 혜택을 받아야 한다."는 것을 인정하면서 스위스의 연방의회가 적법하게 그 조항들을 찬성함에 따라 연합국들은 "스위스의 영세중립을 인정하고, 보장하는 조항을 준비한다."고 선언했다(Gordon E. Sherman, 1915: 224: 황인관 저, 정대화 역, 1988: 31 재인용).

스위스에 대한 연합국들의 선언은 그해 스위스의 연방의회에서 승인되었다. 스위스 의회의 문서 제1조는 "스위스 의회는 연방의 이름으로 1815년 3월 20일 비엔나(Vienna) 회의에 참석했던 강대국들의 선언에 동의하며, 그 조약의 규정들을 종교적 신념으로 성실하게 지킬 것을 약속한다."고 했다. 동 조약 제2조는 "스위스는 현 체제의 영세중립 문제가 유럽 전체의 이해관계에 필수적임을 인식하고, 보장하기를 엄숙하게 약속한 강대국들에게 감사를 표한다."는 내용을 포함하고 있다(황인관 저, 정대화 역, 1988: 31).

유럽의 8개국은 1815년 비엔나 회의에서 스위스의 영토 보전과 영세중립을 인정하고 보장하는 역사적 회의가 되었다. 스위스의 영세중립과 관련된 모든 선언들은 나폴레옹이 완전히 몰락한 후인 1815년 11월 20일 채택된 파리선언에서 연합국에 의해 다시 확인되고 보장됨으로써 스위스는 주변국들로부터 국제적으로 영세중립을 승인받은 세계 최초의 영세중립국이 되었다(황인관 저, 정대화 역, 1988: 31).

스위스의 영세중립 정책은 그 후 제1차 세계대전이 끝난 1919년 6월 28일 개최된 베르사이유(Versailles) 조약과 상 제르맹(St. Germain) 조약에서도 당사국들로부터 영세중립의 지위를 부여받았으며, 제2차 세계대전 중에도 영세중립 정책을 지속함으로써 오늘날 대표적인 번영 국가로 국제적 지위를 유지하고 있다.

스위스가 1815년 주변 국가들로부터 영세중립국으로서 국제적 승인을 받은 것은 이전까지는 자체적으로 중립을 선언한 통상중립(customary neutrality) 국가에서 영세중립(permanent neutrality) 국가의 국제적 지위를 획득한 것을 의미하며, 스위스 영토의 통일과 주변 국가들로부터 불가침을 보장받는 영세중립국으로 새롭게 탄생되는 계기를 제공한 데서 그 역사적 의의를 찾을 수 있다.

비엔나 회의는 스위스가 지켜야 할 권리와 책임을 다음과 같이 규정하고 있다. 스위스는 어떠한 전쟁에 종사하거나 개입하지 않을 것이며, 엄중한 중립성을 유지하고, 스위스의 영세중립을 보장하는 국가에 대하여 어떠한 적대행위나 적대 가능성이 있는 정책과 행위를 하지 못하는 책임을 지며, 연합국으로부터 정치적 독립과 영토의 통합을 보장받으며, 침략을 받지 않을 권리를 가진다(Bonjour, 1952: 60).

정치적 관점에서 볼 때 스위스는 영세중립국가로서 어느 국가와도 안보를 위한 동맹을 맺을 수 없으며, 집단안보조약에도 참여할 수 없는 의무를 진다. 영세중립국가의 의무 규정에 따라 스위스는 세계 1·2차 대전을 비롯해 어떠한 전쟁에도 참전하지 않았으며, 어느 국가와도 동맹을 맺지 않았다. 심지어 냉전 시대 소련 등 동구권에 맞서기 위해 결성된 북대서양조약기구(NATO)에도 가입하지 않았다.

경제적 관점에서 볼 때 스위스 정부가 자국과 타 국가에 경제적 이익을 제공하거나, 인도주의적 입장에서 타 국가에 경제원조를 위한 비정치적 경제적 협정에 참가할 수 있었다. 영세중립국은 경제와 도덕의 중립까지 그 책임을 규제받지는 않는다. 더 나아가 스위스 국민의 개인적인 경제활동을 위한 외국과의 계약도 규제받지 않는다.

위와 같은 규정에도 불구하고 스위스 정부는 영세중립국으로서 어떠한 동맹이나 경제협력에도 가급적 참가하지 않음을 원칙으로 하고 있으며, 경제동맹, 관세동맹, 심지어 국제적 안보연합에도 가입을 피해왔다. 하지만 냉전 종식과 함께 국제사회의 긴밀한 협력의 필요성이 증가함에 따라, 스위스는 국제적 일원으로서 세계평화에 기여할 수 있는 역할을 모색하려는 움직임을 보였다. 그 결과 스위스 국민은 2001년 3월 10일 실시한 국민투표에서 유엔평화유지활동(PKO)을 통해 국제사회에 이바지하고, 자국의 군대를 북대서양조약기구의 군대와 합동으로 군사훈련에 참가하고, 스위스 민방위군의 전력 증강을 하는 것에 대해서 찬성하였다. 스위스 국민들이 2002년 3월 4일 실시한 국민투표에서 국제연합 가입을 찬성함으로써 스위스는 유엔에 가입했으며, 세계의 가난한 국가에 많은 경제원조를 하고 있다.

2. 오스트리아의 영세중립 정책

오스트리아는 비엔나(Vienna)를 중심으로 한 도시국가로 출발했으나 서기 976년 신성로마제국의 식민지가 되었고, 1279년 독일 합스부르크(Habsburg) 왕조의 지배를 받는 왕정국가가 되었다. 오스트리아는 1809년 프랑스와의 전쟁에서 패함으로써 다시 프랑스의 식민지가 되었으나 나폴레옹과 대적한 연합국의 일원으로 참전하여 1812년부터 대부분의 잃어버린 국토를 회복하게 되었다. 오스트리아는 1815년 나폴레옹 전쟁을 종결하는 비엔나 회의에서 전승국으로서 독립과 함께 합스부르크 왕조가 부활하게 되었다.

합스부르크 왕조가 건설한 오스트리아·헝가리 제국이 제1차 세계대전의 패배로 붕괴함에 따라 독일계, 오스트리아계 사람들이 주축이 되어 1918년 제1공화국(1918-1934)을 건설함으로써 과거 왕정 시대에 형성된 계층화된 정치체제와 사회구조를 유지하게 되었다. 신생 오스트리아는 이질적 이념집단 간의 만성적 냉전 속에서 사회민주당과 기독교사회당(Christian Socialists)을 유산으로 물려받게 되었다(이호재, 1973: 223). 그 후에도 사회민주당과 기독교사회당은 계속 대립함으로써 독일군에게 침략의 구실을 제공했다.

오스트리아 양당의 대립적 실례를 보면, 1927년 7월 극단주의자로 알려진 기독교사회당의 이그나즈 사이펠(Ignaz Seipel) 수상은 사회민주당이 주도한 데모대에 발포를 명령해 데모대 80여 명이 사망함으로써 내전으로 발전했다. 사회민주당은 사이펠 정부의 발포에 대해 총파업으로 대항했다. 사회민주당은 무력으로 정부에 대항했고, 오스트리아는 혼란스러운 내전에 휩싸이게 되었다.

기독교사회당의 엔겔버트 돌퓨스(Engelbert Dollfuss) 수상이 1933년 3월 긴급명령을 발동하여 의회와 정부를 해산함에 따라 정국은 더욱 혼란스럽게 되었다. 기독교사회당은 사회민주당이 사회를 혼란에 빠지게 하는 가장 위험한 정당이라고 규정하고 모든 수단을 동원하여 사회민주당의 시위를 무력으로 탄압하였다. 돌퓨스 정부가 야당들이 소지하고 있는 불법 무기와 탄약의 수색을 목적으로 경찰력을 동원하여 사회민주당의 사무실을 수색하자 좌익과 우익 간에 오랫동안 내재해온 대립이 무력을 수반한 내전의 상태로 발전하였다. 4일간의 전투 결과 돌퓨스 정부를 지지하는 우익이 승리함으로써 사회민주당은 불법화되어 지하 정당으로 잠적하게 되었다(이호재, 상게서: 225).

사회민주당에 대한 기독교사회당의 탄압은 오스트리아 나치당의 출현과 집권을 가져온 계기가 되었다. 즉, 돌퓨스 수상이 1934년 오스트리아의 나치당에 의해 암살당함으로써 기독교사회당은 급격히 약화되었다. 돌퓨스의 뒤를 이어 수상이 된 커트 슈시니크(Kurt Schuschinig)는 히틀러(Adolf Hitler)가 요구하는 오스트리아와 독일 나치당의 일방적 동맹을 무기력하게 수용함으로써 오스트리아는 히틀러가 주장하는 제3제국의 일원이 되었다. 이로 인해 오스트리아는 독일과 함께 1945년 5월 제2차 세계대전의 패전국이 되었고, 7월 4일 모스크바 선언으로 미국, 영국, 프랑스, 소련이 오스트리아를 분할 통치하게 되었다.

오스트리아가 패전국가로서 4개 지역으로 분할됨에 따라 정치지도자와 국민이 일체가 되어 1945년부터 자주독립국 건설을 추진하였다. 오스트리아는 4개 연합군을 명예롭게 철수시키는 방안을 고심하게 되었다. 오스트리아의 분할은 4개국의 국가이익 관계에 민감하게 작용되었기 때문에 외국군의 철수 문제는 정치지도자와 국민에게 최대의 과제였다. 오스트리아의 정치지도자들은 1930년대와 같은 오스트리아 사회의 분열을 방지하기 위해, 국내적으로나 국제적으로 중립을 기본으로 하는 국가정책을 추진하였다.

오스트리아 정치지도자들은 이를 잘 실천하였다. 우선 소련이 수상으로 추천한 인사는 당시 명망 있는 사회주의자 칼 레너(Karl Renner)였다. 그는 소련이 바라는 사회주의 국가 건설을 잘할 것으로 기대했으나 오히려 강력한 독자노선을 견지하였다. 레너는 임시정부를 구성할 때도 사회당과 국민당 그리고 공산당 등 좌우 세력을 고루 안배한 중도적 정부를 수립하였다. 그는 사회주의 계열의 사회당과 천주교 보수 계열인 국민당의 지지를 바탕으로 친소정책이 아닌 독자적 노선을 유지함으로써 오스트리아를 분할 통치하고 있는 서방 국가들의 지지를 받을 수 있게 되었다. 그의 독자노선은 오스트리아가 소련의 위성국이 되지 않은 결정적 요인을 제공하였다(이호재, 상게서: 236).

레너의 연립정부는 당초 소련에 의해 승인되었고 정치적 영향력도 소련이 관할하는 지역에 한정되었으며, 서방측의 승인과 관할 지역에서는 회의적이었다. 하지만 그는 사회당과 국민당을 적절히 활용하였고 소련의 지지를 받는 공산당을 적절하게 견제하면서 각계각층의 국민을 포섭하여 활용함으로써 오스트리아의 공산화를 방지하고 더 나아가 서방 연합국의 지지와 환심을 사는 데 노력하였다.

레너 정부의 중도 정책에 따라 연합국 위원회는 1946년 12월 오스트리아 정부가 연합국 위원회의 자문을 거치지 않고도 외국과 통상협정을 체결할 수 있는 권한을 오스트리아 정부에 부여했다. 이러한 조치는 미국과 영국, 프랑스가 주축이 되어 오스트리아가 동구권과 같이 소련의 위성국이 되는 것을 방지하려는 서방 국가들의 사려 깊은 배려였다. 이로써 오스트리아 정부는 연합국들로부터 어느 정도의 외교권까지 이양받는 계기를 마련하게 되었다.

레너 정부의 다음 목표는 오스트리아가 부담하고 있는 점령군들의 주둔 비용 문제였다. 오스트리아 정부는 연합국 점령군의 비용부담으로 경제가 더욱 어려움에 직면하였다. 소련을 제외한 연합국들은 오스트리아 국가의 경제적 어려움이 국민들에게 생활고를 가중시켜 공산주의가 출현할 가능성을 경계하여 점령 비용을 감해주었다. 미국 정부는 1947년 7월 오스트리아 정부에 미군의 주둔 비용을 완전히 면제시켜주었다.

미국의 조치에 힘을 얻은 오스트리아 정부는 1950년 3월 7일 점령 국가들에게 오스트리아에 주둔하고 있는 외국 군대의 수를 감축시켜줄 것을 공식적으로 요청하는 한편, 프랑스, 영국, 소련에 대해서도 외국군의 주둔 비용을 주둔국 정부가 부담할 것을 요청하였다. 더 나아가 오스트리아의 그루버(Gruber) 외상은 3월 8일 국회 연설에서 점령국의 점령지역 경계선을 구분하고, 점령군의 군사법정과 검열제도의 폐지 및 연합군이 징발하고 있는 오스트리아의 재산을 반환하여줄 것도 요구했다(이호재, 상게서: 248).

오스트리아 정부의 그러한 요청에 대해 서방 3개 국가는 1950년 5월 18일 런던에서 외상 회담을 개최하고, 자유롭고 독립된 오스트리아의 건설을 위해 서방 점령군의 조속한 철수를 원한다는 성명을 발표하고, 오스트리아 정부의 통치권 확대와 점령 비용의 경감 조치를 제의했다. 서방 국가들은 또한 오스트리아에 주둔하는 고등 판무관을 군인의 신분에서 민간인으로 대체하는 문제도 검토하겠다고 발표하면서 이러한 문제들을 외교문서를 통해 소련 정부에 협력을 당부했다(이호재, 상게서: 248). 그러한 정세에서 오스트리아 정부가 어떻게 영세중립 정책을 달성할 수 있었는지 그 과정을 알아보자.

오스트리아의 영세중립의 역사적 사례는 스위스의 경우와 다소 다른 특징을 가지고 있다. 첫째, 오스트리아의 정치적 환경에서 볼 때 제2차 세계대전의 패전국가로 외국 군대가 영토를 분할 점령하고 있는 국제적 냉전 속에서 국가의 정체성과 영토의 통합성도 유지하기 어려운 상태에서 영세중립국을 실현한 것이다. 둘째, 오스트리아는 외견상 중립화의 국제적 조건을 갖춘 영세중립국가로 알려졌으나, 내면적 과정은 오스트리아와 보장국들 간의 집단적 협정이 아닌 개별적 협정으로 성립된 영세중립국이다. 끝으로, 서방 국가보다는 소련이 먼저 오스트리아의 영세중립을 위한 모스크바 협정을 체결하였고, 서방 국가들이 이를 비준하는 형식을 취함으로써 오스트리아의 영세중립국 성공에 어느 연합국보다 소련이 결정적인 역할을 한 것이다.

오스트리아의 영세중립 과정은 크게 2단계로 구분된다. 제1단계는 1945년부터 1953년까지 오스트리아 문제를 토의하는 데 오스트리아 대표는 참석하지 못하고 연합국 대표들만이 독자적으로 오스트리아 문제를 결정하는 시기다. 제2단계는 1953년부터 1955년까지 오스트리아 대표가 연합국 대표와 동등한 입장에서 오스트리아 문제를 협의할 수 있는 외교적 권리를 획득한 단계다. 오스트리아의 영세중립 실현 과정에서 오스트리아 정부가 보여준 점령국에 대한 외교정책과 협상 기술은 영세중립을 지향하는 국가에 많은 교훈이 될 수 있을 것이다. 그 과정을 좀더 상세히 살펴보자.

첫째, 영세중립의 주관적 조건으로, 오스트리아 정부는 주변 점령국에 스위스와 같은 영세중립 정책을 지향하겠다는 분명한 의지를 천명하였고, 국민들의 의사를 영세중립으로 결집하는 데 주력하였다. 다시 말해 4개 점령 국가들이 오스트리아의 전후처리 문제에 대하여 견해 차이로 교착상태에 직면할 때 오스트리아 정부는 통일과 독립을 위해 스위스와 같은 영세중립 정책이 바람직하다는 대내적 의사를 통합하는 데 주력하였다.

둘째, 오스트리아 정부가 탈이념 정책을 선택한 것이다. 오스트리아는 동구권과 같은 공산화 국가가 되는 것을 방지하기 위해 서방국이 주도하는 국제협력에 능동적으로 참여하면서 서방의 점령 국가들에게 오스트리아의 영세중립 노선을 지향할 것을 의도적으로 선전하였다. 예를 들면, 1948년 2월 이후 체코슬로바키아가 공산화되고 베를린 봉쇄 등으로 국제정세가 어려울 때 오스트리아는 소련의 견제를 무릅쓰고 미국이 주도하는 마셜플랜(Marshall Plan)에 가입하였다(제2차 세계대전 후 유럽 경제의 부흥을 위해 미국이 실시한 경제지원 정책으로, 1947년 6월 미국 국무장관인 George C. Marshall이 제안했다).

셋째, 오스트리아 정부가 대외정책 노선으로 영세중립 정책을 공식 천명했다. 오스트리아는 1951년 11월과 1952년 2월 2회에 걸쳐 오스트리아의 외교정책으로 스위스와 같은 영세중립국을 지향하여 세계 어느 국가에도 편향되지 않은 공평한 균형외교정책을 유지할 것을 정식으로 발표했다. 오스트리아 정부는 오스트리아와 관련된 국제문제가 있으면 의도적으로 국제사회에 제기하여 해결하려는 노력을 보였으며, 때로는 주변국의 적극적인 협력을 받아 처리했다(강광식, 1989: 59).

오스트리아의 영세중립 실현 후기 단계는 연합국 외상 회의가 1954년 1월 25일 베를린에서 개최되었을 때, 오스트리아 대표가 정식으로 그 회의에 참석한 시기부터 시작된다. 종전까지 연합국들은 오스트리아 문제를 일방적으로 협의하고 결정했으나, 이때부터 오스트리아 대표가 연합국 회의에 참여함으로써 자국의 문제에 대한 의견을 건의하는 기회를 갖게 되었다.

연합국과의 외상 회의에서 오스트리아의 영세중립 문제를 최초로 언급한 대표는 소련 외상이었다. 소련의 몰로토프(Vyacheslav M. Molotov) 외상은 조약을 통한 오스트리아의 영세중립의 필요성을 처음으로 제기했다. 오스트리아에 대한 소련의 영세중립 제안에 진의를 파악하지 못한 서방 연합국들은 오스트리아의 영세중립 방안에 대하여 과거 강대국이 보장하였던 벨기에나 룩셈부르크 모델과 같은 영세중립 방안에 반대 입장을 천명하였다(강광식, 상게서: 60). 왜냐하면 연합국들은 1940년 초 독일이 영세중립국가인 룩셈부르크를 일방적으로 침공한 경험이 있었고, 소련은 이를 교훈으로 삼아 제2차 대전 후 독일과 오스트리아를 동시에 중립화시키려는 움직임을 보여왔기 때문이었다.

하지만 소련이 구상한 독일과 오스트리아의 중립화 방안은 소련의 국내 사정으로 변경되었다. 1953년 스탈린(Joseph V. Stalin) 체제가 무너지고, 흐루쇼프(Nikita S. Khrushchev) 체제가 등장하면서 서방에 대한 소련의 입장이 다소 완화되었다. 소련은 전후 독일과 오스트리아 문제를 분리하여 처리한다는 방침으로 변경한 것이다. 소련의 정세 변화에 따라 오스트리아는 소련과 오스트리아 문제를 처리하기 위해 즉시 회담을 개최하였다.

소련과 오스트리아는 1955년 4월 15일 모스크바에서 오스트리아가 향후 영세중립 정책을 지향한다는 전제를 포함한 모스크바 각서(Moscow Memorandum)를 발표했다. 모스크바 각서는 오스트리아의 국가조약(Austria State Treaty)의 골격을 이루게 되었고, 1955년 5월 15일 4개 점령국 외상들이 오스트리아의 국가조약을 승인하고, 1955년 7월 27일까지 비준서를 모스크바에 발송함으로써 그 효력이 발효되었다. 오스트리아는 소련의 적극적인 지원으로 10년 동안 추구해온 국가 목표인 연합군의 명예로운 철수와 자주독립 및 영세중립국의 실현을 보게 되었다.

오스트리아의 영세중립은 스위스식 영세중립과 비교해서 몇 가지의 특징을 가지고 있다.

첫째, 오스트리아가 서방 연합국가와 개별적으로 영세중립국의 권리와 의무를 서약하지 않고 있으며, 서방 국가들도 오스트리아의 영토 보존 문제에는 서명하지 않았다는 것이다.

둘째, 오스트리아는 소련에 영세중립 외교정책을 약속했으며, 오스트리아의 자유의사(of its own free will)에 따라 영세중립국이 되었으며, 주변 국가의 강요에 의한 것은 아니라는 것이다.

셋째, 서방 연합국은 오스트리아에 영세중립국 지위를 승인함에 오스트리아와의 개별 조약이 아니라 소련과 오스트리아 간에 체결된 모스크바 각서를 인준하는 형식으로 영세중립국의 지위를 부여한 것이다.

끝으로, 오스트리아는 영세중립국의 성립 과정에서 스위스와 상이한 영세중립국가의 새로운 과정과 절차를 가지고 영세중립국이 되었으나, 스위스의 영세중립국 모델을 적극적으로 추구하면서 교훈으로 삼게 되었다.

3. 코스타리카의 영세중립 정책

중남미 남부에 위치한 코스타리카는 1502년 콜럼버스에 의해 발견되어 스페인의 지배를 받다가 1821년 독립된 후 다시 멕시코에 병합되어 중남미 연방국가의 일원이 되었다. 코스타리카는 1890년 중남미에서는 최초로 자유선거를 실시한 후 1948년 독립했다. 헌법상 국가의 명칭은 코스타리카 공화국(Republic of Costa Rica)이다.

코스타리카 국토의 면적은 5만 1,032평방킬로미터로 인구는 360만 명이다. 국민의 구성은 스페인계 백인이 95퍼센트를 차지하고, 아프리카계 흑인 3퍼센트, 원주민 2퍼센트의 분포이다. 종교는 가톨릭이 전 국민의 85퍼센트이며, 개신교 15퍼센트를 점유하는 백인 계통의 기독교 국가다.

코스타리카는 1948년 대통령 선거 결과로 정부와 군부가 대립하던 중 군부가 정권을 장악했으나, 6주간의 내전으로 민간인 2,000여 명이 사망함으로써 의회는 1949년 11월 평화헌법을 채택하고 군대를 해산한 후 오늘날까지 군대가 없는 국가이자 중남미에서 민주주의가 가장 발달한 국가 중의 하나다.

코스타리카의 평화헌법 제12조 제1항은 항구적 제도로서 군대를 보유하지 않는다고 규정하고 있으며, 제2항은 군대를 대신하는 조직으로 치안과 국경 경비를 위해 시민경비대(Civil Guard)를 설치한다고 규정하고 있다. 코스타리카 정부는 평화헌법 제정 후, 병사의 수만큼 교사를 둔다는 국민적 합의로 군사비를 교육 예산으로 전용함으로써 국가 예산의 30퍼센트를 교육비로 전용하고 있다(다구노 기이치, 1997: 83-86).

코스타리카는 평화를 지향하기 위해 1980년 유엔평화대학을 설립했으며, 국내·외 국가들과 갈등이나 무력 대립을 피하기 위해 1983년 11월 17일 비무장 영세중립 정책을 선언함으로써 주변의 국가로부터 묵시적 승인을 받아 영세중립국의 국제적 지위를 유지하고 있다. 즉, 코스타리카는 자체 중립화(self neutralization) 국가이다. 코스타리카의 오스카르 아리아스(Oscar Arias) 대통령은 영세중립국의 평화 지향 정책과 중남미 5개국의 평화협정을 주도한 공로를 인정받아 1987년 노벨 평화상을 수상했다.

영세중립국가로서 코스타리카의 국가적 의무는 영공과 영해를 포함해 코스타리카에서 전쟁을 하거나 코스타리카가 군사기지로 사용되는 것을 방지하는 의무를 비롯해 분쟁 상태의 국가에 대한 어떠한 원조나 지원을 하지 않을 의무, 분쟁 국가의 군대와 탄약 또는 군수물자나 보급품의 수송을 허가하지 않을 의무, 교전 당사자의 통신용 무선시설의 유지 또는 설치를 용인하지 않을 의무, 교전 당사자를 위해 전투부대를 편제하거나 징병용(徵兵用) 사무실 제공을 하지 않을 의무, 코스타리카의 국토에 들어온 교전국 전투부대의 무장을 해제시킬 의무, 가능하면 그들을 전쟁터에서 격리시켜 유치(留置)할 의무 등이라고 규정하고 있다(다구노 기이치, 상게서: 78-79).

코스타리카는 또한 전쟁을 개시하지 않을 의무, 무력의 행사나 위협 또는 군사적 보복을 하지 않을 의무, 제3국 간의 전쟁에 참가하지 않을 의무, 코스타리카의 물질적, 법적(法的), 정치적, 도덕적인 모든 수단을 동원하여 중립과 독립을 옹호할 의무, 군사적 분쟁에 대해 외견상 또는 현실적으로 개입하지 않을 의무가 있으며, 타국의 무력 분쟁에도 개입하지 않을 의무를 진다(다구노 기이치, 상게서: 78-79).

코스타리카는 영세중립국가라 할지라도 자국의 국내·외적 제도와 이데올로기를 자유롭게 결정할 수 있으며, 유엔이나 미주기구(美州機構) 등과 같은 집단적 안전보장기구에도 가입하여 인류 평화와 인권을 위해 협력할 의무를 가진다는 내용도 포함하고 있다(다구노 기이치, 상게서: 80-83).

코스타리카의 영세중립 결정 과정은 스위스와 오스트리아의 영세중립 정책의 형성 과정과 비교하면 몇 가지 특징을 가지고 있다.

첫째, 코스타리카는 시릴 블랙이 주장하는 영세중립의 성립 요건인 주관적, 객관적, 국제적 조건 중 객관적 조건과 국제적 조건을 갖추지 않고, 주관적 조건에 의해 영세중립의 외교정책을 추구하고 있다. 즉, 코스타리카의 영세중립 정책에 대해 주변 국가의 승인이나 동의를 받지 않고 스스로 영세중립을 선언하고 실천하는 자체 중립화(self-neutralization) 국가이지만 국제적으로 영세중립의 국제적 지위를 인정받고 있다.

둘째, 스위스는 영세중립국으로 강력한 민병대의 무력을 수반하고 있어 무장 영세중립이 통례이지만 코스타리카는 비무장 영세중립 정책을 추구함으로써 군대나 무장한 방위군이 없는 영세중립국으로 외국의 무력 침략을 받지 않고 주변 국가들과 평화를 유지하고 있다.

셋째, 코스타리카의 영세중립은 주변 국가와 협정을 통한 국제적 승인을 받지 않고 주관적 조건만을 충족시킨 일방적 선언으로 영세중립국이 되었다는 점에서 국제법에 근거한 영세중립국가이기보다는 자체적 선언에 의한 정치적 성격의 영세중립국가로 분류할 수 있으나, 영세중립국의 효력에서는 국제적으로 조건을 충족한 영세중립국가와 동일한 인정을 받고 있다.

넷째, 코스타리카는 선언에 의한 영세중립국가로서 권리와 의무는 스위스나 오스트리아와 같이 평시나 전시를 막론하고 영세중립국으로서 의무를 수행하고 있으며, 적극적 비무장 영세중립국가로서 국제적 역할을 함으로써 주변의 국가들도 코스타리카의 영세중립국가를 인정하는 데 필요한 의무를 다할 것을 요구받고 있다(다구노 기이치, 상게서: 71-77).

끝으로, 코스타리카는 영세중립국가의 권리와 의무를 한다고 규정하고 있으나 스위스와 같이 초기부터 무장 영세중립국가로서 유엔을 비롯한 국제기구에 가입하지 않거나, 비동맹 원칙을 고수하지 않고 초기부터 유엔이나 미주기구에 가입하는 적극적 영세중립국가의 외교정책을 지향하고 있다.

코스타리카 국민의 행복지수는 영국의 신경제재단이 국민의 평균수명, 삶의 만족도, 자연환경 등의 3가지 요소를 기초로 측정한 결과 세계 1위가 되었다. 그 결과 은퇴한 미국인들 약 10만 명이 코스타리카에서 여생을 보내고 있다고 한다. 코스타리카가 이렇게 된 것은 1949년 군대를 해산하고 그 돈을 전부 교육에 투자하였기 때문이며, 남미의 스위스로 평가받고 있다(권태면, 《동아일보》 2010년 2월 18일자).

4. 투르크메니스탄의 영세중립 정책

소련이 해체된 후 모스크바의 지원이 중단되자 경제적 인프라가 낙후되었던 투르크메니스탄은 큰 타격을 받게 되었다. 다행히도 풍족한 천연가스를 러시아의 간섭 없이 독자적으로 생산, 공급할 수 있다는 점이 국가를 발전시킬 수 있는 동력이 되었다. 신생 투르크메니스탄은 천연가스를 수출하여 얻은 외화를 토대로 국가경제의 발전을 꾀할 수 있게 되었다. 현재는 폐기되었으나 니야조프 시기에는 일반 국민들에게 전기, 수도, 가스 및 소금 등이 무료로 공급되었고, 자동차 소지자에게는 월 200리터의 급유 쿠폰이 제공되었다.

초대 대통령 니야조프(Saparmurat Niyazov, 1940-2006) 시기에 투르크메니스탄 일반 국민들의 복지는 한국과 같은 국가에서 볼 때 상상을 초월할 정도였다. 그것은 천연가스와 같은 지하자원을 국가가 독점하고 주요 산업의 국유화가 관례화되었던 이른바 불로소득 국가(rentier state)였기 때문에 가능한 일이었다. 국민경제에 대한 국가의 주도권은 이같이 최고의 경지에 있었고, 마치 소련식 사회주의를 연상하게 했다.

투르크메니스탄의 대통령 선출은 국민이 직접 뽑는 민주주의적 방식이 적용되었지만, 서구식 형태의 대립된 정당 간의 대결 구도 양상은 아니었다. 니야조프 시기에는 투르크메니스탄 민주당(과거 소비에트 공산당)이 유일한 정당이었다. 따라서 공산국가의 대통령 선거는 99%에 가까운 득표율과 사전에 당선자를 예측하는 일이 가능한 정치체제로 선거란 일종의 요식행위에 불과했다.

투르크메니스탄은 1995년 UN총회에서 미국, 러시아, 이란, 파키스탄, 터키 및 기타 인접 국가들을 포함하여 총 18개국의 요청으로 영세중립 방안이 UN 의제로 채택되었으며, 12월 12일 185개국의 만장일치로 UN총회에서 영세중립국으로 승인되었다. 영세중립의 국제적 지위를 확보한 투르크메니스탄은 인접한 타지키스탄이나 아프가니스탄 등 내전의 혼동 속에 있던 국가와는 달리 군사비 확보에 대한 부담은 훨씬 낮은 상태를 가지게 되었다. 국가의 인적, 물적 자원을 경제성장과 사회복지에 사용할 수 있게 된 것은 중앙아시아에서 강한 국가로 나가기 위한 토대가 되었다.

니야조프 대통령이 2006년 12월 사망함으로써 당시 우크라이나, 조지아, 키르기즈스탄 등에서 있었던 이른바 급진적 정치 변동이 투르크메니스탄에서도 발생할 것인지에 대해 국제사회가 초미의 관심을 가졌다. 그러나 이듬해 2월에 있었던 대통령 선거에서 당시 무명의 인물에 가까웠던 구르반굴리 베르디무하메도프(Gurbanguli Berdimuhamedov, 1957-) 전직 보건부 장관 겸 부총리가 대통령으로 당선됨으로써 '조용한' 권력 승계가 이루어졌다(황영삼, 2020: 76). 사실 베르디무하메도프는 니야조프 대통령의 주치의를 겸하고 있기도 해서 두 사람의 관계가 매우 밀접했던 것으로 추정되었다.

국제사회에서는 베르디무하메도프 시기의 투르크메니스탄의 변화에 대해 많은 관심을 보였다. 대통령은 과거의 관행을 타파하거나 약화시키는 일에 주저하지 않았는데, 대표적인 것이 대외적 문호개방 정책이었다. 니야조프 체제가 폐쇄적 국수주의라고 한다면 확연히 대비되는 정책이었다. 학생들의 외국 유학이 허용되었고, 학위 문제도 해결되고 발레와 오페라 공연히 허용되었다. 다만 '르후라마'(니야조프가 저술한 성경과 같은 책) 규정은 폐지보다는 완화 쪽으로 결정되어 오늘날 그대로 발전한 투르크메니스탄으로 발전하게 되었다.

투르크메니스탄과 한국과의 관계는 문재인 대통령이 2020년 12월 12일 투르크메니스탄 영세중립 25주년 메시지가 전달(주 투르크메니스탄 한국대사관 2020년 12월 16일 발표)되었으며, 투르크메니스탄의 중립 정책이 국내 안정과 발전뿐만 아니라, 중앙아시아 지역의 평화와 안정에도 크게 기여했으며, 한국이 '2021년 국제평화와 신뢰의 해'의 공동 제안 국가로 참여하게 된 것을 기쁘게 생각하며, 내년이 국제 평화와 신뢰의 해로 기억될 수 있도록 함께 노력해나가길 바란다고 강조했다.

5. 몽골의 영세중립 정책 추진

몽골의 차히야 엘벡도르지(Tsakhiagiin Elgegdorj) 대통령은 2014년 9월 30일 유엔총회 연설에서 "몽골의 영세중립국 구상"을 최초로 발표했다. 몽골의 국가안보회의는 2015년 9월 8일 엘벡도르지 대통령이 발의한 "몽골의 영세중립 구상"을 승인했다(이평래, "몽골은 영세중립국이 될 수 있을까?", *Asean-India Forum*, 2016. 01. 27).

몽골의 새로 취임한 후렐수흐 대통령도 2021년 6월 "몽골의 영세중립 정책을 유지하겠다."고 발표함으로써 몽골의 영세중립 정책이 계속될 것임을 발표했다(차강을, 2015. 11. 23. 보도).

엘벡도르지 대통령이 몽골 지정학의 위치, 현재의 국제적 정세와 조건, 그리고 몽골 역사를 고려할 때 영세중립 정책을 발표한 것은 당연한 정책이라 할 수 있다. 그러나 이웃 나라인 중국과 러시아가 몽골의 영세중립의 정책에 대해 몽골이 서방측에 경도될 수 있다는 시각에서 공식적으로 반대하지 않으면서도 환영하지 않고 있다는 것이 문제점으로 지적되고 있다. 몽골이 영세중립 정책을 실현하게 되면 한반도의 영세중립에 긍정적 측면이 있을 것이다. 몽골의 영세중립을 위한 앞으로의 난관은 중국과 러시아 그리고 국민 부유층인 보수를 어떻게 설득하느냐에 따라 결정될 것으로 전망된다.

몽골의 뱃싯시그 바트문흐 외교부 장관은 2021년 6월 2일 러시아 방문 중 기자회견에서 "몽골 정부는 러시아와 중국의 안보기구에 가입하지 않고 중립적으로 남을 것이다."라고 말했다 (최수문, 《서울경제》 2021. 6. 2.).

III. 영세중립을 포기하거나 실패한 국가들의 사례

벨기에와 룩셈부르크는 스스로 영세중립국이 된 것이 아니라, 주변 국가의 요청에 의해 타율적인 영세중립국가가 되었다. 이들의 영세중립은 주변국의 요구와 보장에 의한 영세중립국이란 시각에서 볼 때 스위스의 경우와 같으나, 자율적 영세중립 정책의 의지는 없었다. 그들은 영세중립의 국제적 지위를 유지하는 것이 그들에게 불리하다는 판단에 따라 영세중립을 스스로 포기한 역사적 사례가 된다.

대한제국(大韓帝國)과 라오스는 영세중립 정책을 시도했으나 주변 국가들의 반대와 자체 내분으로 인하여 실패한 대표적 국가들이 되었다. 벨기에와 룩셈부르크가 어떠한 과정을 거쳐 영세중립국이 되었으며, 왜 영세중립 정책을 포기했으며, 대한제국과 라오스는 영세중립 정책을 추구했으나 실패한 과정을 살펴본다.

1. 벨기에와 룩셈부르크의 영세중립 정책 포기 사례

1) 벨기에

벨기에는 1713년 유트레이트 조약(Utrecht Treaty)에 의해 스페인의 통치에서 벗어나 오스트리아의 통치를 받게 되었다. 벨기에는 1794년부터 다시 프랑스의 지배를 받게 되었으나 1815년 비엔나 회의에서 영국을 비롯한 연합국들에 의해 네덜란드에 합병되어 연방 국가를 형성하였다. 하지만 벨기에와 네덜란드는 인종, 언어, 종교 등이 달라서 양국 국민 간의 역사적 감정 문제 등으로 융합할 수 없는 요인을 가지고 있었다. 벨기에는 1830년 7월 윌리엄 1세의 통치에 반대하는 폭동을 일으켜 자주독립을 요구하면서 네덜란드인을 브뤼셀에서 추방했다. 네덜란드의 윌리엄 왕은 벨기에의 반란을 진압하기 위해 연합국에 지원을 요청했다. 연합국들은 1830년 12월 런던에서 회합하고 벨기에를 네덜란드의 통치로부터 분리 독립시킨다는 조약을 체결했다(연합국인 영국, 오스트리아, 러시아, 프러시아, 프랑스, 네덜란드 등 6개국이 서명했다).

그러나 벨기에의 중립국 지위는 1914년 발생한 제1차 세계대전으로 독일에 의해 침해되었으며, 유럽 열강들은 벨기에의 영세중립을 지키지 못했다. 독일이 벨기에를 침략했을 때, 연합국들은 런던 조약의 제5조에 의해 벨기에의 영토 보존과 자주독립을 보장해주어야 했으나 연합국들이 이를 보장하지 못함으로써 벨기에는 연합국의 일원으로 전승국이 되어 1919년 6월 전쟁을 종결하는 베르사유 조약을 체결할 때 영세중립의 국제적 지위를 포기했다.

2) 룩셈부르크

룩셈부르크의 영세중립 역사도 벨기에의 영세중립 과정과 유사하다. 1814년 비엔나 회의에서 룩셈부르크는 네덜란드 왕의 주권 하에 있는 대공국이 되었다. 1830년 벨기에가 네덜란드로부터 독립운동을 하였을 때, 룩셈부르크도 네덜란드로부터 독립을 위해 많은 룩셈부르크 사람들이 벨기에의 독립운동에 가세했다. 하지만 룩셈부르크는 벨기에가 독립을 한 1831년 독립을 하지 못하고, 룩셈부르크의 서쪽 지역 일부가 벨기에에 합병되었으며, 나머지 영토는 계속 네덜란드의 지배하에 남게 되었다.

네덜란드는 1839년 룩셈부르크를 강대국의 보호령에 두는 것에 서명함으로써 룩셈부르크는 프러시아의 병참기지로 활용되었다. 1866년 오스트리아와 전쟁에서 승리한 프러시아는 전쟁 중 프랑스가 중립을 지켜준 대가로 룩셈부르크를 프랑스에 할애했다. 하지만 오스트리아와 러시아 등이 룩셈부르크 문제를 처리한 프러시아의 조치에 항의하였고, 룩셈부르크도 벨기에와 같이 영세중립국이 되어야 한다고 강력히 주장함으로써 유럽연합 국가들은 1867년 12월 런던회담에서 룩셈부르크의 영세중립에 합의했다. 영국, 오스트리아, 프랑스, 프러시아, 러시아 등이 1839년 5월 19일 런던에서 체결한 벨기에의 영세중립국 조항과 절차에 따라 룩셈부르크를 영세중립국으로 승인하게 되었다.

룩셈부르크의 영세중립은 벨기에의 사례와 유사하나 다른 점도 있다. 첫째, 영국 정부는 룩셈부르크의 영세중립을 집단 보장할 것을 주장했으나 다른 국가들은 이를 반대했다. 둘째, 룩셈부르크는 비무장 영세중립국가로 스위스와 벨기에의 무장 영세중립과 상이하다. 끝으로, 룩셈부르크는 네덜란드와의 관계에서 벨기에보다 훨씬 복잡한 관계를 유지했다.

룩셈부르크는 제1차 세계대전 종결 후 영세중립국가로서 지위를 유지했으나 1940년 5월 독일의 제2차 침공을 받았을 때, 스스로 영세중립 정책 포기를 선언하고, 영국에 망명정부를 세워 연합국의 일원으로 2차 대전에 참가하였고, 전쟁 후에는 영세중립국을 포기하였다.

2. 대한제국과 라오스의 영세중립 정책 실패 사례

1) 대한제국의 영세중립 정책 실패

서울 주재 독일영사관 부영사로 근무하던 허만 부들러(Hermann Buddler, 1884. 4. 13-1886. 5. 13 재직)는 1885년 3월 조선이 평화와 안정을 유지하기 위해서는 스위스와 같은 영세중립 정책의 필요성을 고종 정부에 건의했다. 그가 건의한 조선의 영세중립의 주요 내용은 "조선이 차제에 영세중립을 선언하면, 인접한 강대국과의 갈등을 방지하면서 전쟁의 참화를 면할 수 있어 국가적 이익을 얻을 수 있을 것이다."라고 주장했다. 대한제국 정부는 부들러의 영세중립 제안을 충분히 이해하지 못하고 실천하는 방법도 알지 못했기 때문에 그의 건의를 채택하지 않았다. 부들러는 외국인으로서 조선의 영세중립을 최초로 주장한 사람이 되었다(김갑철, 1979: 272).

조선인으로 조선의 영세중립을 최초로 주장한 유길준(兪吉濬, 1856-1914)은 1885년 12월 러시아의 남진을 방지하기 위해서는 조선이 벨기에와 같은 영세중립 정책이 필요하다는 내용을 고종 정부에 건의했다(유길준전서편찬위원회 편, 1971: 319-328).

한반도의 이러한 국제적 상황에서 유길준은 유럽 견문 결과를 토대로 "조선의 중립론"을 저술했다. 그의 이론은 전시중립과 영세중립으로 구분하고, 조선의 중립은 벨기에와 같은 영세중립국이 되어야 한다고 주장했다. 그는 조선의 중립 목적에 대해 "조선의 영세중립은 러시아의 남진 정책을 저지하는 중요한 계기가 될 것이며, 조선이 아시아 강대국들로부터 안전을 보장받는 정책이 될 것"이라는 견해도 피력했다(유길준은 1883년 7월 견미보빙[遣美報聘] 사절로 방미 후, 민영익의 주선으로 1884년 1월 덤마 아카데미[Dummar Academy] 3학년에 편입했으나 12월 김옥균의 우정국 사건으로 귀국하게 되었다).

1883년부터 대한제국의 관세 업무 보좌역으로 근무한 바 있는 영국 왕립아시아협회 중국지부 회원인 던캔(Chesney Duncan)은 1889년 8월 "조선에서 엄정한 중립(strict neutrality) 정책이 유지되어야 한다. 평화만 보장되면 조선은 참다운 평화(substantial peace)와 문명의 시대로 급속히 발전할 것이며, 조선의 고루함과 부패와 부정은 사라지고 조선 문명의 여명은 영광 속에서 다시 나타나게 될 것이다."라고 주장했다(던캔, 1889: iii-iv).

대한제국의 고종황제는 1891년 6월부터 조선의 지정학적 요인이 스위스와 유사한 점을 고려하여 국제적 보장 아래 조선의 영세중립 문제를 고려하기 시작했다. 당시 일본, 러시아, 미국, 영국 등은 조선의 영세중립 문제에 관심을 가졌으나 중국이 반대했다(Jongsuk Chay, 1990: 89).

고종황제는 1900년 8월 조병식(趙秉式) 특사를 일본에 보내 고에이 도구마(近衛篤磨)에게 조선의 영세중립 정책의 필요성을 강조하고, 일본이 조선을 대신해 조선의 영세중립을 실현해줄 것을 요구했다. 이에 대해 고에이는 조선의 영세중립국 준비 부족을 지적하면서 "국방은 일본에 위임하고, 조선은 내치에 전념하라."고 거절했다.

고종황제는 1900년 10월 동경 주재 조병식 공사에게, 동경 주재 미국 공사에게도 조선의 영세중립 문제를 논의하라고 지시했다. 그 후 고종황제는 일본에 특사를 2번 더 보내고, 미국의 루스벨트 대통령에게 조선의 영세중립과 일본의 침략 저지를 위해 특사를 6회나 보냈으나 미국의 협력을 받지 못하고 1904년 1월 20일 "조선은 영세중립국이다."라고 선포했으나 일본이 1904년 2월 10일 러일전쟁을 선포함에 따라 고종황제의 영세중립 정책은 실패하게 되었다(강종일, 전게서: 67).

2) 라오스의 영세중립 정책 실패

라오스는 6개국과 국경을 접하고 있으며, 특히 베트남(월맹)과 1,316km의 국경을 접하고 있어 월맹으로부터 침략을 쉽게 받을 수 있는 지정학적 불리함을 가지고 있다. 프랑스와 월맹 간 인도차이나 전쟁이 한창인 1950년 월맹의 정규군이 파테트 라오군과 합동으로 라오스로 진격하였다. 월맹군의 라오스 진격에 고무된 수바누봉은 삼뉴아에 혁명기지를 설치하고 해방지역을 확대함으로써, 1954년 2월에는 라오스 국토의 반을 장악했고, 인구의 3분의 1 이상을 통치하게 되었다(이채진, 1973: 256).

라오스의 내전을 종식하기 위해 미국, 영국, 프랑스, 소련 외상들은 1954년 4월 26일 스위스 제네바에서 회의를 개최하고, 한국과 인도차이나 문제를 토의하기 위해 별도의 회담을 하기로 했다. 강대국들의 결정에 따라 인도차이나 문제를 해결하기 위해 9개국(미국, 영국, 프랑스, 소련, 중국, 월맹, 월남, 캄보디아, 라오스)이 참가한 국제회의가 1954년 5월 8일부터 7월 21일까지 제네바에서 개최되어 라오스의 영세중립 문제가 논의되기 시작했다. 제네바 회의는 인도차이나에서 격화되고 있는 국제전쟁을 중지시키고 월남, 캄보디아 및 라오스의 정치 문제를 연합국들이 직접 해결하기 위해 마련된 것이었다. 동 국제회의에서는 월남, 라오스 및 캄보디아의 주권과 통일·독립 그리고 영토권을 존중해야 한다는 데 합의했고, 라오스에 대해서는 연합국들로 하여금 라오스에 대한 배타적 영토권과 간섭을 배제하기 위해 영세중립국으로 한다는 데 합의했다(이채진, 상게서: 257).

라오스 정부도 제네바 결정에 따라 영세중립 정책에 위배되는 어떠한 군사동맹에도 가입하지 않을 것이며, 동시에 자체의 국방과 안보가 위협을 받지 않는 한 무력을 사용하지 않으며 자국 영토 내에 외국의 군사기지를 제공하거나 외국군의 주둔을 허용하지 않을 것이라고 선언했다. 제네바 협정은 라오스 내의 모든 전투 행위를 중지하고, 향후 120일 이내 프랑스군과 월맹군은 라오스로부터 완전히 철수해야 한다고 규정했다(이채진, 상게서: 257).

미국의 군사원조에도 불구하고 라오스 정부군은 파테트 라오와의 소규모 게릴라전이 계속됨으로써 라오스 내 공산화 지역이 계속 확대되어갔다. 라오스의 수바나 푸마 수상은 1956년 파테트 라오를 대표하고 있는 수바누봉에게 연립정부를 조직하고 내전을 중단하자고 제안했다. 수바누봉은 이를 환영하면서 자신을 재건기획상에, 푸미봉피치트를 교육상에 임명할 것을 조건으로 연립정부 참가를 표명했다. 수바누봉의 요구를 받은 라오스 정부는 파테트 라오의 무장을 해제하라고 요구했고, 파테트 라오는 2개 정규 대대를 제외하고는 다른 부대를 해산하면서 군사 장비도 정부군에 이관함으로써 라오스의 연립정부를 통한 평화가 수립되고 라오스의 영세중립도 가능할 것으로 전망되었다.

라오스의 중도 세력이며 연립정부의 수바나 푸마 수상을 중심으로 한 자르 평원의 협정으로 라오스는 제네바 회의에서 라오스의 영세중립을 위한 국제적 협정이 필요하였으며, 연립정부에 참여한 정파들도 그렇게 되기를 희망했다. 라오스 연방정부의 기대에 부응하여 제네바에서 개최된 14개국 대표들은 1962년 7월 23일 라오스의 영세중립에 관한 선언문과 부대 의정서에 서명함으로써 라오스의 영세중립 정책은 실현될 것으로 전망되었다. 라오스 문제에 대한 제네바 협정에 의하면, "라오스는 평화적이고 중립적이며, 민주적이며 독립된 국가를 유지한다."는 내용을 포함하고 있었다(강광식, 1989: 66).

위와 같이 우여곡절 끝에 성립된 라오스의 영세중립에 관한 14개국의 제네바 협정에도 불구하고 라오스는 영세중립국가로 발전하는데 실패했다. 그 이유를 살펴보자.

첫째, 국내적 요인이다. 라오스는 불안전하게 출발한 수바나 푸마 연립정부의 정국 장악력이 미약했다. 우익을 대표한 노사반 장군과 좌익을 대표한 콩레 대위는 중앙정부보다 더 강한 무력을 갖춘 군부집단으로 영세중립을 표방한 중앙정부의 조종에 소극적이었다.

둘째, 라오스의 국외적 요인이다. 라오스는 자체의 국력과 자의에 의한 영세중립이 아니라 주변의 이해 당사국들이 그들의 국가이익을 위해 국제회의를 통해 라오스의 영세중립을 선포하고 서명했기 때문에 라오스는 영세중립의 주체가 되지 못했다. 즉, 자국의 힘이 없을 때 영세중립도 유지되기 어렵다는 것이다.

끝으로, 모택동의 중국은 미국과 소련으로 하여금 라오스 문제의 개입 소지를 최소화하기 위한 전술적 변화였으며, 호치민의 월맹은 강대국으로 하여금 라오스 문제 개입의 구실을 제거한 후 인도차이나반도를 통일하려는 계획을 가지고 있었다. 더 나아가 월맹 정부와 라오스 공산 세력의 합작에 의한 라오스의 공산화 실현이다. 월맹은 라오스의 좌파와 합세하여 의도적으로 영세중립 협정을 성실하게 준수하기보다는 공산주의 세력 확장에 전념한 것이다. 특히 월맹은 1973년 1월 파리에서 미국과 월남전의 휴전협정 체결로 월남에서 미군이 철수하자 월남을 총공세함으로써, 1975년 4월 사이공을 함락한 후 인도차이나의 적화 달성을 위해 라오스와 캄보디아를 무력 침공함으로써 라오스의 영세중립은 완전히 실패하게 되었다.

Ⅳ. 중립화 도시의 성공과 실패 사례

바티칸은 이탈리아 로마시에 위치한 독립국가이며, 안타르크티카(Antarctica) 지역은 주권을 가진 국가가 아닌 중립화가 필요한 국제적 지역으로 주변 국가들 중 어느 국가에도 편중된 이해관계를 방지하는 차원에서 주변국들은 그 지역에 대한 협정을 통해 국제적으로 중립화 시(市)로 분류된다. 중립화에 실패한 도시로는 크레코 시와 탄지어 시가 있다. 이들의 중립화 도시의 성공과 실패 사례를 살펴보자.

1. 중립화 도시의 성공 사례

1) 바티칸 시의 중립화

바티칸 시는 1929년 이탈리아 정부와 체결한 조약으로 중립화가 되었다. 바티칸의 중립화는 이탈리아 영토 내에 있기 때문에 이탈리아의 배타적 영토권에 속하며, 이탈리아에만 조약에 따른 중립화의 권리와 의무를 갖게 된다. 바티칸은 로마 교황청으로 문화재 보호와 정치적 독립이라는 특수한 목적에 따라 이탈리아와 중립화 조약을 체결한 것이다.

첫째, 교황청이 소유하고 있는 문화재를 보호하는 것이다. 바티칸은 서양의 자유, 평등, 박해 사상을 기초로 한 기독교 문명의 중심지로서 세계적인 문화유산을 소유하고 있다. 역사적으로 찬란한 기독교 정신과 문화를 보존하기 위해서는 이탈리아의 보호와 협력이 절대적으로 필요하다.

둘째, 바티칸의 정치적 독립이다. 과거와 같이 로마 교황청이 이탈리아의 모든 문화를 통솔, 지배할 경우 문제가 없었으나, 이제는 이탈리아로부터 정치적 독립을 유지하면서 독자적인 외교권과 이탈리아에 대한 치외법권의 법적 지위가 필요하기 때문에 독자적 통치기구로서 역할을 하려는 것이다.

끝으로, 바티칸의 재산에 대한 보호이다. 전 세계 신도들로부터 모금된 종교 자금의 안전한 보호를 효과적으로 수행하기 위해서는 다양한 경제활동을 해야 하며, 이에 대한 이탈리아의 보장이 선행되어야 한다. 예를 들면, 바티칸은 이탈리아 내에서 산업에 대한 통제권을 행사할 수 있으며, 은행, 선박, 보험, 광산, 항공, 전자 등 전 분야의 투자에 대한 소유권을 행사할 수 있는 법적, 제도적 보장을 받는 것이다.

바티칸은 전 세계 로마 가톨릭교회의 중심체로서 그 정책은 가톨릭을 전 세계에 전파하는 것이다. 바티칸의 중립화 협정은 계속적이고 배타적이며 이탈리아에 대해서만 그 효력이 지속된다. 하지만 세계 대다수 국가는 바티칸과 이탈리아 간의 중립화 협정을 사실상 인정하면서 바티칸의 중립화와 관련된 제반 권리를 묵시적으로 승인하고 있다.

2) 안타르크티카 시

안타르크티카(Antarctica) 시는 중립화의 주체가 되는 국가가 아니라

지역이라는 것이 특징이다. 안타르크티카 시는 남극의 주위에 있는 804만 5,000평방킬로미터의 지역으로 1959년 12월 아르헨티나, 오스트레일리아, 칠레, 프랑스, 뉴질랜드, 노르웨이, 영국, 소련 등에 의해 중립화 도시가 선언되었다. 그 후 상기 국가들과 미국, 벨기에, 일본, 남아프리카 공화국 등 12개 국가는 1961년 안타르크티카 지역의 중립화 조약을 체결하였고, 이 지역에서 모든 영토 선언과 분쟁을 중지하며, 과학적 연구를 위한 자유로운 공동 사용을 확립하기로 했으며, 핵실험을 포함한 모든 군사활동과 이용을 방지하기 위해 상호 감시체제를 확립하기로 합의했다. 미국과 소련은 1967년 별도로 이 지역에서 핵무기 실험을 금지하는 조약에 합의했으며, 이 조약은 1972년 발효되었다(황인관 저, 홍정표 역, 1988: 52).

2. 중립화에 실패한 도시의 사례

크래코 시는 폴란드의 남부에 있는 작은 도시다. 크래코 시는 1795년 폴란드가 3차 분할될 때까지 오스트리아에 귀속되어 있었다. 오스트리아는 나폴레옹의 강압에 따라 1809년 나폴레옹의 괴뢰국가인 바르샤바 공화국에 크래코를 양도했다. 크래코의 주변 국가들은 1815년 나폴레옹 전쟁을 종결하는 비엔나 회의에서 그 소유권 문제로 대립하게 되었다. 특히 오스트리아와 러시아는 더 많은 소유권을 주장했다. 크래코는 도시 이외에 특별한 영토를 갖거나 독립적인 정부를 가진 국가가 아닌 도시로서 인접 국가들의 지배 대상이었다.

크래코 시가 지정학적으로 오스트리아, 러시아, 프러시아 간의 중심부에 위치하고, 폴란드가 1795년 세 번째 분할되어 패망함에 따라 주변 3국은 크래코를 자신의 세력권에 두려는 정치적 욕망을 가지게 되었다. 결국 크래코는 나폴레옹 전쟁 후에도 오스트리아와 러시아 간에 쟁탈의 대상이었다. 이러한 국제 정치적 이유로 크래코 시는 1815년 나폴레옹 전쟁을 종결하는 비엔나 회의에서 오스트리아, 러시아, 프러시아의 보호 하에 독립적이며 중립적인 영구 자유도시가 되었다(황인관 저, 홍정표 역, 전게서 1988: 32-33).

하지만 크래코 시가 영구중립 자유도시의 국제적 자격을 상실하게 된 원인은 크래코 시가 주변국의 국제적 범법자들의 도피처가 된 결과였다. 즉, 강대국에 의해 강제로 분할된 폴란드의 애국자들이 독립을 획득하기 위해 주변 3국에 대하여 반란을 모의하거나 사주하는 주모자들이 크래코에 많이 피신하고 있었기 때문이었다. 그러한 이유로 외국의 군대는 크래코 시가 영구중립의 도시임에도 폴란드의 반란 주모자를 체포한다는 명목으로 크래코에 항상 주둔하게 되었다. 특히 1846년 폴란드의 갈라치아 시에서 자주독립을 요구하는 폴란드인들의 대규모 반란 사건을 계기로, 오스트리아 정부는 폴란드 반란의 진원지가 크래코 시라고 선언함으로써 크래코의 중립 조약은 일방적으로 파기되었다. 크래코가 중립국가로 승인된 비엔나 협정 제9조에 의하면, 주변국들은 크래코로 하여금 주변 국가에 범법자들의 망명을 수용해서는 안 된다는 규정에 위배된 것이다(황인관 저, 홍정표 역, 1988: 33).

V. 맺음말: 한국의 함의

전쟁은 인류의 초기부터 시작되었다. 인류는 평화를 최고의 가치로 생각하고 갈망한다. 위에서 살펴본 바와 같이 영세중립에 성공한 국가들의 목표는 영세중립 그 자체보다는 영세중립 외교정책을 통해 영구평화를 목표로 한 것이다. 그러므로 영세중립을 지향하고 있는 국가의 외교 목표는 평화이다. 인류는 인류 역사에 계속되는 전쟁을 지양하고 인간이 추구하는 최고의 보편적 가치인 평화를 실현하려는 것이다.

지정학적으로 한반도는 주변에 강대국들이 위치하고 있어 외국의 침략을 940여 회나 받았다(이재 외, 1988: 41). 한반도는 1945년 일제강점기 지배를 벗어나려 했으나 미국과 소련이 38선을 중심으로 그들의 국가이익에 따라 한반도를 분할했다. 이로써 미국, 중국, 러시아, 일본의 국가이익이 한반도를 중심으로 첨예하게 대립하는 전략적 요충으로 세계의 패권을 주도하고 있는 미국의 간섭을 가장 많이 받는 실정이다. 이들 4개 국가는 세계에서 국력이 1위부터 4위까지의 국가들로 한반도는 물론이고 동북아와 세계의 평화에 많은 영향을 미치고 있다.

남과 북으로 분단된 한반도는 영구평화를 이룩해야 하는 절박한 위치에 있다. 한반도는 주위에 4대 강대국이 포위하고 있어 영구평화를 달성하기 위해서는 스위스의 영세중립 모델을 통한 영세중립국이 되어야 할 것이다. 연구자에 따라 다양한 평화적 방법이 거론되고 있으나 위에서 연구하고 검토한 외국의 영세중립 정책을 통해 영구평화를 실현하는 것이 가장 바람직한 방법이 될 것이다. 그 주된 이유는 한반도가 주변의 어느 한 나라의 영향권에 편입하게 되면 다른 3개국의 국가이익에 많은 영향을 미치기 때문이다.

분단된 남과 북은 평화통일의 당사자이고 주체자임에도 불구하고 분단된 지 77년이 되었으나 평화통일을 하지 못하고 대립과 갈등을 계속하고 있다. 남북은 평화통일의 당사자이고 주체이기 때문에 남북이 경제협력을 극대화하고, 남북문제는 남북이 해결한다는 원칙을 가지고 상호협력을 해야 할 것이다. 그러면 한반도가 영세중립 평화통일을 달성하기 위해서는 무엇을 어떻게 해야 할 것인가?

첫째, 남과 북이 영세중립 평화통일을 달성하기 위해서는 가장 먼저 경제적 협력을 강화해야 할 것이다. 북한이 현재 핵과 미사일을 계속 실험하고 있어 미국과 유엔의 경제제재 상태에 있으나 남북이 협력하여 인도적 차원에서부터 경제적 협력을 강화해나가야 할 것이다.

둘째, 남북은 1991년 12월 체결한 남북기본합의서 제14조에 규정에 근거하여 자주적 입장에서 불가침 조약을 체결하고, 서울과 평양에 대표부를 설치해야 할 것이다. 이를 실천하기 위해 남북 정부는 '남북문제는 남북이 해결한다'는 대원칙을 가지고 주변 국가의 반대에 맞서 어떠한 난관이 있어도 이를 극복하려는 의지를 보여야 할 것이다.

셋째, 남북은 '자주외교, 균형외교, 중립외교'를 과감하게 지향하고 실천해야 할 것이다. 한국은 미국과 군사동맹을 유지하고 있고, 북한은 중국과 지원 동맹을 유지하고 있다. 이렇게 외국에 의지한 결과 77년 동안 분단된 남과 북은 평화통일을 위해서는 한 발짝도 나가지 못하고 있다.

끝으로, 남북은 각자의 장점을 융합시켜 시너지 효과를 창출해야 할 것이다. 예를 들면, 남한이 기술과 자본을 투자하고 북한은 자원과 인력을 동원하여 경제협력을 강화하고 개성공단 같은 새로운 산업단지 20여 개소를 북한에 조성한다면, 남북은 어느 국가보다 강력한 경쟁력을 발휘할 수 있을 것이다. 남북 정부는 어떠한 환경에서도 이를 실천에 옮길 것을 제언한다.

〈참고문헌〉

강광식, 『중립화 정치론: 한반도 적용 가능성 탐색』(인간사랑, 1989).

강종일, 『한반도 생존전략: 중립화』(해맞이미디어, 2014).

강종일, 윤황, 정지웅, "동북아 평화와 안정을 위한 한반도 중립화 통일방안 연구", 국회 통일외교통상위원회, 『정책연구』 07-03 (2007. 9. 7.).

권태면 "은퇴한 미국인들이 이민 가는 나라는", 《동아일보》 2010년 2월 18일.

김갑철, 『강대국과 한반도: 4강 체제와 한국통일』(일신사, 1979).

다구노 기이치(澤野義一), 『비무장 중립과 평화보장』(도쿄: 아오키쇼텐, 1997.)

유길준전서편찬위원회 편, 『유길준전서 IV』(일조각, 1971).

이재 외, 『한민족의 국난 극복사』(과학연구사 1988).

이채진, "국제적 중립화: 라오스의 사례와 경험적 암시", 고려대학교 아세아문제연구소 편, 『한국통일의 이론적 기초』(고려대학교 출판부, 1973).

이평래, [전문가 칼럼] "몽골은 영세중립국이 될 수 있을까?", Asean-India Forum (2016. 01. 27).

이호재, "오스트리아 再統一의 成功要因," 『韓國統一의 理論的基礎』(고려대학교 아세아문제 연구소, 1973).

차강올, '몽골이야기: 몽골 영세중립국 구상', https://m.blog.naver.com/ PostView. naver? blogId=msj3998&logNo=220547514581999 (2022. 09. 25. 검색).

황영삼, "현대 투르크메니스탄의 인구—민족 구조 분석: 특징과 문제점", 한국외국어대학교 국제지역연구센터, 『슬라브연구』 제36권 2호 (2020년 6월), 87-117쪽.

황인관 저, 정대화 역, 『중립화 통일론』 (신학문사, 1988).

황인관 저, 홍정표 역, 『평화통일을 위한 남북한 공영방안: 중립화통일론』 (신구문화사, 1988).

Bonjour, Edgar, *Swiss Neutrality: Its History and Meaning*, translated by Mary Hottinger (London: George Allen & Unwin Ltd., 1952).

Fahrni, Dieter, *An Outline History of Switzerland From the Origins to the Present Day* (Zurich: Pro Helvetia, 1994).

Holsti, Kalevi J., *International Politics: A Framework for Analysis*, 3rd ed. Englewood Cliffs (New Jersey: Princeton Halls Inc. 1977).

Hwang, In K., *The Neutralized Unification of Korea* (Cambridge: Schenkman Publishing Co., 1980).

Sherman, Gordon E., "Permanent Neutrality Treaties," *Yale Law Journal*, Vol. XXIV (1915).

제3장

유럽의 탈중립 움직임

_ 김승국

Ⅰ. 서론

우크라이나 전쟁의 여파로 유럽의 탈중립(脫中立: 영세중립·군사적 중립·중립 정책에서 벗어남) 움직임이 일어나고 있다. 중립주의를 지지하던 여론이 우크라이나 전쟁을 겪으면서 탈중립을 선호하는 쪽으로 기울고 있다.

유럽의 중립 정책은 세 가지 유형이 있는데 스위스·오스트리아는 영세중립, 스웨덴·핀란드·아일란드·세르비아는 군사적 중립(정치·외교적으로는 중립이 아님), 몰도바는 중립 정책을 '표방'하고 있다. '표방'은 중립 정책을 굳세게 지키고 있지 않을 가능성을 내포하는 말이다. 그렇다고 말로만 중립을 취하는 정도는 아닌 약간 모호한 뜻이다.

중립 정책을 취하는 유럽 국가의 국민들 사이에서 중립 정책에 대한 회의가 일어나고 있다. 이를 간파한 정치 세력이 탈중립을 정치 담론으로 만들고 있으며, 스웨덴·핀란드는 실행 단계에 들어가 NATO(북대서양조약기구)에 가입 신청서를 제출했다.

이에 따라 '사회민주주의·복지국가의 기반 위에 형성되었던 중립주의'라는 스웨덴·핀란드의 정체성이 동요하고 있으며, 북유럽 모델·북유럽식 국제주의에 의문이 일고 있다(헤이키 파토마키, 2022년 7월호: 56-59).

II. 스웨덴·핀란드의 비동맹 중립

스웨덴·핀란드가 우크라이나 전쟁이라는 단 하나의 이유만으로 NATO에 가입하려는 것은 아니다. 스웨덴·핀란드의 NATO 가입 노력은 하루아침에 이루어지지 않았다. 오랫동안 양국과 NATO의 군사적인 관계가 유지되어왔으며, 군사적인 관계가 강화되는 만큼 중립주의가 퇴색하는 경향을 보여 '무늬만 중립의 상태'로 한 발 한 발 나아갔다. 우크라이나 전쟁을 겪으면서 중립주의가 완전히 퇴색했을 뿐이다.

중립주의가 완전히 퇴색되어가는 경향을 비판적으로 보는 오시마 미호(大島美穂)는 '양국이 중립이라기보다 비동맹 정책을 취해왔다'고 평가한다(大島美穂, "なぜ中立2国はNATO北方拡大に舵を切ったのか", 『週刊金曜日』 1379호 [2022. 6. 3.]).

이는 인색한 평가라고 생각한다. 양국이 (군사적 동맹 관계를 맺지 않는) 비동맹에 무게를 두는 중립 자세를 견지해왔기 때문이다. 비동맹에 가까운 중립이라는 의미에서 '비동맹 중립'이라고 부른다.

'비동맹 중립'은 서론에서 말한 군사적 중립(정치·외교적으로는 중립이 아님)과 상통한다. 스웨덴·핀란드의 군사적 중립은 정치·외교적으로는 중립이 아님을 말한다. 핀란드가 1995년에 EU(유럽연합)에 가입하고 스웨덴도 EU와 관계를 맺음으로써 정치·외교적으로는 중립이 아닌 상태로 진입하고 군사적으로만 비동맹 상태였다. (비동맹 상태였지만, 스웨덴은 각종 중무기를 생산하여 수출했으며, 미국·유럽[NATO]이 요청하는 PKF[평화유지군]에 자국의 군대를 파견했음).

그런데 EU와 NATO는 이웃사촌이므로, EU에 가입하면 자연스레 NATO와의 관계도 형성되는 습윤(濕潤) 현상이 일어날 수밖에 없다. 바로 여기에서 정치·외교와 군사의 자동 개폐 장치를 원활하게 작동시킬 수 없는 '안보 딜레마(dilemma)'가 발생한다. 정치·외교와 군사 사이에 틈이 벌어져 중립 정책을 저해하는 안보 딜레마는 비동맹·군사적 중립의 가치를 훼손할 수밖에 없다. 안보 딜레마가 양국의 중립 정책을 오랫동안 좀먹어오다가, 우크라이나 전쟁을 통하여 안보 딜레마의 중압감마저 벗어던져버리고 (비동맹·군사적 중립이 아닌) '동맹'을 선택한 것이다.

이렇게 오랜 기간 진행되어온 양국의 '비동맹·군사적 중립의 탈각 과정'이 조금씩 다르므로, 각국별 진행 과정을 아래와 같이 설명한다.

1. 스웨덴

스웨덴은 제2차 세계대전 중 나치 독일에 편의 제공을 했으나, 전쟁 상황이 역전되자 연합군에 공헌하는 활동으로 전환했다. 2차 대전 종료 이후 '전시(戰時)의 서방국가들과의 동맹'을 전제로 한 '평시(平時, 평상시)의 비동맹 정책'을 내걸고, 때때로 군부 주도로 NATO와 군사적 협력체제를 비밀리에 구축해왔음이 비밀문서 공개로 드러났다. 평시에 NATO 가입이 이루어지지 않았지만, 이를 보완하는 형태로 전시의 군사협력을 실질적으로 준비해왔다. 혹평하자면, 낮[平時]에는 중립을 지키며 밤[戰時]에는 NATO에 관여하는 '양두구육(羊頭狗肉)' 그 자체였다. 이러한 스웨덴의 '양두구육 중립'을 NATO 측에서 보면, 러시아에 대한 북유럽의 억지력의 일환(一環)이었다.

이러한 상황에서 스웨덴의 NATO 가입 문제가 음양으로 논의되어 왔다. 특히 2014년 2월에 시작된 우크라이나 위기-크리미아(크림반도) 병합에 따라 NATO 가입 논의가 일시적으로 활성화되었다. 당시 집권한 중도우파연합 정권이 NATO 가입 지지로 기울면서 의회의 가입 지지율이 6%에서 40%로 비약적으로 확대되었다. 그러나 같은 해의 총선에서 사민당(사회민주당)이 이끄는 중도좌파연합이 집권하면서 종래의 중립을 지향하는 유엔·국제협력 노선으로 되돌아와 NATO 가입 논의가 시들해졌다.

그러다가 2022년 러시아의 우크라이나 침입으로 논의가 재연되어, 종래의 가입 반대 방침을 내건 사민당도 고민 끝의 결단으로 NATO 가입을 신청하게 되었다. (스웨덴의 좌익 정당과 녹색당만 가입 반대가 주류임) (大島美穗, 상게서: 16-17)

2. 핀란드

2022년 2월 24일 러시아의 우크라이나 공격은 핀란드 국민의 여론을 크게 변화시켜 NATO 가입 여론을 폭발적으로 높였다. 러시아가 갑자기 핀란드를 공격할지 모른다는 공포를 핀란드 국민들이 공감했는데, 그 배경에 1939년 겨울 전쟁의 트라우마가 내재해 있다.

1939년 11월 소련이 일방적으로 핀란드를 침공한 겨울 전쟁의 트라우마가 국민·정치인들에게 재현되면서 NATO 가입 쪽으로 선회했다.

1) 핀란드의 중립 실태

유럽 국가들 중에서 러시아와 가장 긴 국경을 가진 핀란드는 그렇지 않은 스웨덴보다 중립을 지키기 어려우므로, 스웨덴과 약간 다른 행보를 취해왔다.

핀란드의 중립은, 소련·러시아와 엎치락뒤치락하는 가운데 대응 방안을 학습해오는 과정에서 생긴 '현실주의(realism: 국제적인 현실에 바탕을 둔 생존주의)'에 의존해왔다.

핀란드는 제2차 세계대전 기간 중 두 차례에 걸쳐 소련과 전쟁을 치렀다. 그 후 1948년 소련과 '우호·협력·상호원조 조약(YYA)'을 체결했으나, 이는 동유럽 국가(소련의 위성국가)들의 우호조약과 달리 (조약 前文에서) '열강의 대립 밖에 서 있고자 하는 핀란드의 자세'를 인정했다. 이러한 전문의 한 문장을 근거로 한 것이 핀란드의 중립이었다.

이러한 우호조약은 1989년의 소련 붕괴로 실효(失效)되었으며, 1995년에 핀란드는 (EU와 러시아의 가교 역할을 내세우며) EU에 가입했다. 그런데 러시아와 서방국가들의 관계가 냉각되는 가운데 열린 2014년 9월의 NATO 정상회의에서, 핀란드가 스웨덴과 함께 (전시에 높은 수준의 지원이 제공되는) '승낙(요구를 받아들이는) 지원국'에 관한 양해 각서를 체결함으로써 NATO와의 관계가 심화되었다(大島美穗, 상게서: 17).

2) 군사적 관계

21세기에 들어서 핀란드는 NATO·타국과의 방위협력 관계를 강화해왔다. '신뢰할 만한 방위력을 기반으로 하는 군사적 비동맹'을 유지하는 가운데, ① 핀란드의 방위력에 중요한 국제적 방위협력체제를 구축하고, ② 공급 측면에서 군사적 운용 능력을 확보하는 데 중점을 두고, ③ 사회의 디지털화에 따르는 사이버 운용 환경의 안전 확보를 중시하고, ④ 안전보장의 관건이 사회적 위기의 회복력(resilience)에 있다는 방침을 수립했다.

핀란드는 NATO에 가입하지 않은 1994년에 PFP협정(평화를 위한 파트너십)을 체결하고, ① 2009년부터 북유럽 5개국의 방위협력 틀인 NORDEFCO(노르데프코)를 공동으로 발족시켰으며, ② 영국 주도의 JEF(Joint Expeditionary Force), ③ 독일 주도의 FNC(Framework Nations Concept), ④ 유럽이 개입하는 이니셔티브(European Intervention Initiative: EI 2)에 참가하여 빈번하게 합동 군사훈련을 실시하면서, ⑤ 다국간 협력을 중시해왔다.

이처럼 NATO 조약의 틀 밖에서 유럽 국가들과 군사적 관계 강화를 진행하면서 NATO 가입의 준비를 해왔다(柴山由理子, 「フィンランドの歴史的転換」: 214-215)

이러한 준비를 해오는 가운데 최근에는 스웨덴과 함께 발트해에서의 NATO 군사훈련에 참가함으로써, 공동작전을 효율적으로 실시하기 위한 상호운용성(inter operability)을 높였다. 이와 더불어 NATO 가입을 맹렬하게 반대해온 녹색당 국회의원까지(친러시아 정당인 좌익연맹을 제외하고) '5년 이내에 NATO 가입 실현 가능성'을 언급하면서 가입을 지지하는 방향으로 돌아섰다.

스웨덴의 녹색당과 북유럽의 환경보호단체·좌파 정당이 NATO

가입 반대 입장을 취하는 가운데, (예전부터 NATO 가입 반대 세력이었던) 핀란드의 녹색당이 NATO 가입 찬성으로 전환한 이유는 무엇인가?

그 이유 중 하나는 핀란드에 있는 러시아제 핵발전소(원자력발전소)의 안전보장 위험(risk) 문제이다. 위험천만한 우크라이나의 자포리지 핵발전소와 같은 사태가 러시아의 핀란드 침입 때 (핀란드에 있는) 러시아제 핵발전소에서도 발생할 수 있다는 우려가 크게 작용하고 있다.

여기에 커다란 숙제가 있는데, 그것은 북유럽 내의 군사협력에서 묻어나오는 안보 딜레마이다. 1990년대부터 북유럽 5개국 간의 군사협력 문제가 논의되기 시작하여, 2009년에 NORDEFCO(북유럽 방위협력)가 체결되었다. 이미 NATO에 가입한 노르웨이·덴마크는 자국 내에 NATO의 군사기지 설치를 허용하지 않았다. 그런데 스웨덴·핀란드가 NATO에 가입한 뒤 북유럽 전체가 NATO의 전진기지로서 명실상부한 동맹으로 일체화(一體化)된다면, '평시에 러시아와의 안전보장을 기대할 수 없는 안보 딜레마를 어떻게 해결할 것인가?' 하는 숙제를 풀지 못한 채 핀란드 녹색당마저 NATO 가입을 찬성하는 쪽으로 기울었다(大島美穗, 상게서: 17).

Ⅲ. 기타 국가

1. 스위스

스웨덴·핀란드가 유럽 탈중립의 '태풍의 눈'이라면, 스위스도 '태풍의 눈'의 영향권에 편입되고 있다. 스위스는 대표적인 영세중립국으로서 정치·외교·군사적으로 영구(永久)한 중립을 지키겠다고 다짐했는데, 경제적인 측면에서 영세중립체제에 구멍이 뚫리고 있다.

우크라이나 전쟁과 관련하여 미국이 6차례나 강력한 경제제재를 밀어붙이고 있는데, 스위스의 은행이 견디지 못하고 있는 듯하다. 전 세계에서 가장 안전한 은행이 스위스의 은행들이며 스위스 은행의 비밀 계좌는 강력한 비밀보장을 약속한다. 이러한 안전·비밀 보장은 스위스가 영세중립국이기 때문에 가능했는데, 미국의 경제제재 앞에서 손을 들고 있는 듯하다. 예를 들어 스위스의 은행을 이용하는 러시아 자금(러시아의 원유 판매대금을 비롯한 루블화로 표시된 각종 자금)의 출처를 밝히라는 미국의 압력에 스위스 은행이 굴복하지 않을 수 없는 '전 세계 금융 네트워크의 구조'가 있는 것 같다. 미국의 경제제재가 강화될수록 스위스 은행에 있는 러시아 자금의 출처를 밝히라는 압력이 강해질 것이다. 푸틴의 비밀 자금이 스위스 은행(푸틴의 애처가 스위스 사람이라고 한다)에 들어 있다는 소문도 있어서 미국이 눈을 부라리며 스위스 정부에 압력을 넣고 있는 듯하다.

만약 스위스 은행이 경제제재와 관련하여 러시아 고객들의 비밀 정보를 미국에 넘기면, 스위스 금융산업의 권위를 스스로 무너뜨릴 뿐 아니라, 금융산업을 번창케 한 영세중립 정책도 흔드는 꼴이 된다. 경제적인 요인으로 영세중립 정책이 동요하는 사례가 될 것이다.

2. 몰도바

러시아군이 가끔 우크라이나의 서부·남부 지역(특히 오데사)을 공격하고 있는데, 우크라이나의 서부 지역과 국경을 맞대고 있는 몰도바가 전전긍긍하고 있어서 몰도바의 중립 정책도 흔들릴 가능성이 있다.

Ⅳ. 자의적인 중립 훼손: NATO 가입 이후의 문제점

앞에서 거론한 4개국의 중립 상태를 종합적으로 말하면, 스웨덴·핀란드는 자의적(自意的)으로 중립을 훼손하고 있으며 스위스·몰도바는 타의적(他意的)으로 (우크라이나 전쟁 때문에) 중립이 위협당하고 있다. 자의적으로 중립을 훼손하는 스웨덴·핀란드의 경우가 더욱 심각하므로 두 나라를 중심으로 거론한다.

스웨덴·핀란드가 중립국가라는 세평(世評)의 이면(裏面)을 파고들어 분석해보면, 스웨덴·핀란드는 비동맹 중립(비동맹에 가까운 중립) 상태이다. 그런데 비동맹 중립 상태인 양국이 군사동맹체인 NATO에 가입하면 '비동맹'도 '중립'도 날아간다. 아직 양국이 중립 포기 선언을 하지 않았으므로, 현재의 상태를 엄밀하게 표현하면 '동맹(NATO와의 동맹)을 지향하는 비(非)중립'이다. (동맹과 중립은 양립 불가능한 모순인데, 모순 속의 비중립이라는 모호한 상태가 되어, 중립이라는 가치의 정체성이 딜레마에 빠진다.)

더 나아가 NATO 가입이 승인되면 자동적으로 '무(無)중립(중립이 아님, 중립 무효)'이 되어 '비중립'도 떨어져 나가 NATO와의 동맹으로 귀결된다.

NATO와의 동맹으로 귀결되면 다음과 같은 중대한 문제가 파생된다:

① 집단 자위권을 행사하는 군사동맹체인 NATO에 가입하는 순간 양국이 누려왔던 군사적 중립은 무효가 된다.

② 양국이 가입하면 북유럽 5개국 모두가 NATO 가맹국이 됨으로써, 북유럽 전체에 걸쳐 러시아와의 군사적 대립 전선이 형성된다. 만약 이 전선에서 우크라이나와 같은 전쟁이 발발한다면, NATO 가입 이전의 중립 상태보다 더욱 큰 안보 위험이 발생한다. 이미 핀란드에는 미국의 최첨단 전투기인 F35가 수십 대 배치되어 있는데, NATO에 가입하면 러시아와의 최전선인 핀란드에 NATO·미국의 수많은 전략자산들이 배치되어 전쟁 위기가 더욱 고조될 뿐이다.

③ 2차 대전 이후 줄곧 북유럽 지역은 해외의 군사기지 설치를 인정하지 않고 핵무기를 도입하지 않는 비핵 지대(비핵무기 지대)였는데, 5개국 모두 NATO 가입국이 되면 NATO·미국의 핵우산 지역으로 편입될 가능성이 크다. 특히 러시아와 가까운 핀란드·스웨덴이 핵우산 아래로 들어간다면 양국이 러시아와 핵무기를 대결하는 상태가 되어 중립 정책 유지 때보다 더 심한 안보 위기에 빠질 수 있다.

V. 한반도의 중립화 통일과 관련하여

스웨덴·핀란드의 NATO 가입 신청의 직접적인 원인을 제공한 우크라이나 전쟁은 중립과 밀접한 관계가 있다. NATO의 동진(東進)으로 옛 소련의 영향권이었던 동유럽 국가들이 대거 NATO·EU와 깊은 관계를 유지하는 가운데, 유일하게 남은 우크라이나가 중립 정책을 내걸었다면 전쟁이 일어나지 않았을 것이다. 우크라이나의 중립을 바라는 러시아의 기대를 저버리고 NATO 가입을 서두른 것이 전쟁의 화근이다. 그리고 우크라이나 전쟁의 불씨가 스웨덴·핀란드로 번져 (중립 정책을 포기한) 스웨덴·핀란드의 NATO 가입 신청으로 비화(飛火)하고 있다.

위와 같은 원인·결과의 원점(原点)은 중립에 있다. 우크라이나 전쟁에서 보다시피 중립 쪽으로 나가면 갈수록 전쟁 예방 효과가 크다. 중립의 전쟁 예방 효과를 우크라이나 전쟁에서 간파할 수 있으며, 이러한 효과는 한반도에도 나타날 수 있다. 한반도에서 중립의 전쟁 예방 효과를 누리려면, 전쟁의 방아쇠 역할을 하는 '한미동맹-북한 핵 문제의 모순(창과 방패) 관계'를 해소해야 한다. 중립의 힘으로 이 모순 관계를 지양해야 하는데, 지양할 힘(止揚力)이 현재는 보이지 않지만 국제정세의 변환에 따라 드러날 수 있다. 즉, 미국의 힘이 서서히 기우는 만큼 중국의 힘이 점진적으로 커지고 있는 국제정세의 틈을 파고들어 중립의 전쟁 예방 효과를 누리며 한반도 중립화의 길을 모색할 수 있다. 조선시대의 광해임금(광해군)이 중립 정책을 통해 '기울어져가는 명나라(현재의 미국)'와 '떠오르는 청나라(현재의 중국)' 사이에서 교묘한 중립외교를 펼쳤듯이, 한미일 3각 군사공동체-중국·러시아·북한의 대립 구도에서 광해군 방식의 틈새 외교를 통한 중립 지대를 확보한다면 한반도 중립화 통일을 앞당길 수 있다. 이를 추진할 정치 세력의 양성을 통해 국민 여론을 중립 쪽으로 바꾸는 전략을 가다듬을 필요가 있다.

〈참고 자료〉

헤이키 파토마키 "핀란드·스웨덴, 스스로 무너뜨린 북유럽의 이상", 『르몽드 디플로마티크』 2022년 7월호.

田口理穂(다구치 리호), "軍事中立国の政策大転換で歴史はどう変わる?", 『週刊金曜日』 1379호 (2022. 6. 3.).

大島美穂(오오시마 미호), "なぜ中立2国はNATO北方拡大に舵を切ったのか", 『週刊金曜日』 1379호 (2022. 6. 3.).

大島美穂, "スウェーデン·フィンランドがNATO加盟めぐりトルコと覚書", 『週刊金曜日』 1386호 (2022. 7. 22.).

柴山由理子(시바야마 유리코), "フィンランドの歴史的転換", 『世界』 2022년 7월호.

제4장

남한 통일정책 변화와 한반도 영세중립

_ 정지웅

Ⅰ. 힘의 열위 시기 남한의 통일정책[1]

1. 제1공화국 시대

1948년 5월 10일 "국제연합임시 한국위원회"의 감시하에 남한 지역만의 총선거가 실시되었고, 동년 8월 15일 대한민국 정부가 수립되었다. 동년 12월 12일 대한민국 정부는 국제연합 총회에서 한반도의 유일한 합법정부로 승인을 받았다.[2] 그러므로 제1공화국의 통일정책은 대한민국의 유일 합법성을 기본으로 한 것이었다.[3]

한국전쟁 직후인 1953년 11월 23일 이승만 대통령은 "남북총선거 문제에 관한 부연성명"을 통해 이북만의 총선거 또는 남북의 재총선거에 의한 통일을 언명한 바 있다. 그 후 대한민국의 통일정책은 휴전협정 제60항의 수행을 위한 제네바 정치 회담에서 표시되었다. 1954년 5월 22일 대한민국 대표 변영태 외무부 장관은 대한민국 헌법 절차에 따라 국제연합의 감시하에 남북한 자유총선거를 실시할

---

1 이 시기 남한의 통일방안은 명칭이 확립되지 않아 공화국 시대순으로 정리하였다..

2 United Nations, General Assembly Revolution 195(III).

3 정지웅, "힘의 변화에 따른 남북한의 통일정책 분석", https://blog.naver.com/jhj7725/140039755989, 검색일 2022년 6월 24일.

것을 제의한 바 있다. 남한 측의 입장은 북한의 입장으로서는 전적으로 수락하기 어려운 북한의 합병을 의미한 것이었다. 이것은 즉시 미국 대표에 의해 지지를 받았다.[4]

요컨대 제1공화국의 통일정책은 국제연합의 감시하에 자유선거를 실시하는 것이었다. 이 제안이 거부되었기 때문에 이승만은 무력 사용을 주장하고, 이를 정당화하려고 노력하였다. 따라서 이 정권의 통일정책은 흡수통일과 북진통일의 양면성을 내포하고 있었고 감정적이고 선전적인 틀을 벗어나지 못하였다.[5] 즉, 무력에 의한 북진통일을 정치 구호화하여 통일문제를 미수복지역에 대한 수복의 개념으로 보고 국민의 통일 의지를 고취하였다. 이승만은 무리한 정권 연장 기도로 정통성이 약화된 것을 만회하기 위하여 실현 가능성이 없는 '무력북진 통일론'을 강조하여 남한 사회를 전시체제화함으로써 반대 세력을 통제하였다. 그의 북진통일운동은 통일운동이라기보다는 정치운동이었고 대북용이나 대외용이라기보다는 대내용이었다. 전시체제를 계속 강요하여 모두가 한 사람의 영도자에게 따를 것을 요구하고 여기에 어긋나는 행위를 할 경우 '비국민'으로 몰아넣음으로써 이승만 권력을 강화하고 유지시킨 가장 유력한 무기였다.[6]

---

4 U. S. Department of State, *The Korean Problem at the Geneva Conference* (Washington, D. C.: Government Printing Office, 1954), pp. 51-52.

5 구영록, 『한국의 국가이익』 (법문사, 1995), 274쪽.

6 서중석, "이승만과 북진통일: 1950년대 극우반공독재의 해부," 『역사비평』 (역사비평사, 1995년 여름호), 161-162쪽.

2. 제2공화국 시대

1960년 4·19 이후 발족된 제2공화국 정부는 유엔 감시하의 남북한 자유선거에 의한 정부의 통일정책을 밝히고[7] 덧붙여 종래의 북진통일의 무모하고도 위험한 슬로건을 포기한다고 천명하였다. 이는 이승만 정부의 무력통일정책을 수정하는 직접적인 시사였다. 이것은 남한 힘에 대한 정확한 판단에 근거한 조치였다. 그러나 장면 정권의 통일정책은 '북진통일'의 명백한 포기를 제외하면 그 본질상 1공화국과 다른 점이 별로 없었다.

사실 제2공화국 기간 중의 가장 중요한 특징은 반보수적이며 진보적인 개혁주의 정당의 출현이라고 볼 수 있다.[8] 그러나 1960년 7월 29일 총선거에서의 민주당의 승리와 혁신계의 참패는 남한 국민들이 국내의 부정과 경제적인 압박보다도 공산주의의 위협에 더 관심이 많았다는 것을 보여준다. 즉, 그들은 이승만의 독재정치를 배격한 것이지 그의 보수주의를 배격하지는 않았던 것이다. 장면 정부가 종래의 이승만 정부와 동일한 통일정책을 추구한 것은 결코 이상한 일은 아니며 이는 양자가 모두 성격상 보수적인 성향을 띠었기 때문이었다.

한편 다음 도표를 보면 이 시기 남한은 완연한 힘의 열세였다.

7 외무부 외교연구원, 『통일문제연구』 Vol. I. (외교연구원, 1966), 61쪽.

8 John Kie-Chiang Oh, *Korea: Democracy on Trial* (Ithaca: Cornell University Press, 1968), pp. 77-78.

〈표 1〉 1961년 현재 남·북한의 경제력 비교

	남한	북한	남북대비
석탄(1,000 ton)	5,888	11,788	1 : 2
전기(10만 kwh)	1,770	10,418	1 : 5.7
철(1,000 ton)	46	776	1 : 16
비료(ton)	64	662	1 : 10
트랙터	0	3,996	–
면적(100만 meter)	133	256	1 : 1.7
쌀 · 밀(1,000 ton)	4,534	4,830	1 : 1
어획고(1,000 ton)	434	620	1 : 1.4
시멘트(1,000 ton)	522	2,253	1 : 4.3

출처: Soon Sung Cho, "The Politics of North Korea's Unification Policies 1950-1965." *World Politics*. Vol. 19 No.2 (Princeton: Princeton Univerity Press. 1967), p.230.

위의 도표에 의하면 그 당시 남한의 인구가 많았음에도 불구하고 식량 생산만 비슷하고 다른 모든 부문에서는 북한이 단연 앞서고 있어 남한이 힘이 열위였던 시기였는데 정부도 이를 인식하여 비현실적인 북진통일을 포기하고 있다.[9]

3. 제3공화국 시대

제3공화국의 공화당 정부는 제2공화국의 통일정책을 사실상 그대

9 정지웅, "분단통일국과 한반도 통일" (서울대 정치학과 박사학위 논문, 1997), 114쪽.

로 이어받았으나 '선건설 후통일'이라는 원칙에 더 역점을 두어 통일 방안의 논의보다는 통일을 위한 역량의 배양에 힘쓴 이른바 '통일역량 배양 정책'을 내세웠다.[10] 즉, 북한을 제압할 힘의 우위를 확보한 후 한국의 제도를 북한에 확대하는 것이다. 힘의 증강 정책을 시도한 것이다. 그러나 1970년대 초 미·소의 데탕트가 진행되고 미국과 중공의 관계가 개선됨에 따라 그 여파가 한반도에 파급되었고, 한국 정부도 1960년대에 조성한 국력을 바탕으로 평화통일을 위한 구체적이고도 실천적인 통일정책을 제시하면서 자주적인 남북대화에 노력을 기울였다. 1970년 8월 15일 박정희 대통령은 남북한 간에 선의의 체제경쟁을 제의하였으며, 북한이 유엔에 참석하는 것을 반대하지 않을 것을 표명하였다. 이에 따라 1971년 9월부터 남북대화가 시작되었다.

제3공화국은 통일 접근에서 가능한 문제로부터, 또 비정치적인 문제로부터 점진적으로 해결해나가자는 것이었다. 그리하여 공화당 정부는 남북대화를 남북적십자회담으로 출발하여 고위정치회담으로 진전시켰고, 남북고위급 인사의 상호방문에 이어 1972년 7월 4일 남북공동성명을 발표했다. 그러나 북한과 유리한 위치에서 대화를 하기 위해서는 체제 변화가 필요하다고 강조하고 곧바로 유신체제를 단행하여 통일문제를 국내 정치 게임의 한 수단으로 이용하였다. '통일주체국민회의'라는 기관의 명칭 자체가 통일문제를 정치적으로 이용하고 있음을 보여준다.[11]

---

10 *New York Times*, July 23, 1961 [조정원, 앞의 책, 86쪽. 재인용].

11 정지웅, "힘의 변화에 따른 남북한의 통일정책 분석", https://blog.naver.com/jhj7725/140039755989, 검색일 2022년 6월 24일.

남한의 통일정책 변천사는 곧 남한의 대북한 경쟁력 성장사이기도 하다. 남한의 국력이 상대적으로 북한보다 열세에 있던 당시 남한의 통일정책은 수세적이고 회피적이며 대외 의존적이었다. 대북한 관계에서 불리한 상황과 국내외적으로 냉전적인 상황에 직면한 한국 정부는 실현성을 외면한 채 이상적, 급진적 접근을 중심으로 남북한을 일거에 통일해야 한다는 정책을 써왔다. 1970년대 중반까지 한국 정부가 줄기차게 주장해온 유엔 감시하의 남북한 선거라는 비현실적 통일방안은 한국 국력 부족의 인식에 기초한 자구책에 불과한 것이었다.[12] 이 시기까지 북한은 경제 교류까지 포함하는 적극적이고 공세적인 통일방안을 제시했는데 이는 힘의 우위에 바탕을 둔 것이었다.[13]

---

12 남한은 통일문제를 체제 안정을 위한 도구로 이용한 듯한 느낌도 주고 있는데 대북관계가 유화 국면이면 야당이 유리하고 긴장 관계면 여당이 주로 유리했다. 그리하여 북풍 내지 공안정국을 적절히 구사했는데 통일문제를 이용하기는 북한도 마찬가지였다. 이것은 양쪽 모두 통일문제를 정치 게임, 즉 힘의 한 부분을 이루고 있는 정치 통합력의 향상을 위해 이용해왔다는 것을 의미한다.

13 정지웅, "분단통일국과 한반도 통일" (서울대 정치학과 박사학위 논문, 1997), 115-116쪽.

Ⅲ. 힘의 우위 시기 남한의 통일정책

1. 제4공화국 시대

제4공화국(1972. 10-1981. 2)에 접어들면서 남한은 서서히 자신감을 가지기 시작하였다. 이러한 상황을 바탕으로 남한 정부는 통일정책으로 1973년 6월 23일 '평화통일에 대한 외교정책 특별선언'을 발표하였다. 이 선언을 통하여 한국 정부는 남북한 유엔 동시가입을 반대하지 않으며 이념과 체제를 달리하는 국가와도 문호를 개방할 것을 천명하였다. 이 6·23선언은 상대방을 중상, 비방하지 않는다는 7·4공동성명을 내정 불간섭으로 구체화시킨 것이다. 1974년 8월 15일에는 불가침 협정의 체결, 다양한 협상과 교류를 통한 신뢰의 회복, 자유총선 실시 등의 3단계 평화통일방안을 발표하기도 하였다. 이는 남북한 간에 평화통일의 여건이 조성될 때까지 상대방의 현실을 인정해주며, 평화적으로 공존하자는 원칙에 그 바탕을 두고 있다. 그러기 위해서는 유엔을 비롯한 기타의 국제기구에 각자 가입하여 통일의 그날까지 공존공영하자는 것이다. 즉, 동서독의 기본 관계를 그 모델로 했다고 볼 수 있다. 다시 말하면 제4공화국의 통일정책의 이론적 근거는 단계적, 점진적 접근 방법에 기초한 기능주의적 통합이론과 안정형 분단의 유지를 추구한다는 의미에서 독일 모델을 따른 것이었다. 경제력에서 점점 자신감을 회복한 남한의 통일정책은 자연히 기능주의 방식을 따르고 있는 것이다.[14]

2. 제5공화국 시대

제5공화국(1981. 2-1988. 2) 때는 남북한 힘의 격차가 더욱 커지고 있는 시기이다.[15] 이러한 힘을 배경으로 제5공화국은 통일문제에 대하여 적극적인 자세를 보이고 많은 대북 제의를 내놓았다. 남한은 1982년 1월 22일 민족화합 민주통일안을 제시했는데 첫째는 '남북한 기본관계협정'을 잠정적으로 체결해 남북한 관계를 인정하자는 것이고, 둘째는 남북한의 대표자들로 '민족통일협의회의'를 구성해 통일헌법을 만들어낸 다음 그 절차에 따라 '통일 민주 공화국'을 수립하자는 것이었다. 첫 번째 제안에는 남북한 관계를 동서독 관계형으로 유도하자는 배경이 깔려 있는데 이것 때문에 북한은 거부했다. 그러나 계속해서 정부는 2월 1일 남북한이 의사만 있으면 언제라도 실천에 옮길 수 있는 '20개 시범 실천사업'을 제의했으며, 마침내 수재물자 교류에 이어 분단 40년 만에 처음으로 이산가족 고향방문단

14 정지웅, "힘의 변화에 따른 남북한의 통일정책 분석", https://blog.naver.com/jhj7725/140039755989, 검색일 2022년 6월 24일.

15 1985년을 보면 남한은 GNP 25위, 인구 23위, 영토 103위, GNP/P 57위, 군사비 23위, 병력수 10위이고, 북한은 GNP 56위, 인구 38위, 영토 94위, GNP/P 76위, 군사비 19위, 병력수 8위로 경제력에서 남한이 단연 앞서고 있음을 알 수 있다. (*WORLD MILITARY*, 1986, p. 19)

및 예술공연단의 동시 교환 방문을 성사시켰다.

사후적으로 볼 때 이러한 정치적 제안과 이로 인한 일정한 협상은, 정치행위자들에 초점을 두고 증가적 결정작성(incremental decision-making)을 강조하는 신기능주의적 양식의 표출이라 할 수 있다. 그러나 제5공화국의 통일 노력은 다각적이고 빈번했던 제의에 비하면 거둔 성과는 미흡했다. 이는 12·12사태와 광주민주화운동으로 인한 제5공화국의 정통성 문제와, 공산독재보다는 군사독재가 민주화가 용이하다는 관점에서 비민주적 정권일지라도 공산주의의 확산 저지와 미국의 이익에 부합되면 적극 지지해주는 레이건 집권 초기의 제3세계 정책(고강도 전략, High Intensity Strategy)에 편입됨으로써 자주성을 견지할 수 없었던 태생적 한계에 기인한 것이었다.

3. 제6공화국 시대

제6공화국 정부는 전임 정부 하에서 재야에 빼앗겼던 통일논의의 주도권을 일거에 장악하려는 듯 이제까지의 경직된 반공정책을 지양하고 '민족 공동체의 번영'이라는 기치 아래 북한을 포용하는 적극적인 대북한 정책과 중·소와의 접근을 본격적으로 추진하기 위한 '북방정책'을 전개하였다.[16] 북방정책은 처음에는 중·소를 대상으로 한 대공산권 정책이었는데 나중에는 동유럽과, 미약하나마 북한까지 포함하게 되었다. 이는 다분히 서독의 동방정책을 모델로 한 것으

16 《동아일보》, 1988. 7. 7.

로 북방과의 교류를 통해 긴장을 완화하고 이를 바탕으로 통일환경을 만들어간다는 것이어서 기능주의적 접근법이다. 이 과정에서 다소 부담이 가는 원조도 제공하고 있기 때문에 이를 각오하고 정책을 추진하는 정부의 경제력에 대한 자신감을 엿볼 수 있다. 아마도 경제적 지렛대를 전략적으로 이용하여 주변 강국과 안보 긴장을 가장 성공적으로 해결한 케이스는 한국의 북방정책일 것이다. 소련에 대한 20억 달러의 무역차관과 10억 달러의 직접차관을 제공하여 남한의 유엔가입 지지와 북한에 대한 공격용 무기의 공급 중단과 북한 핵개발 계획에 대한 지원 철회 등을 얻을 수 있었다. 또한 경제적 상호의존성을 이용한 중국과의 외교 안보 개선 노력으로 중국과의 국교 정상화를 이룰 수 있었다. 따라서 이 또한 경제적 힘을 바탕으로 한 정책이라 할 수 있는 것이다.

6공화국의 '한민족 공동체 통일방안'은 비정치적인 측면에서 점진적인 접근을 추구해왔던 3·4·5공화국의 정책과는 달리, 비정치적인 부문뿐만 아니라 정치·군사적인 문제의 해결도 동시에 추구하며, 특히 군사문제에서는 현존 휴전체제를 유지하는 가운데 남북한 군비경쟁을 지양하고 군사적 대치 상태를 해소하는 문제를 협의할 수 있도록 했다. 남북연합의 구성에서도 남한은 인구면에서의 절대 우위에도 불구하고 남북한 동수 대표로서 남북연합 각 기구들을 구성할 것을 제의했다. 통일헌법안에 대한 국민투표에서도 양안택일식이 아니라 단일안으로 수렴하여 그에 대한 가부를 묻는 국민투표 방식을 제시하고 있다. 이러한 맥락에서 볼 때 '한민족 공동체 통일방안'은 종래의 통일방안이 점진적, 단계적 접근에 바탕을 두고 있었던 것과는 달리 상당히 균형된 절충된 입장을 취하고 있는 것을 볼 수 있다.

이는 실현 여부는 차치하고 정책 그 자체는 발전된 것이었다.[17] 기능주의를 바탕으로 경제뿐만 아니라 정치·군사 부문까지 다루고 있는 것은 신장된 힘의 결과 나올 수 있는 정책이었다.

〈표 2〉 1989년의 남·북한 주요 경제지표

구분	단위	남한	북한
인구	만 명	4,238	2,138
GNP	억 달러	2,101	211
1인당 GNP	달러	4,968	987
경제성장률	%	6.7	2.4
재정 규모	억 달러	328.4	149.7
군사비	"	91.8	44.9
수출	"	614.1	19.5
수입	"	568.1	28.5
외채	"	294	67.8
발전설비 용량	만 Kw	2,099.7	690.2
석탄	만 t	2,078.5	4,330
철강	"	2,220.6	594
비철금속	"	77	49.3
원유 도입량	"	4,043.7	260
시멘트	"	3,635	1,178
화학비료	"	417.3	351.4
직물	억 m^2	52.6	6.8
곡물	만 t	716	548.2
수산물	"	331.9	218.9
철도	Kw	6,437	5,024
도로	천 Kw	56.5	23

출처: 양성철, "독일통일 실현과 한반도 통일전망," 『남북한 통합론』(인간사랑, 1992), 106쪽.

17 정지웅, "힘의 변화에 따른 남북한의 통일정책 분석", https://blog.naver.com/jhj7725/140039755989, 검색일 2022년 6월 24일.

위 도표를 보면 모든 경제지표에서 남한이 앞서고 있음을 알 수 있다. 군사비 지출도 남한이 앞서고 있다는 사실은 특히 중요하다.[18]

4. 문민정부(김영삼 정부)

문민정부는 화해·협력과 남북연합의 단계를 거쳐 1민족 1국가의 통일조국을 실현한다는 3단계 통일론을 강조하였다.[19] 이를 좀더 자세히 살펴보면 제1단계 즉 화해·협력단계는 남북 간의 적대와 불신을 줄이기 위해 상호협력의 장을 열어가는 단계이며, 남북한이 분야별로 교류와 협력을 활성화해나가는 단계다. 즉, '남북기본합의서'를 규범으로 하여 남북한이 각기 현존하는 두 체제와 두 정부를 그대로 유지하면서 분단 상태를 평화적으로 관리하는 단계이다. 제2단계 즉 남북연합 단계는 화해·협력 단계에서 구축된 상호신뢰를 바탕으로 남북 간의 교류와 협력이 더욱 활발해지고 제도화되는 단계이며, '남북연합헌장'을 규범으로 하여 남북한이 두 체제, 두 정부 하에서 통일 지향적인 협력관계를 통해 통합 과정을 관리해나가는 단계이다. 이 단계는 정치적 통일을 위한 예비단계로서 남북이 공동으로 구성하는 기구에서 정치적 통일 즉 국가적 통일을 위한 여러 방법을 논

---

18 정지웅, "분단통일국과 한반도 통일" (서울대 정치학과 박사학위 논문, 1997), 124-125쪽.

19 그러나 문민정부의 통일정책은 통일부총리가 불과 2년 반 만에 5번이나 교체되는 혼선을 보였다. 또한 정부는 북한에게 쌀을 제공하는 협상 과정에서 일관성이 없고 '국민적 합의'를 무색케 함으로써 통일문제를 거국적인 차원으로 승화시키지 못하고 있다는 느낌을 주고 있어 통일정책을 국내 정치적 목적으로 이용하는 인상을 갖게 한다.

의하게 될 것이다. 기본적으로 남북정상회의와 남북각료회의, 남북평의회를 정례화시켜 남북 간에 남아 있는 이질적 요소를 제거해나가는 단계이다. 제3단계는 남북연합 단계에서 제정한 통일헌법에 따라 남북한 자유총선거를 실시하여 통일국회를 구성하고 통일정부를 수립하여 1민족 1국가의 통일조국을 실현하는 단계이다. 이 단계에서는 민족통일과 정치적 통일이 동시에 이루어질 것이다. 이와 같은 문민정부의 방안은 6공의 '한민족 공동체 통일방안'을 사실상 그대로 수용한 것으로 통일로 가는 단계를 '화해·협력'→'남북연합'→'통일국가'의 3단계로 설정하였다. 이 방안 역시 본질적으로는 확실한 힘의 우위를 바탕으로 한 기능주의적 방식의 표출이라 할 수 있다.[20]

5. 김대중 정부—햇볕정책, 화해협력정책(민족공동체 통일방안 계승)

김대중 대통령은 북한에 대한 현실적 인식과 남북한 국력 격차의 심화와 남한 사회의 주도적 노력의 필요성에 대한 자각에 기초하여 당장의 통일을 서두르기보다는 한반도 냉전적 대결 구도를 화해협력의 구도로 전환시키겠다는 의지를 표명하였다. 그래서 김대중 정부는 '평화·화해·협력 실현을 통한 남북관계 개선'을 대북정책 목표로 제시하였다. 남과 북이 서로를 불신하고 주변 4국이 한반도의 현상유지를 바라고 있는 상황 하에서 당장 통일을 이룩한다는 것은 현실적으로 불가능하다는 것이다. 따라서 평화 정착을 통해 남북 간의

---

20 정지웅, "힘의 상대적 변화와 남한의 통일정책", 『이화 사회학 지평』 Vol.-No.2 (1999), 68-70쪽.

평화공존을 실현하는 것이 시급하며, 평화 정착의 기반 위에서 남북 화해를 도모하고 협력을 추진하는 것이 필요하다고 본다. 김대중 정부는 남북관계 개선을 이룩하기 위한 원칙으로 3가지를 제시하였다.

첫째, 무력도발 불용의 원칙. 북한의 폭력적 행동을 용납하지 않는다는 소극적 의미와 한반도 평화와 통일을 비롯한 민족의 모든 문제는 대화와 협상을 통해 평화적으로 해결한다는 적극적 의미를 갖고 있다. 둘째, 흡수통일 배제의 원칙. 북한의 대남 적대감 및 경계심과 주변 4국의 한반도 현상 유지 정책 그리고 남한의 약화된 경제력을 고려하여, 북한의 조기 붕괴를 전제하는 흡수통일을 무리하게 추진하는 것이 비현실적일 뿐만 아니라 한반도에 긴장을 고조시킴을 천명한다. 셋째, 화해·협력 적극 추진의 원칙. 민족공동체 형성을 위해 '보다 많은 접촉과 대화'를 지향하고, 북한 스스로의 변화 노력을 지원한다.[21]

김대중과 김정일의 남북정상회담에서 통일문제와 관련해서 남과 북이 접점을 찾았다는 것은 남북통일 논의에 중대한 전환이 일어났다는 것을 의미한다. 남북정상회담 이전까지 통일을 위한 남북한의 방법론적 경쟁은 현실적인 통일 실현의 대안을 마련하기 위한 경쟁이 아니라, 구조적 또는 국면적(conjunctural) 변화에 대응하여 선점적 우위를 보장하기 위한 전략 개발의 경쟁을 벗어나지 못했다. 따라서 통일의 수사(rhetoric) 과잉에도 불구하고 통일정책은 위장된 통일전선 전략이거나 위장된 흡수통합의 성격을 띨 수밖에 없었다. 남북정상회담을 계기로 남과 북은 통일은 평화체제가 구축된 뒤에 논의

21 김학성 외, 『한반도 평화전략』 (통일연구원, 2000), 61-62쪽.

될 수 있다는 현실을 인식하게 되었고 통일문제는 단계적, 점진적으로 그리고 남과 북이 공동으로 실천할 수 있는 방안부터 시작해야 한다는 통일문제 접근방식에 합의를 보게 되었다.[22]

6. 노무현 정부—평화번영정책(민족공동체 통일방안 계승)

김대중 정부의 햇볕정책을 계승하겠다고 공약하면서 당선된 노무현 대통령은 '평화번영정책'을 참여정부의 평화통일정책으로 제시하였다. 북핵문제와 한미관계의 긴장이라는 악조건하에서 출범한 노무현 정부는 햇볕정책을 변화된 상황에 맞추어 보완하는 방향으로 평화번영정책의 내용을 채워나갔다.[23]

참여정부는 민족 생존과 번영을 위해 그동안 우리가 추진해온 민족공동체 건설 작업을 남북관계의 차원을 넘어 동북아의 평화와 번영을 추구하는, 즉 '동북아 속의 한반도'라는 차원에서 한반도의 평화를 정착시키고 남북 공동번영을 추구함으로써 평화통일의 기반 조성과 동북아 경제중심국가로의 발전 토대를 마련하고자 '평화번영정책(Policy of Peace & Prosperity)'을 제시하게 되었다. 이 정책의 개념은 (1) 주변국가와 협력하여 당면한 북한 핵 문제를 평화적으로

---

22 임혁백, "평화통일정책과 남남갈등의 극복", 경남대학교 극동문제연구소, 『남남갈등 진단 및 해소방안』(2004), 302-308쪽.

23 임혁백, "평화통일정책과 남남갈등의 극복", 경남대학교 극동문제연구소, 『남남갈등 진단 및 해소방안』 (2004), 308-312쪽; 이유수, "한국의 통일정책", 『북한 및 통일론』 2003년도 강의안 (http://user7.chollian.net/~yslee43/index12/summary2.hwp, 검색일: 2006년 3월 29일).

해결하고, (2) 이를 토대로 남북의 실질 협력 증진과 군사적 신뢰 구축을 실현하는 한편, (3) 북미·북일관계 정상화를 지원하는 등 국제 환경을 조성함으로써 한반도 평화체제를 구축하며, (4) 나아가 남북 공동번영을 추구하며 평화통일의 실질적 기반을 조성하고 동북아 경제중심국가 건설의 토대를 마련한다는 것이다. 그리고 이 정책의 의의는 다음과 같다. (1) 정전체제 종식 및 평화체제 구축에 대한 방향을 제시하였으며, (2) 남북 철도·도로 연결사업, 개성공단 사업 등 기존 남북협력사업의 구체적 결실을 도모하고 북한 에너지·인프라 개선사업, 경제특구사업 등 남북경협의 심화·확대를 통한 공동번영을 추구함으로써 남북 경제공동체의 형성이라는 비전을 제시하였다. 그리고 (3) 평화와 번영의 동북아시대를 주도하겠다는 의지를 천명하였으며, 마지막으로 (4) 기존의 대북 화해협력정책을 보완적으로 발전시키겠다고 천명하였다는 것이다.[24]

참여정부의 평화 프로세스의 첫 단계는 '평화 기반 조성 단계'로 북핵문제의 해결을 위한 실마리를 찾고 남북한 간의 정치, 군사적 신뢰 구축을 시작하는 단계이다. 제2단계는 '평화와 협력의 심화 단계'로 북핵문제의 해결을 통한 한반도 안보 상황의 안정 위에서 남북 간의 화해와 협력을 제도화하고 남북경제 협력을 심화하는 단계이다. 이 단계에서 북미관계가 정상화되어 미국의 북한에 대한 테러지원국 및 경제봉쇄조치가 해제되고, 북일관계도 정상화된다. 남북 간에 군비통제가 본격적으로 추진되며, 한반도 평화체제 수립을 위한 다자회담의 진행과 함께 동북아 차원의 안보협력체제의 수립을

---

24 평화번영정책, https://nkinfo.unikorea.go.kr/nkp/term/viewKnwldgDicary.do?pageIndex=1&dicaryId=17, 검색일 2022년 7월 25일.

위한 '동북아평화협력체(2+4)'를 추진한다. 제3단계는 평화정착단계로서 한반도 비핵화의 완성과 남북한 군비축소, 한반도 평화공조체제를 형성하는 단계를 구상한 것이다. 그러나 이러한 정책들은 정부가 바뀌면서 모두 물거품이 되었다.

7. 이명박 정부

이명박 대통령 당선자의 인수위원회는 새 정부가 추진할 5대 국정지표의 실행방안을 구체화한 21개 국정전략 목표를 정하고 192개 세부 정책과제를 선정했다. 인수위는 또 한반도 평화 구축이란 전략 목표를 달성하기 위해 (1) 북핵 폐기의 우선적 해결 (2) '비핵·개방·3000 구상' 추진 (3) 한·미관계의 창조적 발전 (4) 남북 간 인도적 문제 해결 등의 4가지 핵심과제를 선정하였다. 제시된 4가지 핵심과제들은 모두 북핵 폐기에 종속되어 있다. 이명박 정부의 대북정책의 핵심은 '비핵·개방·3000 구상'이다. 북한이 비핵화(핵 폐기)와 개방이라는 대결단을 내리면 한국은 국제사회와 더불어 경제·교육·재정·인프라·복지 등 5대 분야의 포괄적 패키지 지원을 통해 10년 내 북한의 1인당 국민소득이 3,000불이 되도록 지원한다는 것이다. 이 구상은 조건부 '선(先)비핵화–후(後)대북지원' 원칙을 천명한 것이다. 이명박 정부는 남북관계에서 상호주의 원칙에 입각하여 향후 대북정책을 펴나가겠다는 의지를 표명했다. 다시 말하면 북한이 핵을 폐기하지 않고 개혁개방에 나서지 않는다면 남북관계의 정상화도 어렵고 대규모 경협을 통한 지원도 불가하다는 입장이다. 선(先)비핵화와 개방을 먼저 하면 대규모 경제적 지원을 하겠다는 조건부 지원 연계 전략인데, 이것은 김-노 정부가 추진해온 대북 포용정책과 큰 차이점이다. 또한 이명박 대통령은 지난 10년간 대북 햇볕(포용)정책에 대해 실패한 정책으로 평가하였는데 그 이유는 (1) 햇볕정책이 북한의 핵실험을 막지 못했다는 점 (2) 대북 포용정책이 유화적으로 흘렀다는 점 (3) 햇볕정책이 남남갈등을 조장하였다는 점 (4) 민족 공조를 강조함으로써 한미동맹의 이완을 초래했다는 점 (5) 국민의 세금이 낭비되었다는 점, 그리고 (6) 북한 인권을 외면했다는 점 등을 들었다.[25]

이에 대응하여 북한은 개성공단 남북경협사무소 정부 관계자 철수, 서해상에서의 미사일 발사, 당국 간 대화 중단 경고, 이명박 대통령에 대한 노골적인 공격, 개성공단 사업의 중단 경고 등 남북관계의 발전은 중단되고 말았다.[26]

8. 박근혜 정부

박근혜 대통령은 2014년 신년구상 기자회견에서 '통일은 대박이다'라는 선언을 통해 통일 이슈를 점화했다. 보수와 진보에서는 아직 '통일 대박론'에 대한 인식 차가 있지만, 국민 행복시대를 달성하고 한반도의 번영을 위해서는 한반도 통일시대를 준비해야 한다는 뜻

25 "이명박 정부의 대북정책 구상, 어떻게 보완해야 하나" https://blog.naver.com/atlrantis1/150028290294, 검색일 2022년 8월 3일.

26 정지웅, 『복음과 상황』 211호, 72-74쪽.

이었다. 북한의 비핵화 원칙은 유지하되, 한반도 통일시대 도래를 위한 준비와 노력을 강조했던 것이다. 그리고 2014년 3월, '드레스덴 선언'으로 불리는 한반도 평화통일 기반 조성을 위한 3대 제안을 발표했는데 내용으로는 인도적 문제 해결, 민생 인프라 구축, 동질성 회복 등 3개 구상을 제안하였다. 물론, 3대 구상 제안의 선결 조건으로서 비핵화 조치가 필수적이었다.[27]

한반도 신뢰 프로세스는 박근혜 정부 대북정책의 모토였다. 박근혜 정부는 튼튼한 안보를 바탕으로 남북 간 신뢰를 형성함으로써 남북관계를 발전시키고 한반도에 평화를 정착시키며 나아가서 통일 기반을 구축하려는 정책이라고 밝혔다. 이명박 정부의 비핵·개방 3000(북한이 핵무기 개발을 포기하면 국민소득 3,000달러가 될 수 있도록 지원하겠다는 대북정책. 북한의 확실한 비핵화 이전에는 지원이나 대화에 나서지 않겠다는 先비핵화 後개방 기조)의 경우 북한과의 평화를 개방에 따르는 대규모 투자라는 "돈으로 평화를 사려는 정책"이었다면, 한반도 신뢰 프로세스의 개념은 비핵화 요구에 앞서, 먼저 남북 간 신뢰 형성을 통해 남북관계 개선과 비핵화를 병행하겠다는 선(先)대화, 후(後)비핵화 기조로 서로 차이가 있다. 그리고 집권 1년이 지난 2014년 3월, 독일 드레스덴에서 있었던 박근혜 대통령의 연설(드레스덴 선언)에서 "북한이 핵을 버리는 결단을 한다면, 이에 상응하여 북한에게 필요한 국제금융기구 가입 및 국제투자 유치를 우리가 나서서 적극 지원하겠다."는 발언을 함으로써 사실상 선비핵화 후개방 기조로 복귀했다.

---

27 경기연구원, "박근혜정부의 통일 정책과 남북관계 전망", https://blog.naver.com/gri_blog/220742064033, 검색일, 2022년 8월 7일.

박근혜 정부는 2016년 북한의 4차 핵실험 이후 강경으로 전환하면서 2016년 개성공단 가동 중단을 취하게 된다. 국제사회의 기조는 당장의 협상보다는 대북 제재였고, 우리나라는 그것을 충실히 이행한 것이다. 이에 북한은 당연히 남한이 아닌 중국에 의존하려 노력했으나, UN과 미국의 계속되는 대북 제재로 그마저도 쉽게 이루지는 못했다.[28]

9. 문재인 정부

문재인 정부의 통일부는 '문재인의 한반도정책'을 3대 목표, 4대 전략과 5대 원칙으로 나눠 기술했다. 3대 목표는 '평화 최우선 추구, 상호 존중 정신 견지와 국민과 함께하는 열린 정책'의 실현이다. 이 중 상호 존중의 정신을 "북한 붕괴 불원, 흡수통일 및 인위적 통일 불추구(3-No)를 통해 남과 북이 서로를 존중하고 협력하면서, '함께 잘 사는 한반도'를 추구"하는 의미로 설명했다. 즉, 북한의 의지와 상관없는 통일을 반대하며 공존하겠다는 의지였다. 4대 전략은 북한 비핵화의 해결 방식을 정의했다. 즉, "북핵문제는 제재·압박과 대화를 병행하면서 단계적(핵 동결→비핵화)으로 해결하고, 남북관계와 북핵문제의 병행 진전, 제도화를 통한 지속 가능성 확보, 그리고 호혜적 협력을 통한 평화적 통일 기반 조성"으로 설명했다. 5대 원칙은 "우리

28 https://namu.wiki/w/%ED%95%9C%EB%B0%98%EB%8F%84%20%EC%8B%A0%EB%A2%B0%20%ED%94%84%EB%A1%9C%EC%84%B8%EC%8A%A4, 검색일 2022년 8월 7일.

주도, 강한 안보, 상호 존중, 국민 소통과 국제 협력"이다. 국제 협력 원칙을 "개방과 협력에 바탕을 둔 '열린 자세'로 국제사회의 협력 견인"의 의미로 소개했다.[29]

정리하자면 문재인 정부는 '평화'를 최우선으로 하고, '상호 존중'의 정신에 입각하여, '일관성과 지속성'을 유지하고, 정책의 영역을 동북아와 국제사회로 확장하여 평화와 번영을 추구하는 '문재인의 한반도정책'을 추진했다.[30] 그 결과 2018년 3차와 4차 남북정상회담, 그리고 2018년 6월 12일의 역사적인 싱가포르 북미정상회담, 9월 18일 문재인 대통령이 평양을 방문한 5차 남북정상회담으로 북한 비핵화의 프로세스가 시작되었다. 2019년 2월 27~28일 공동선언문 없이 끝난 하노이 2차 북미정상회담이 열렸다.[31] 2019년 6월 30일에는 판문점에서 트럼프 대통령과 김정은 국무위원장의 짧은 만남도 있었다.[32] 이러한 일련의 과정에서 북한에 대한 제재는 풀리지 않았고 종전선언과 평화협정에 대한 논의는 이루어졌지만 미국의 견제로 열매를 맺지 못하고 말았다.

---

29 https://blog.naver.com/pshlbs/221390517676, 검색일, 2022년 8월 9일.

30 정대진, "선평화·후통일 원칙의 현재적 의미와 발전 방향", http://jpi.or.kr/?p=20495, 검색일 2022년 8월 9일.

31 《중앙일보》(2019. 03. 05)에 따르면 미국은 북한에 핵뿐만 아니라 화생방무기까지 모두 폐기할 것을 요구하였는데 만약 북한이 이를 받아들였다면 미국은 꽃놀이패(바둑에서 한쪽의 부담이 일방적으로 큰 패를 말함)를 가지게 된다. 미국에 대한 신뢰가 부족한 북한이 리비아와 이라크의 경험으로부터 이를 받아들이기는 힘들었다.

32 정지웅, "한반도평화지대 건설을 위한 생명공동체 방안", 『기독교와 통일』 제12권 3호 (2021년 12월), 62쪽.

10. 윤석열 정부

윤석열 정부의 통일정책은 북한의 실질적 비핵화 조치에 상응하여 단계별 남북 경제협력 및 안전을 보장하는 방안이다. 통일부는 3대 원칙과 5대 핵심과제를 추진한다고 설명했다. 3대 원칙은 '일체의 무력 도발 불용', '호혜적 남북관계 발전', '평화적 통일기반 구축'이다. 통일부는 흡수통일을 추구하지 않고 신뢰에 기반한 접근으로 평화통일을 위한 대내외 기반을 구축한다는 원칙을 갖고 있다고 설명했다. 통일부가 설정한 5대 핵심추진과제는 다음과 같다.[33]

첫 번째로 북한의 완전한 비핵화와 남북 신뢰 구축의 선순환을 이루어가겠다는 것이다. 정부는 담대한 계획을 중심으로 북한의 완전한 비핵화와 남북 신뢰 구축의 선순환을 추진해나갈 것이라고 설명했다. 통일부는 담대한 계획이 북한의 실질적 비핵화 조치에 상응해 단계별로 제공할 수 있는 대북 경제협력 및 안전보장 방안을 마련하는 데 중점을 두고 있다고 밝혔다. 통일부는 담대한 계획에 대해 비핵화에 대한 상응 조치로서 경제 지원뿐 아니라 북한의 안보 우려까지 고려한 것이라며 선비핵화 또는 빅딜식 해결이 아닌 비핵화와 상응 조치의 단계적·동시적 이행을 목적으로 한다고 지적했다. 또 북한 비핵화라는 목표는 놓치지 않으면서 인도 협력은 비핵화와 무관하게 추진하는 내용도 포함될 것이라고 주장했다. 이와 관련해 통일부는 남북 공동번영을 위한 협력 방안으로서 남북공동경제발전계획을 수립·이행해나갈 것이라고 밝혔다. 남북 간 시너지 효과를 낼 수

---

33 통일부, 2022 통일부 업무보고, https://blog.naver.com/ash1106/222824653429, 검색일 2022년 8월 19일.

있는 산업 육성과 이를 뒷받침할 남북 인프라 구축, 해외투자 유치 방안 등을 구체화해나가겠다는 것이다. 두 번째로 상호 존중에 기반한 남북관계 정상화를 추진하겠다는 입장이다. 남북 상호간 호혜성을 바탕으로 국격에 맞는 남북관계를 추진하며, 지속가능한 남북관계를 정립하겠다는 것이다. 세 번째, 북한 주민의 인권 증진과 분단 고통을 해소하겠다고 통일부는 설명했다. 북한 주민의 인도적 상황 개선을 위해 인도적 협력은 정치·군사적 고려 없이 일관되게 추진하고, 북한 주민에 필요한 실질적 지원 방안을 강구하겠다는 것이다. 이와 관련해 국회와 협력해 북한인권재단을 출범시키겠다는 방침도 공개했다. 네 번째는 남북 간 개방과 소통을 통해 민족 동질성을 회복해나가겠다고 설명했다. 비핵화 전이라도 민족 동질성 회복을 위해 가능한 교류 협력을 적극 추진하겠다는 것이다. 겨레말큰사전, 개성만월대 등 순수 사회문화 교류는 적극 추진하고 민족·역사·종교 문화 등을 중심으로 일관되게 사회문화 교류를 추진해나가겠다는 방침이다. 또 남북 그린데탕트는 우선 산림·식수·위생 분야의 협력을 추진하고 마을 단위 친환경 협력, 재해재난 협력, '한반도 기후환경 협력 인프라' 구축 등으로 확대해나가겠다고 한다. 통일부는 아울러 소식을 전하는 사업(언론, 출판, 방송 등)의 단계적 개방을 통해 상호 이해와 공감대를 넓혀가며 민족 동질성을 회복하겠다고 밝혔다. 다섯 번째로 통일부는 국민·국제사회와 함께 내실 있는 통일 준비를 해나가겠다고 설명했다. 정부는 통일 기반 조성을 체계적으로 추진하고 이를 제도적으로 뒷받침하기 위해 평화통일기반조성 기본법 제정을 추진할 방침이다. 법안에는 통일기반조성 기본계획, 통일관계 장관회의, 통일영향평가제도, 통일준비인력 양성 등의 내용을 중심으로 각계각층의 의견 수렴 등을 거쳐 정부안을 마련할 예정이다. 또 통일부는 지난 30년간의 통일 환경 변화를 반영해 민족공동체통일방안의 발전적 계승을 추진하겠다고 밝혔다.[34] 그러나 이러한 발표에 대해 북한의 김여정은 이명박 정부의 정책과 다르지 않다고 평가하며 아예 윤석열 정부와 상종하지 않을 것이라 천명하고 있다.

---

34 통일부, 2022통일부 업무보고, https://blog.naver.com/ash1106/222824653429, 검색일 2022년 8월 19일; NK경제(http://www.nkeconomy.com), 검색일 2022년 8월 19일.

Ⅲ. 소결

남한의 제1공화국 출범 시(1948) 남한의 통일방안은 한반도에서의 유일한 합법정부는 대한민국이기 때문에 북한 지역에서 민주선거를 실시하여 제헌의회에 남겨놓은 100석을 채움으로 통일을 실현하려 하였고, 제3차 유엔총회 이후인 1949년부터는 유엔한국위원단(UNCOK) 감시하에 북한에서 선거를 실시하여 의회를 채운다는 것이었는데 이것이 여의치 않을 때는 북진통일을 하는 것이었다. 그러나 이 방안은 남한의 국력으로 볼 때 현실성이 없는 것이었다. 제2공화국은 '선건설 후통일'을 주장했는데 이는 경제에서의 대북 열세 때문이었다. 제3공화국 역시 경제건설의 각도에서 통일을 보았는데 이는 실력 배양, 즉 힘의 증강 후에 통일을 논의하겠다는 수세적 입장을 보여준다. 그러나 4공화국에 이르러서 이러한 입장은 경제개발의 성공으로 남한이 자신감을 획득하기 시작하자 선의의 경쟁을 제안하는 이른바 '선평화 후통일'로 변모하기 시작했다. 1980년대에 들어서서 5공화국은 1970년대의 '평화통일 3대 원칙'의 통일정책을 발전시킨 '민족화합 민주통일방안'을 구체화시켰고 제6공화국은 '한민족공동체 통일방안'을 제안하였는데 제5공화국의 '민족자결'이 '자주'로 바뀌었을 뿐 내용상 큰 차이는 없다.[35] 이 방안 역시 힘의 우위

---

35 그러나 잇따른 방북 여파로 야기된 공안정국은 통일정책의 비현실성을 말해주었다. 이것은 통일문제를 정치적 필요에 의한 업적주의적 관점에서 취급한 것으로부터 야기

를 바탕으로 한 기능주의적 방식의 표출로서, 상호 대화를 통해 성취된 동질성을 기반으로 남북한 총선거를 통한 통일된 국가를 건설하고자 하는 것이었다.[36] 이후 문민정부의 한민족 공동체 건설을 위한 3단계 통일론, 김대중 정부, 노무현 정부, 이명박 정부, 박근혜 정부, 문재인 정부, 윤석열 정부 역시 경제 교류와 경제적 지원을 지렛대로 하여 북한의 핵을 억제하고자 하는 이른바 기능주의적 접근방식이라 할 수 있을 것이다.

된 결과였다. 통일문제는 국내 정치의 한 방편으로 계속 다루어지고 있는 일면을 보여준다.

36 정지웅, "분단통일국과 한반도 통일" (서울대 정치학과 박사학위 논문, 1997), 134쪽; 정지웅, "힘의 변화에 따른 남북한의 통일정책 분석", https://blog.naver.com/jhj7725/140039755989, 검색일 2022년 6월 24일.

Ⅳ. 한반도 중립화 통일의 의의

지금까지 힘의 변화에 따른 남한의 통일정책을 살펴보았다. 남한의 통일정책에는 중립화가 전혀 강조되지 않고 있다. 이러한 상황에서 중립화 통일이 가지는 의의에 대해 생각해보고자 한다.

1. 남북한 통일정책의 한계 극복

1970년대 중반 이후 힘의 우위를 확보한 남한의 통일정책이 경제 교류를 우선하는 기능주의적 접근방식이라고 한다면, 북한의 통일정책은 제도적 접근방식이라고 지칭할 수 있을 것이다. 북한은 1960년 이래 장기간에 걸쳐 일관된 통일방안인 '연방제'를 주장해왔다.[37] 그러나 1980년 10월 노동당 6차 대회에서 김일성이 제시한 '고려민주연방공화국'이라는 새로운 연방제도가 발표되기까지, 약 20년 동안 북한의 통일정책도 힘의 관계에 따라 변화가 있었다. 북한이 제시했던 초창기의 통일방안은 초기에는 미군 철수 후의 총선거안이었고 이것이 여의치 않자 무력통일을 감행했으나 실패했다.[38]

---

37 힘이 앞섰던 때의 연방제 속에는 경제 부문의 교류도 포함되어 있다.

38 정지웅, "힘의 변화에 따른 남북한의 통일정책 분석", https://blog.naver.com/jhj7725/140039755989, 검색일 2022년 6월 24일.

이후 1960년의 과도적 연방제는 연방제 자체가 통일로 가기 위한 잠정적인 조치라는 것과 힘의 우위에서 나온 경제·문화 교류 제안이 포함된 것이 특징적이다. 1973년에는 고려연방공화국을 제안했다. 이는 국호와 대민족회의만 주장했지 구체적이지 못해 불완전한 연방제 형태를 보인다. 이후 1980년의 '고려민주연방공화국'이라는 명칭의 제도적 접근방식은 연방 자체가 곧 통일이라는 것으로, 시정방침까지 담는 등 구체적이어서 완전 연방제 방안이라 칭할 수 있다.[39] 1990년대에 들어서서 북한의 통일방안은 공식적으로는 여전히 고려민주연방제를 주창하고 있으나 내용상으로는 기존의 연방제 방안을 사실상 포기하고 국가연합적 방안을 선호하는 방향으로 변화하고 있다. 이는 주동적인 것이 아니라 현실적 대세를 이기지 못하는 피동성의 측면에서 나온 것으로 북한의 힘의 열세를 반영하는 것이다.[40] 북한 통일정책의 이러한 중요한 변화는 그들이 혁명전략으로는 통일의 실현성이 거의 없다는 것을 인정하고 '지배'가 아닌 '동등'의 형태를 가진 통일방안으로 전환한 것으로 해석할 수도 있다.[41]

이처럼 남북한의 통일정책은 자신의 입장을 일방적으로 관철시키려고 하는 경향이 강하여 통일문제는 체제 내의 통합력 확보를 위한 수단으로, 정통성 확보를 위한 도구로, 정국의 주도권과 업적을 과시하기 위한 방편으로 이용되어왔다고 볼 수 있다. 또한 통일정책

---

39 그러나 상호 침투를 통한 두 체제의 하나의 체제로의 변증법적인 해소 문제를 '후대의 일'로 흘려보내고 있고, 비교우위가 명확하게 드러나는 현대 세계에서 일방적인 흡수통일을 무조건 배제한 연방제가 가능하냐는 점에서 비판받고 있다. 이종석, 『현대 북한의 이해』 (역사비평사, 1995), 380쪽.

40 정지웅, 박사 논문, 135쪽.

41 구영록, 『한국의 국가이익』 (법문사, 1995), 279-280쪽.

그 자체도 상대적 힘의 우위관계에 대한 인식에 근거하여 수립되고 있다는 것도 알 수 있다. 현재의 남한 정부의 통일정책은 힘의 우위를 바탕으로 한 기능주의 방식에 대한 선호도가 가장 크고 여기에 신기능주의적 양태가 80년대부터 나타나고 있으며 남북연합 단계는 북한의 연방제의 일부분을 수용한 것이라고 평가할 수 있을 것이다. 북한의 통일정책은 점차 수세적인 입장을 반영하고 있는데 초기에는 완전한 통일정부로 가는 과도기로 연방제를 주장하였다. 그러나 힘의 열위가 뚜렷한 이후에는 연방제 자체가 완전한 통일 형태라는 논리를 펴고 있는데 이는 남한으로의 흡수통일을 두려워하고 있음을 단적으로 말해주는 것이다.[42]

자기 체제로의 통일에 대한 집념이 강한 나라가 흡수될 가능성은 분명히 적을 것이고 북한이 대화와 교류에 신중을 기하는 것도 한편으로 생각하면 통일을 더디게 하는 것이지만 이것을 달리 생각해 보면 흡수통일을 막는 일이기도 하다.[43]

한반도의 경우 분단 이후 초창기에는 남북이 무력통일을 계획했으나 동서냉전의 와중에서 동맹국들의 지원으로 힘의 균형이 팽팽히 이루어져 분단이 고착화되었다. 그러나 최근의 여러 자료들은 남한의 우위를 보여주고 있고, 한때 북한의 붕괴설까지 대두되는 상황이 되었다. 그리하여 남한은 힘의 우위를 바탕으로 하는 기능주의식 방법을 기저에 깔고 대북정책을 추진해왔다.[44]

---

42 정지웅, "힘의 변화에 따른 남북한의 통일정책 분석", https://blog.naver.com/jhj7725/140039755989, 검색일 2022년 6월 24일.

43 정용길, "독일식 흡수통일, 한반도 적용 왜 불가능한가," 『사회평론』 (사회평론사, 1991. 9), 41쪽.

44 정지웅, "힘의 상대적 변화와 남한의 통일정책", 『이화 사회학 지평』 Vol. No.2 (1999), 71

한편 1993년 4월 7일에 개최된 최고인민회의 제9기 5차 회의에서 김일성 주석이 직접 작성한 것으로 알려져 있는 〈조국통일을 위한 전민족대단결 10대강령〉의 제1항에서 민족대단결을 지향하는 목표를 자주적이고 평화적이며 중립적인 통일국가 창립이라고 설정[45]하고 있어서 북한의 통일방안은 중립을 내포하고 있었다. 그런데 통일국가의 실현 방도를 밝힌 설계도라 할 수 있는 고려민주연방공화국 창립방안의 연방주의는 정치적 분야에서의 일괄적 타결이 선행하게 되면 다른 모든 분야의 문제는 자동적으로 해결된다는 논리를 전개하고 있다. 연방은 폭력 수단에 대한 효과적인 통제와 자원의 배분 결정에 관한 권력을 위임받음으로써, 각 개체가 무임승차(free-rider)의 길을 가는 것을 제재하고 통일이라는 공동선으로 가게끔 강제할 수 있는 것이다. 그러므로 연방주의적 접근에서는 연방제 문제에 관해 자치권을 포기하는 정치적 협약의 과정을 중시하고 있다.

문제는 어떻게 연방주의가 초국가적 권위를 형성하느냐에 있다. 왜냐하면 분단국가들이 자발적으로 폭력 수단을 연방에 위임한다는 것은 참으로 어려운 선택이기 때문이다. 따라서 북한이 주장하는 연방주의적 방안의 한계는 군사적 긴장이 계속되는 현실에서는 더욱 두드러지게 드러난다.[46]

이러한 상태에서 남북관계는 운동경기에서 경기 심판관 없이 시합을 하는 것과 마찬가지이다. 이것이 의미하는 바는 남북 재통일은

쪽.

45 김남식, "북한의 통일론," 2001년 10월 17일; 〈http://www.tongilnews.com/article.asp?menuid=12&articleid=12027&printflag=Y〉.

46 정지웅, "한반도 중립화 통일의 긍정적, 부정적 요인 분석", 『북한연구학회보』 2005, vol.9 no.2., 171-194쪽.

이제 우리끼리만으로는 성취가 쉽지 않다는 것이다.[47] 더구나 주변 강대국들의 첨예한 이해관계가 맞부딪히는, 그야말로 지정학적으로 중요한 이곳 한반도의 사안들을 강대국들은 역사적으로 간과하지 않았다. 이는 분단 이후 남북한 사이에 합의·해결된 사항이 많지 않다는 사실에서도 알 수 있다.[48]

낮은 단계의 연방제안으로 남북한이 통일방안에서 수렴을 보이고 있지만 남북한 체제가 존재하는 한 자국중심주의적 통일을 추구할 것이기 때문에 발전된 통일방안을 추진하는 것은 쉽지 않을 것이다. 이러한 상황에서 한반도의 통일은 어떻게 가능할 것이며, 나아가 새로운 정치적, 군사적 패러다임의 형성을 통한 동북아의 항구적인 평화체제 구축은 어떻게 가능할 것인지 고민하지 않을 수 없다. 현 시점에서 우선 남한의 경제지원 등을 통한 현실적 접근으로 남북 간 평화공존을 유도하는 것이 바람직하다고 볼 수 있다. 따라서 적대적 공존→중립적 공존→협조적 공존으로 바뀌어가는 과정이 필요하며 이때 중립화 통일방안을 적용하는 것은, 살펴본 것처럼 남북한 통일정책이 가지는 한계를 극복할 수 있는 대안으로서 의미가 크다고 할 수 있다.[49]

---

47 황인관, "중립화 통일과 건국론," 정산종사 탄생백주년 기념 한국원불교학회 97 추계학술대회; 〈http://www.wonbuddhism.or.kr/j100/04jungsan_9.html〉.

48 6·25전쟁도 남북한끼리 해결 못 했고, 휴전도 그랬고, 1945년 Jeneva 통일회의도 그랬다. 1972년 7·4공동성명은 우리끼리 한 것이지만 무산되고 말았으며 1991년 12월 31일의 남북합의서도 마찬가지였다. 그리고 최근의 북한 핵문제도 우리 남북끼리는 해결하지 못해 미국이 개입하고 있다.

49 정지웅, "한반도 중립화 통일의 긍정적, 부정적 요인 분석", 『북한연구학회보』 2005, vol.9 no2. 171-194쪽.

2. 민족자존 회복의 열쇠

역사적으로 한민족은 국가안보와 권력 획득을 목적으로 주변 국가의 지지를 획득하는 과정에서 의도와는 달리 민족의 자존을 훼손하는 과오를 초래하기도 하였다. 조선시대의 친일파, 친중파, 친러파가 있었고 오늘날에는 한미동맹에 대한 맹목적 신봉자가 존재한다. 미군이 이 땅에서 줄어들면 금방 북에서 쳐들어올 듯이 불안감을 가지는 사람들이 있으나 현 북한 지도부는 체제 유지에도 정신이 없을 지경이므로 이것은 과장된 염려라고 생각된다. 일제강점기 때 극히 소수의 독립운동가들과 선각자들만이 일제 패망의 날을 점치면서 맹렬히 투쟁하였지만 거의 모든 한국 사람들은 일제가 망하면 큰일난다는 선전을 곧이곧대로 믿고 있었다. 이와 똑같은 상황이 지금 이 땅에 다시 벌어지고 있는 셈이다. 거의 100년 동안이나 외세의 지배 아래 살아온 우리 민족은 이제 만성화되어 외세의 주둔과 지배를 당연시할 정도가 되어버린 것이나 아닌지 의심이 날 정도이다. 남북 간에 내란을 치른 우리로서는 북의 남침에 대한 불안감에서 미군의 주둔을 당연시하는 심리를 이해 못 하는 바 아니지만, 이제 60년이 지난 오늘에 와서는 사고의 전환이 필요한 때가 아닌지 반성할 필요가 있다.[50]

중립화 방안은 미군 없는 상황에서 우리의 안보 불안을 해소하면서 우리의 민족적 자립과 자존을 지킬 수 있는 하나의 실현 가능한 평화통일과 자주 자립의 방안이라고 할 수 있다. 우리를 둘러싼 열

---

50 주종환, "영세중립만이 자주국방의 길", 『평화만들기』 136호.

강들은 우리 민족의 화해와 민족자결, 자립과 민족 번영을 항시 두려워하면서, 대립과 상극을 부채질하는 가운데 자기들의 잇속을 챙기는 데 주된 관심을 쏟아왔다는 것을 지금까지의 역사를 통해 우리는 직시해야 한다. 더욱이 한반도에서 남북 간의 분단과 대립은 우리에게 크나큰 고통을 안겨주고 있으며, 이것은 남북 대결을 이용하여 잇속을 차리려고 하는 외세의 이익은 될지라도 우리 민족에게는 해결해야만 하는 선결 요건임을 잊어서는 안 된다. 이때 전략적으로 주도면밀하게 추구되는 중립화 통일은 주변국과 선린관계를 유지하면서도 민족의 자존을 지킬 수 있는 묘책이 될 수 있다.[51]

3. 동북아 평화 회복의 단초

중립화로 인한 이득은 중립 당사국에만 국한되지 않고, 그 영토와 독립 보전을 보장해주는 제(諸)강대국에도 해당이 된다. 왜냐하면 어떤 나라를 중립국으로 보장해줌으로써 자기들 강대국 사이에도 평화와 안전이 오기 때문이다. 다시 말하면 중립국 수립으로 강대국들 자신 간의 안보가 성립케 되므로, 그들 사이의 전쟁 요소와 갈등 요소가 해소되는 것이다. 즉, 그 약소국을 둘러싸고 있는 강대국 간에 일어날 수 있는 알력을 중립화로 제거시켜주기 때문에 중립국 성립은 중립국을 만들어주는 주변 모든 강국들의 안보에도 도움이 된다는 것이다. 중립화의 일차적 기능은 국제분쟁의 소지를 안고 있거

---

51 정지웅, "한반도의 평화정착 방안 모색: 장기적 전략으로서의 한반도 중립화", 『사회과학연구』 2013 vol.26 no.1 (국민대 사회과학연구소), 239-265쪽.

나 이미 분쟁 상태에 있는 지역을 국제적 경쟁 대상에서 격리시키는 데 있다. 그리하여 관련 강대국들에게는 경쟁에 따르는 위험부담을 예방하거나 경감시킬 수 있는 외교적 협상의 탈출구가 마련될 수 있다. 이렇게 영세중립국이 되는 국가와 주변 모든 강대국 사이에 공익이 생긴다는 것은, 약소국을 국제분쟁의 초점에서 중립화로 벗어나게 해줌으로써 강대국 사이에 경쟁, 충돌, 논쟁이 자연적으로 소멸되기 때문이다. 그래서 중립국이 되는 것은 양측에 모두 이익이 되고 평화를 가져올 수 있는 국제정치상의 최대공약수라 해도 과언이 아니다. 이러한 상호 이득 관계는 Zero-Sum이 아닌 Win-Win관계라고도 볼 수 있다.[52]

중립화는 주변 열강의 이해관계를 조절하여 그들의 납득과 동의가 없으면 결코 실현될 수 없다. 한반도는 주변 4강과 동등한 친선관계를 유지해야만 중립화될 수 있는 것이다. 즉, 미국은 물론 중국 러시아 일본 그리고 세계의 모든 나라와 친밀한 관계를 전제했을 때만 중립화는 이룩될 수 있다. 이처럼 다자안보체제와 상충되지 않는 한반도의 중립화는 한반도와 동북아의 평화 회복을 위한 단초가 될 수 있다.

52 황인관, 앞의 글, http://www.wonbuddhism.or.kr/j100/04jungsan_9.html

V. 결론

중립화를 추진하기 위한 과정에 대한 논의는 하나의 이론적 전개이며 실제는 달리 전개될 수도 있기 때문에 상황에 따라 적절히 대응해야 한다는 것은 명약관화한 일이다. 예를 들어 북한에 급격한 변화가 일어나서 미군이 직접 개입할 수도 있고, 중국군이 직접 북한에 진입할 수도 있으며, 북한 군부가 정권을 잡을 수도 있고, 북한에 친중국적이거나 친미적이거나 친남한적인 정부가 들어설 수도 있는 것이다. 그러나 어떠한 경우에도 전쟁은 일어나서는 안 되며, 주변국들에 대한 중립적인 의지를 가진 적극적인 외교로 평화적 통일을 이루어야만 한다. 강대국 의존에서 벗어나 민족자존 문제를 환기시킨다는 관점에서 볼 때 중립화 그 자체의 의미는 여전히 남아 있다고 생각된다.

한편 중립화 통일이라는 용어가 자국의 이해만 챙기는 기회주의적 발상이라는 인상을 줄 수도 있고, 강대국들로 하여금 자칫 상대방 쪽으로 더욱 가깝게 가는 것이 아닌가 하는 불안감을 줄 수 있기 때문에, 하나의 전략으로 중립이라는 말보다는 '한반도의 완충지대화'라는 용어를 사용할 필요가 있다고 생각한다.[53] 역사적으로 열강들 간의 충돌이 끊이지 않았던 한반도를 제국주의 초기 시대의

---

53 정지웅, "한반도의 평화정착 방안 모색: 장기적 전략으로서의 한반도 중립화", 『사회과학연구』 2013 vol.26 no.1 (국민대 사회과학연구소), 239-265쪽.

태국과 같은 완충지대로 만듦으로써 강대국들에게도 오히려 도움이 될 수 있다는 설득을 반드시 수행할 필요가 있다. 한반도의 중립화가 하나의 구상에서 실현이 가능하려면 우선 중립화에 대한 학술적 토론과 중립화운동을 통한 국민의 총체적 의지를 모으는 것이 필요할 것이다. 이와 관련하여 1990년대부터 민간 차원의 중립화운동과 논의가 일어나고 있는 것을 눈여겨볼 필요가 있다. 분명한 것은 만약 남북한 지도자와 국민들의 의지로 한반도의 중립화 통일을 추진해낼 수만 있다면 이는 틀림없이 한반도와 동북아 평화체제를 보장하는 획기적인 방안이 될 것이다.[54] 앞으로 중립화에 대한 다방면의 연구와 논의 그리고 운동이 더욱 활발히 이루어지길 기대한다.

---

54 정지웅, "한반도 중립화 통일의 긍정적, 부정적 요인 분석" 『북한연구학회보』 2005, vol.9 no2, 171-194쪽.

〈참고문헌〉

김학성 외, 『한반도 평화전략』 (통일연구원, 2000), 61-62쪽.

구영록, 『한국의 국가이익』 (법문사, 1995), 274쪽.

서중석, "이승만과 북진통일: 1950년대 극우반공독재의 해부", 『역사비평』 (역사비평사, 1995년 여름호), 161-162쪽.

외무부 외교연구원, 『통일문제연구』 Vol. I. (외교연구원, 1966), 61쪽.

임혁백, "평화통일정책과 남남갈등의 극복", 경남대학교 극동문제연구소, 『남남갈등 진단 및 해소방안』 (2004), 302-308쪽.

정대진, "선평화·후통일 원칙의 현재적 의미와 발전 방향", http://jpi.or.kr/?p=20495, 검색일 2022년 8월 9일.

정용길, "독일식 흡수통일, 한반도 적용 왜 불가능한가", 『사회평론』 (사회평론사, 1991. 9.), 41쪽.

정지웅, "분단통일국과 한반도 통일" (서울대 정치학과 박사학위 논문, 1997).

정지웅, "한반도 중립화 통일의 긍정적, 부정적 요인 분석" 『북한연구학회보』 (2005), vol.9 no.2., 171-194쪽.

정지웅, "한반도의 평화정착 방안 모색: 장기적 전략으로서의 한반도 중립화", 『사회과학연구』 (2013) vol.26 no.1 (국민대 사회과학연구소), 239-265쪽.

정지웅, "한반도평화지대 건설을 위한 생명공동체 방안", 『기독교와 통일』 제12권 3호 (2021년 12월), 62쪽.
정지웅, "힘의 상대적 변화와 남한의 통일정책", 『이화 사회학 지평』 Vol.- No.2 (1999).
정지웅, 『복음과 상황』 211호, 72-74ㅉ쪽.
주종환, "영세중립만이 자주국방의 길", 『평화만들기』 136호.

《중앙일보》 2019년 3월 5일.

United Nations, *General Assembly Revolution* 195(III).
New York Times, July 23, 1961.
John Kie-Chiang Oh, *Korea: Democracy on Trial* (Ithaca: Cornell University Press, 1968), pp. 77-78.
U. S. Department of State, *The Korean Problem at the Geneva Conference* (Washington, D. C.: Government Printing Office, 1954), pp. 51-52.
경기연구원, "박근혜정부의 통일 정책과 남북관계 전망", https://blog.naver.com/gri_blog/220742064033, 검색일, 2022년 8월 7일.
김남식, "북한의 통일론," 2001년 10월 17일; 〈http://www.tongilnews.com/article.asp?menuid=12&articleid=12027&printflag=Y〉.
이명박 정부의 대북정책 구상, 어떻게 보완해야 하나", https://blog.naver.com/atlrantis1/150028290294, 검색일 2022년 8월 3일.
이유수, "한국의 통일정책", 『북한 및 통일론』 2003년도 강의안, (http://user7.chollian.net/~yslee43/index12/summary2.hwp, 검색일: 2006년 3월 29일).

정지웅, “힘의 변화에 따른 남북한의 통일정책 분석”, https://blog.naver.com/jhj7725/140039755989, 검색일 2022년 6월 24일.

통일부, 2022통일부 업무보고, https://blog.naver.com/ash1106/222824653429, 검색일 2022년 8월 19일.

평화번영정책, https://nkinfo.unikorea.go.kr/nkp/term/viewKnwldgDicary.do?pageIndex=1&dicaryId=17, 검색일 2022년 7월 25일.

황인관, “중립화 통일과 건국론,” 정산종사 탄생백주년 기념 한국원불교학회 97 추계학술대회; 〈http://www.wonbuddhism.or.kr/j100/04jungsan_9.html〉.

https://blog.naver.com/pshlbs/221390517676, 검색일, 2022년 8월 9일.

https://namu.wiki/w/%ED%95%9C%EB%B0%98%EB%8F%84%20%EC%8B%A0%EB%A2%B0%20%ED%94%84%EB%A1%9C%EC%84%B8%EC%8A%A4, 검색일 2022년 8월 7일.

제5장

북한의 통일방안과 중립화 정책

_ 양재섭

I. 들어가며: 코리아의 통일과 평화를 향한 여정

19세기 후반 조수처럼 들이닥친 서세동점의 물결은 평화로운 조선 땅을 한일병탄(1910)이라는 질곡의 역사로 밀어붙였다. 조선왕조가 어쩔 수 없이 문을 닫고 일본제국의 지배 아래 식민지 생활을 경험하면서도 우리는 삼일혁명(1919)을 통하여 여전히 자유를 향한 희망의 끈을 놓지 않았고 중국 상하이에 대한민국 임시정부(1919)를 세워 단군 이래 반만년의 유구한 역사를 자랑하는 홍익인간의 평화나라를 향한 여정을 멈추지 않았다.

치욕스런 일본의 지배를 건너 해방의 기회가 왔음에도 또 다른 고난이 우리를 기다리고 있었으니 바로 남북분단(1945)의 괴물이었다. 더구나 뒤이어 발생한 6·25 한국전쟁(1950-53)은 분단을 더욱 단단하게 만들었고 더욱더 깊은 상처를 남겼다. 남쪽은 점점 더 남쪽이 되었고 북쪽은 점점 더 북쪽이 되어왔다. 어떻게든 다시 합쳐 그럴듯한 나라를 새로이 만들고 싶어 이리저리 애써보았지만 쉽지 않았고 때로 우리는 스스로 좌절과 분열의 수렁에 빠져 헤매기도 했다. 조국의 평화통일이라는 대명제 앞에 결연한 의지를 가지고 나름 힘써 노력해왔다는 자긍심과 함께 또 이제 앞으로 새로운 희망을 창조해나가야 할 결단의 전망대에 서 있다.

그동안 대한민국과 조선민주주의인민공화국 양쪽은 여러 가지 통일방안을 제시하였고 또 일정 부분 합의를 이루어내기도 하였다. 다양한 논의 중에서 '한반도중립화통일' 방안은 분단의 역사를 넘어 평화의 국가로 재통일하고 세계평화에 공헌하기 위한 이상적이고도 실질적인 방안이라고 믿고 이를 논의하고 추진하려는 생각을 가진 사람들도 있었다. 중립화통일론이 남한과 북한 양쪽에서 공통점을 가지고 활발하게 논의되었다고 말하기는 힘들겠지만 분단 이후 간헐적으로 논의가 이뤄져왔다. 남한에서는 한때 중립화통일 논의 자체가 금기시되었던 시절을 겪으면서도 최근까지 학자들과 시민운동가들을 중심으로 중립화통일론의 논의가 근근이 맥을 이어왔다.

그토록 지난한 역사의 과정에서 1980년 북한의 김일성 주석이 "고려민주련방공화국 창설방안"을 발표하는 내용 중에 공식적으로 '중립화 통일국가' 안을 제안한 바 있었고 그 후 기회가 되는대로 다듬어 수정 제안하였다. 그러고는 드디어 2000년 김대중 대통령과 김정일 국방위원장이 분단 55년 만에 최초로 만난 남북정상회담에서 "남측의 연합제 안과 북측의 낮은 단계의 연방제 안이 서로 공통성이 있다고 인정"하는 실낱같은 합의를 이뤄내기도 했다. 북한에서는 중립화통일 논의가 어떻게 시작되어 진행되어왔는지 그 역사적 맥락을 살펴보고 미래를 전망해보는 것이 본 5장의 목적이다.

II. 북한에서 중립화통일론의 출발, 전설의 메아리

북한 당국의 공식적인 논의는 아니었지만 최초의 중립화통일론이 제기되고 논의되었다는 증언과 기록은 6·25 한국전쟁이 끝나 정전협정을 조인한 후 이를 마무리하는 과정에서 시작된 것으로 나타난다. 즉, 미완의 정전협정을 정리하기 위한 후속 과정으로서 제네바 정치회담이 진행되는 동안 회담의 의제와는 상관없이 회담장 밖에서 중립화통일론이 논의되었다는 전설적인 느낌의 에피소드가 전해지고 있다. 우선 그 과정을 따라가보기로 한다.

1. 한국전쟁의 발발과 납북 혹은 월북 인사들

해방정국이 소용돌이치는 가운데 남쪽에서는 대한민국 정부(1948. 8. 15.)가 수립되었고 북쪽에는 조선민주주의인민공화국(1948. 9. 9.)이 들어섰다. 한 달도 채 되지 않는 기간을 사이에 두고 형식논리상 남북분단이 그 형태를 갖춘 셈이다. 얼핏 보기에 이승만 대통령과 김일성 수상의 대결로 그려지는 역사의 애니메이션은 그로부터 불과 1년 8개월 보름여 만에 반만년 민족 역사상 아마도 최대 비극일 6·25 한국전쟁(1950. 6. 25.)으로 연결되었다.

38선을 넘어온 북한 인민군은 사흘 만에 서울을 완전히 점령하였고 이어서 불과 보름 만에 낙동강까지 거침없이 내려갔다. 그 시간에 곧바로 점령군의 통치행위가 시작되었는데, 그중 한 가지가 남한의 주요 인사들에 대한 포섭 공작이었다.[1] 북한의 고위관리였다가 1980년대 중반 제3국을 통해 남한으로 망명한 박병엽(필명 신경완)의 증언에 의하면 소위 '모시기 공작'이 진행되었는데, 그 대상에는 김규식, 조소앙, 최동오, 오하영, 엄항섭 등의 대한민국 임시정부 지도자들, 김약수, 노일환, 이문원, 김옥주 등 '국회 프락치사건'에 연루되어 서대문형무소에 수감되어 있던 '소장파' 제헌국회의원들, 안재홍, 박렬, 정인보, 이광수, 방응모 등 정당·사회단체나 학계의 저명인사들이 다수 포함되어 있었다.[2] 이들은 북한 당국의 포섭에 자발적으로 응하였거나 강제적으로 연행된 경우가 있었을 것으로 추정되는데, 이것이 '납북인지 월북인지' 논쟁은 현재까지도 진행 중이며 '북의 끌어당기기와 남의 밀어내기'의 결합으로 설명될 수도 있을 것이다. 그들은 전쟁이 진행되는 동안 여러 과정을 거쳐 북쪽으로 이송되었고 김일성 수상을 비롯하여 북한 당국은 상당한 관심을 가지고 이들을 집단적으로 관리하였다. 북한으로 이동하는 과정과 전쟁이 진행되는 동안 몇몇 인사들은 사망하기도 하였고 평양에 정착한 생존자들은 다음에 설명할 재북평화촉진협의회를 구성(1956. 7. 2.)하는 주요 인물들이 되었다.

유엔군의 참전으로 연합군과 국군이 반격을 시작하여 서울을 수

---

1 김성보·기광서·이신철, "1950년6월25일", 『사진과 그림으로 보는 북한현대사, 개정증보판』 (웅진지식하우스, 2014), 98-111쪽.

2 이태호 저, 신경완 증언, "모시기 공작", 『압록강변의 겨울: 납북요인들의 삶과 통일의 한』 (다섯수레, 1991), 12-21쪽.

복(1950. 9. 28.)하고 이어서 38선을 넘어(10. 1.) 압록강(10. 29.)에 도달하였다. 그런데 이번에는 느닷없이 중국이 참전을 하게 되었고 전쟁은 바야흐로 국군과 연합군 그리고 인민군과 중국군이 싸우는 국제전의 양상으로 변화되었다. 중국군의 개입으로 연합군은 후퇴하여 전선은 다시 남쪽으로 이동하였고 1951년 1월 4일에는 서울이 다시 북한의 수중으로 들어갔다. 그러나 곧 이어진 연합군의 총체적 반격으로 전선은 다시 38선으로 이동되었고 얼마 후에 정전회담(1951. 7. 10.)이 시작되었다. 그리고 2년여의 지루한 공방 끝에 1953년 7월 27일, 전쟁 당사국 중 남한을 제외한 북한과 중국 그리고 미국이 서명한 휴전협정이 체결되었다. 전쟁이 시작되어 휴전회담 개시일까지 숫자상으로는 1년여 남짓의 시간이었지만 길다면 길고 짧다면 짧은 이 시간 동안에 남쪽과 북쪽에 나누어 살던 사람들이 뒤섞이며 낙동강과 압록강을 오가기도 하고 또 세계 여러 나라의 군인들이 이전투구하며 한반도 전역에 씻을 수 없는 전쟁의 상처를 남기게 되었다. 해방과 함께 찾아왔던 남북분단의 상황은 승자도 패자도 없는 상처뿐인 전쟁을 거쳐 '38도선'이 '휴전선'으로 바뀌졌을 뿐 또다시 거의 본래의 자리로 되돌아왔다.

2. 제네바 정치회담과 조소앙의 중립화통일론

그런데 북한에서의 중립화통일론은 1954년 4월 20일, 납북인사 모임에서 대한민국임시정부 국무위원이었던 조소앙(趙素昻, 1887-1958)에 의해 처음 제기되었다. 즉, 북한에서 중립화통일에 관한 논의의 시작은 휴전협정이 체결되고 그 후속 조치의 일환인 제네바 정치회담을 준비하는 과정에서 나타났다. 휴전협정 4조 60항에 한국 문제의 평화적 해결을 위해 정전협정이 조인되어 효력이 발생한 뒤 3개월 안에 고위 정치회담을 개최하라고 권고하였다. 그리고 몇 차례 협의 과정을 거쳐 1954년 4월 26일부터 6월 15일까지 개최되는 '제네바 정치회담'이 계획되어 있었다.[3] 이 회담에서 해결해야 할 가장 큰 주제는 한반도의 통일방안과 주둔하고 있는 외국 군대들의 철수였다.[4] 그런데 뜻밖에도 회담장 밖에서 회담이 개최되기도 전에, 그것도 제네바로부터는 멀리 떨어져 있는 평양 근교에서 한반도의 중립화통일론이 납북인사 중 임정요인에 의해 제기되었다는 것이 박병엽의 증언에 상세히 기록되어 있다.[5]

제네바 정치회담이 개회되기 일주일 전쯤, 북한 당국의 파견을 받아 '납북인사'들을 관리하고 있던 담당자들이 한밤중에 납북인사들의 거처를 방문하여 제네바 정치회담의 준비 내용을 설명하고 이에 관한 의견을 청취하였다. 이 자리에서 납북인사들의 지도적 위치에 있던 임정요인 조소앙이 "주변 강대국을 비롯한 세계 어떤 나라의 간섭과 침략도 배제하고 나라의 자주독립이 보장될 수 있는 중립화 통일국가로 되어야 한다."고 강력하게 주장하였다. 그리고 좌중의 상당한 동의와 지지 반응을 얻어내었다. 그러나 아직까지 북한 내에서 정리된 중립국가 통일방안이 부재한 상황에서 막상 북한 당국자들

---

3 오정현, "1954년 제네바 정치회담과 한반도 국제관계: 전후 분단체제의 형성," 『통일정책연구』 제30권 1호 (2021), 5-7쪽.

4 이신철, "1954년 제네바 정치회담시기 남·북의 통일론," 『사림』 제25호 (2006), 70-73쪽.

5 이태호 저, 신경완 증언, "중립화 통일론," 앞의 책, 246-253쪽.

의 반응은 당황한 기색이었다.

북한 당국은 납북인사들을 정치적 관점에서 세심하게 관리하는 입장에 있었기에 조소앙을 비롯한 납북인사들의 중립화통일론에 대해 수용은 어렵다고 해도 완전히 무시하고 도외시하는 태도를 보일 수는 없었다. 며칠 후 제네바 정치회담의 북측 대표단으로 알려진 외무성 부상과 외무성 참사관과 좌담회의 기회를 마련하였다. 이 자리에서 조소앙은 다시 "국제적으로 중립국이 되는 것, 중립화하는 것, 중립화통일"에 관해 웅변에 가깝게 열정적으로 설명을 하고 이러한 내용이 제네바 회담에 전달되도록 노력해달라고 부탁도 하였다. 또 납북인사들의 뜻을 모아 한반도 중립화론에 대한 의지를 표명한 서한을 제네바 회의 대표들에게 보내는 방안도 제기되었다. 이 편지를 전달하기 위해 엄항섭, 권태양 두 사람이 제네바 회담의 북측 대표단과 동행할 것을 요구하였다. 물론 쉽게 받아들여지지 않았다. 극단적으로 단식투쟁까지 하여 편지 전달을 위한 제네바행이 가까스로 결정되었지만 결국 모스크바까지 갔다가 다시 평양으로 돌아오고 말았다.[6]

그 후에도 기회가 있을 때마다 납북자 그룹은 중립화통일론을 주장하였고 북한 당국에 줄기차게 논의를 요구하였다. 아직도 제네바 정치회담이 진행되고 있을 6월 10일에는 심지어 김일성 수상과도 이 문제를 놓고 집무실에서 공식 대담을 가지기도 하였다. 그 자리에서 김일성 수상은 민주적이고 평화적이며 자주적인 통일방안에 대해 원론적인 관점에서 설명하였고 조소앙의 중립화통일론에 대해서

---

6 이태호 저, 신경완 증언, "제네바 회의에 부쳐," 앞의 책, 254-260쪽.

는 전문가들의 자료도 모으고 연구 검토하도록 관계 공무원에게 지시하였다.[7] 제네바 정치회담은 1954년 6월 15일 제15차 본회의에서 16개국 공동선언문을 통해 유엔이 "한국 문제에 있어서 평화적 해결을 모색하도록 알선"하는 권한을 가지며 "통일된 독립 민주 한국을 건설하기" 위해 유엔의 감시하에서 자유로운 선거를 실시하도록 규정하였다. 그러나 제네바 정치회담의 불명확한 종결은 결과적으로 전후 분단체제를 고착시키는 결과를 야기하였다.[8] 결국 북한에서 첫 번째 제기된 중립화통일론은 모든 것이 허사로 돌아가고 말았지만 조소앙 그룹과 북한 당국의 중립화통일론 논쟁은 후일에 김일성 주석이 제안한 고려민주연방공화국 창설방안에 중립국가안이 공식적으로 포함되도록 암암리에 영향을 미친 것으로 추정할 수도 있을 것이다.

3. 〈재북평화통일촉진협의회〉의 결성과 중립화통일론

북한에서 중립화통일론의 논의는 제네바 정치회담이 종결되고 2년여 후 6·25 한국전쟁 당시를 포함하여 그동안의 납북 혹은 월북인사들이 총동원되어 〈재북평화통일촉진협의회〉를 결성하게 되는 과정에서 재론된 것으로 나타난다. 1956년 6월 23일 "조국의 평화통일을 촉진하고자 이전 남조선 정치활동가들이 재북평화통일촉진협

7 이태호 저, 신경완 증언, "김일성과의 공식 대담," 앞의 책, 286-299쪽.

8 김보영, "제네바 정치회담과 남북한 통일정책의 비교연구", 『국사관논총』 제75집 (1997), 214-216쪽.

의회를 발기"한다는 기자회견을 가졌다.[9] 그리고 "평화통일", "전쟁반대", "남북협상"을 내용으로 하는 강령 초안도 소개하였다. 며칠 후에는 발기인 총회를 진행하였는데, 이 자리에 참석한 인사들은 과거의 당파 소속이나 정견 그리고 종교를 초월하여 오로지 민족의 염원인 조국의 평화통일을 위해 전력을 다하겠다는 의지를 표명하였다.[10] 참석 인사들의 면모를 보면, 대한민국의 정계, 정부, 국회에서 활동하던 인물들로 조소앙, 안재홍, 최동오, 엄항섭, 로일환, 김효석, 김옥주, 박렬 등 48명이 참석하였다.

철저한 사전 준비를 마치고 드디어 1956년 7월 2일 북한 당국의 대대적인 지원을 받으면서 "남조선 각계 인사들로 조직"된 재북평화통일촉진협의회의 결성대회가 평양 모란봉극장에서 개최되어 공식적으로 출범하였다. 이틀간의 회의 진행이 종료된 다음 날 조선로동당 중앙위원회 기관지로 비교적 북한 인민들 다수가 접하고 있는 《로동신문》은 전체 8면 중 6면에 걸쳐 협의회 결성대회 선언서, 대회 진행 사항, 안재홍의 개회사 전문, 조소앙의 경과보고 전문, 홍명희의 축사, 전체 토론 내용 등등을 문자 그대로 대서특필하였다.[11] 오하영, 조소앙, 안재홍은 최고위원으로 선출되었고 11명의 상무위원회 위원 그리고 19명의 집행위원회 위원으로 전체 조직을 완료하였다. 협의회 결성대회 선언서에는 (1) 조선민족의 자주 독립정신, (2) 전쟁을 반대하고 평화적 방법으로 통일, (3) 주민의 남북 내왕과 정치, 경제,

---

9 "조국의 평화 통일을 촉진코자 이전 남조선 정치 활동가들 《재북평화통일촉진협의회》를 발기", 《로동신문》 1956년 6월 24일, 3면.

10 "《재북평화통일촉진협의회》 결성 대회 준비를 위하여 평양에서 발기인들의 총회를 진행," 《로동신문》 1956년 6월 30일, 1면.

11 《로동신문》 1956년 7월 4일, 1-6면.

문화, 과학의 교류, (4) 평화문제를 협의하기 위한 상설기관 설치, (5) 민주 자주 연합정부 수립, (6) 조선문제의 평화적 해결을 위해 관계 국가들의 협조를 요청하는 6가지 "주장"을 제시하였다. 전쟁을 방지하고 평화적으로 통일하며 자주정신과 외국의 간섭을 배제하고 외국 군대의 철수를 요구하는 내용을 요약하면서도 결정적으로 '중립화통일'이라는 용어를 명시적으로 사용하지는 않았다. 그런 점에 반해 박병엽의 증언에서는 협의회가 7개 항의 행동강령을 채택하였고 그 내용 중에는 한반도 문제에 대해 미국과 소련의 불간섭, 외국과 맺은 군사동맹들을 폐기할 것 그리고 '국제적 중립화'를 선언하고 '중립국'으로서 국제적 자유를 확보하는 등의 사항이 포함되어 있다. 다시 말해서 중립화통일론에 대해 명확한 용어를 사용하여 서술하고 있다.[12]

이 지점에서 《로동신문》, 《조선신보》 등 공식 매체의 기사와 박병엽의 증언 사이의 차이점을 정리할 필요가 있다. 《로동신문》에 게재된 선언서 중 6가지 "주장"과 박병엽의 증언에 제시된 "행동강령 7개항" 중 "국제적 중립화를 선언하도록 할 것"과 "통일된 후 중립국으로서 국제적 자유를 확보"로 명확하게 표현된 점은 문자적으로 분명한 차이점을 보여주고 있다. 이런 관점에서 재북평화통일촉진협의회가 공식적으로 중립화통일론을 제안하였다는 증거는 불명확하다. 당시의 시대상으로 보아 아직 북한에 명문화된 중립화 통일방안이 제안된 상태라고 할 수 없고 또 외세 배격과 평화통일에 관한 주장이 곧 중립국가를 지향하는 중립화통일론을 의미한다고 단정하기에는 무

12 이태호, "재북평화통일촉진협의회를 결성하다," 앞의 책, 371-379쪽.

리한 점이 없지 않다.

또 재북평화통일촉진협의회가 공식 출범하면서 최고위원 3인을 선출하여 집단지도체제의 형태를 띠었고 북한 당국에 적극적으로 협력하는 모습을 보이는 소위 관변단체의 정체성을 가졌다고 봐야 할 것인데, 독자적으로 중립화통일론을 제안하기에는 그들의 권한을 넘어서는 것으로 보인다. 협의회 결성대회 당일의 진행상황 역시 북한 당국의 정책을 적극적으로 지지하고 성원하는 분위기 일색이었다. 재북평화통일촉진협의회 결성 이후 조소앙 최고위원의 지도력으로 중립화통일론을 이끌 수 있는 영향력에 대해서도 의문점이 있다. 협의회 창립 25주년(1981)을 맞이하여 김일성 주석이 협의회와 회원들에게 보내는 축하문에서는 김규식, 안재홍, 최동오의 이름만 거론할 뿐 조소앙에 대해서는 전혀 언급이 없었다.[13] 따라서 제네바 정치회담 즈음과 재북평화통일촉진협의회의 결성 전후에 중립화통일론의 논의 과정들은 그 분위기만 추측할 뿐 중립국에 대한 명확한 개념을 가지고 진행되었다고 확신할 수는 없다. 다만 북한 당국의 공식적인 인정은 받지 못했어도 조소앙이 중립화통일론을 주장할 개연성은 다분하다는 것이 학자들의 의견이다.[14] 그리고 차후 김일성 주석이 고려민주연방공화국 창설방안에 중립국가론을 포함하여 설정하는 과정에 알게 모르게 작용했으리라는 점에 주목할 뿐이다.

북한에서 중립화통일론의 발생과 전개 과정을 살펴보는 것이 본

---

13 김일성, "축하문. 재북평화통일촉진협의회와 그 회원들에게," 《로동신문》 1981년 6월 30일, 1면.

14 홍석률, "중립화통일의 논의와 역사적 맥락," 『역사문제연구』 제12호 (2004), 57쪽; 이신철, "1954년 제네바 정치회담시기 남북의 통일론," 『사림』 제25호 (2006), 72-73쪽.

5장의 목표인데, 지금까지 서술된 과정 중 상당 부분 증언을 제공한 박병엽의 인물에 대해 짚고 넘어가야 할 필요가 있을 것 같다. 앞서 살펴본 바와 같이, 1954년 4월 한국전쟁을 정리하기 위한 제네바 정치회담을 앞두고 조소앙을 중심으로 한 납북 혹은 월북 인사들이 북한 당국에 제안했다는 중립화통일안과 그 후 1956년 7월 재북통일평화촉진협의회 결성대회에서 밝혔다는 중립화통일론은 전적으로 박병엽의 증언에만 의존하였다. 박병엽은 일본 메이지대학을 졸업하고 북한에서 정무원 부부장, 조국통일민주전선 부국장 그리고 재북평화통일촉진협의회 부장을 지내며 남북관계 문제를 현장에서 생생하게 경험한 인물로 알려졌는데 1980년대 중반에 망명하여 남한에서 생을 마감하였다. 앞서 인용한 『압록강변의 겨울』(1991)이라는 책에서는 신경완(申敬完)이라는 가명(필명)을 사용하였고 그 후 추가로 출판된 몇 권의 증언록에서는 박병엽이라는 본명을 밝혀 사용하고 있다. 조소앙의 중립화통일론 제안 가능성에 대해서는 앞서 인용한 것처럼 국내 학자들도 대체로 개연성을 인정하고 있으며 박병엽의 진술에 대해서는 증언록 편집자들도 "때로는 증언이 기록의 한계를 넘는다."는 고백을 하기도 하였다.[15]

이 글에서는 제네바 정치회담 전후의 중립화통일론 논의 과정에 대해서는 박병엽의 증언에 전적으로 의존하였고 재북평화통일촉진협의회 결성대회에 대한 기사는 공식 매체인 《로동신문》과 《조선신보》에 따랐다. 즉, 공식문서가 존재하는 한 이를 우선적으로 인용하였다. 따라서 북한에서 중립화통일론은 '비공식적'으로는 1954년

---

15 박병엽 구술, 유영구·정창현 엮음, 『전 노동당 고위간부가 본 비밀회동. 김일성과 박헌영 그리고 여운형』(선인출판사, 2010), 006-011쪽.

4월 제네바 회담 직전 조소앙에 의해 제안되어 논의된 적이 있었고 '공식적'으로는 김일성 주석이 1980년 고려민주연방공화국 창립방안을 발표하면서 중립국가라는 단어를 처음 사용하였다는 결론에 도달하는 것이다.

III. 김일성의 중립화통일 연방제의 기나긴 노랫가락

북한이 공식적으로 제안한 통일방안의 핵심은 '중립화통일된 연방국가'로 요약할 수 있다. 이는 그때그때마다 남북관계와 국제정치 환경에 따라 꽤 오랜 세월에 걸쳐 제안되고 수정되는 과정을 거쳤다.

1. 과도적 통일방안으로 연방제 제안 그리고 "고려련방공화국"

1960년 8월 15일 김일성 수상은 해방 15주년을 경축하면서 일제 식민통치로부터 독립한 감회와 6·25 한국전쟁과 정전 과정 그리고 전후 복구사업, 토지개혁, 산업국유화 등 정치·경제적 업적을 열거하며 그동안의 주요 역사들을 회고한 장문의 보고를 《로동신문》에 3면에 걸쳐 게재하였다.[16] 중공업 우선 정책의 성공으로 산업의 기초를 다졌다고 자평하고 이제 경공업과 농촌 경제를 더욱 발전시켜야 한다는 비전을 제시하면서 남한에 대한 경제적 비교 우위를 내세워 미래에 대한 자신감을 표명하였다. 그리고 통일문제에 대한 중요한 제안을 하였다.

그동안 북한 당국이 기회가 있을 때마다 제시한 통일방안은 "자유

16 김일성, "조선 인민의 민족적 명절 8·15 해방 15주년 경축 대회에서 한 김일성 동지의 보고", 《로동신문》 1960년 8월 15일, 1-3면.

로운 남북 총선거"를 통한 '자주적 평화적 통일론'이었으며 여기에는 외국군 철수와 남북대표자 회의의 구성 등이 부대조건이었다.[17] 그런데 "민족적 명절 8·15 해방 15주년"를 맞이하여 북한의 최고 지도자가 남한이 만일 한반도의 공산화가 두려워 남북 총선거에 의한 통일방안에 의문을 제기한다면 과도적인 대책으로 "남북조선의 련방제" 실시를 제안한다는 것이다. 당분간 현재 남북의 정치제도를 그대로 유지하면서 각 정부의 독자적인 활동을 보장하고 경제와 문화 발전을 공동으로 모색하자는 내용이었다. 당장 연방제까지 어렵다면 정치적 문제를 제쳐놓고 남북의 기업가들이 협력하고 남북의 물자를 교류하는 경제적 문제를 풀어보자고 제안하면서 남북의 자유 왕래를 희망하는 사안도 덧붙였다. 그 당시 남한에서는 4월혁명이 일어나 이승만 대통령의 정권이 무너지고 민주화의 열기가 뜨거웠던 그해에 북한은 연방제를 제안하고 남북의 경제와 문화의 교류 그리고 자유 왕래를 외치고 있었다. 어쩌면 상처뿐인 6·25 한국전쟁의 쓰라린 경험을 통해 무력으로는 통일과 평화가 불가능하다는 귀중한 교훈을 깨닫고 자주적 평화통일을 추구할 수 있었던 카이로스가 아니었을까 하는 아쉬운 생각이 들기도 하는 대목이다.

그 후 남북 특사들의 비밀 상호방문을 거쳐 1972년 7·4남북공동선언을 완성하고 '자주·평화통일·민족대단결'의 3대 통일원칙을 확인한 후 김일성 주석은 1973년 6월 23일 체코 공산당 제1서기 후사크를 환영하는 평양 군중대회 연설에서 '조국통일5대강령'을 발표하였는데, 여기에서 "고려련방공화국"이란 구체적 국호를 제안하여 남

17 정창현, "1950년대 북한의 통일노선과 통일정책연구", 『국사관논총』 제75집 (1997), 226-230쪽.

북의 연방제를 재확인하였고 차후 단일 국호를 가지고 유엔에 가입하는 방안까지 제시하였다.[18]

한편 중립국가 방안이 포함되지 않은 단순한 연방제를 처음 제안한 1960년부터 다음에 설명할 '중립국가'인 고려민주연방공화국 통일방안을 제안한 1980년 사이에 어떤 과정을 거쳐 중립국 통일방안이 도출되었는지 정확하게 알 수는 없다. 다만 그동안의 북한의 외교정책의 변화를 살펴보면 건국 초기 소련과 중국을 주요 대상으로 하는 진영 외교에 집중했던 시기를 지나 다변 외교를 추구하는 과정에 제3세계 비동맹국가들로 외교의 범위를 확대하면서 직간접적으로 영향을 받았다고 유추해볼 수 있을 것이다.[19] 1955년 4월 아시아 아프리카 대륙의 29개국 정상이 인도네시아에 모여 반둥회의(Bandung Conference)를 개최하고 '반둥10원칙'을 선언하였다. 여기에는 "타국의 내정에 불간섭", "타국의 영토 보전 및 무력 사용 금지" 등의 조항이 포함되어 있었다. 그런 과정을 거쳐 1961년 세르비아 수도 베오그라드(Belgrade)에 대부분 신생 독립국인 25개국 정상이 모여 비동맹운동(블럭 불가담 운동, Non-Aligned Movement, NAM)을 결성하였다. 이 회의에는 인도의 네루(Neruh) 수상, 이집트의 나세르(Nasser) 대통령, 인도네시아의 수카르노(Sukarno) 대통령, 중국의 저우언라이(周恩來) 국무원 총리 등이 참석하였다. 이 비동맹운동의 가입 조건에는 "다변적 군사 블록에 가입하지 말 것"과 "쌍무적 군사조약을 체결하지 않을 것", "자국 영토 내에 군사기지를 두지 않을 것"

---

18 조국통일 5대강령," 통일부 북한정보포털. 〈https://nkinfo.unikorea.go.kr/nkp/term/viewKnwldgDicary.do?pageIndex=1&dicaryId=35〉 (검색일: 2022년 6월 17일).

19 김계동, "비동맹 외교", 『북한의 외교정책』 (서울: 백산서당, 2002), 297-302쪽.

등이 포함되어 있었다. 말하자면 중립국 구성 조건에 유사한 내용이라 할 수 있을 것이다. 북한은 1965년 인도네시아에서 다시 모인 반둥회의 10주년 기념행사에 김일성 수상이 직접 참석하였고 비동맹운동에는 1975년 정식 회원국이 되었다. 북한이 관심을 가지고 비동맹외교를 펼치는 과정에서 중립국의 개념과 접할 수 있는 기회가 많았을 것이라는 추측은 가능하지만 과연 어떤 과정을 거쳐 북한이 중립국 통일방안을 논의하고 제안하였는지 확인할 길은 없다.

2. 중립국인 "고려민주련방공화국" 통일방안

그리고 드디어 해방과 분단 35년이 되던 해에 북한은 통일국가의 이름을 '고려민주련방공화국'으로 수정 제안하고 '중립국가'로서의 정체성을 확정하기에 이른다. 1980년 10월 10일에 개최된 조선로동당 제6차 대회에서 김일성 주석은 조선로동당 중앙위원회 사업총화보고를 하는 중 조국의 자주적 평화통일을 강조하면서 통일된 중립국가인 고려민주연방공화국의 국가 비전으로 10가지 시정방침을 제시하였다.[20] 새 통일방안은 해방 15주년에 이미 제안하였던 연방제를 기초로 하고 '조국통일5대강령'(1973. 6. 23.)에서 제안하였던 국호 "고려련방공화국"에 민주를 추가하여 "고려민주련방공화국"으로 수정한 것이지만 "어떤 정치군사적 동맹이나 쁠럭에 가담하지 않는 중립국가"로 가는 것이 필연적이고 현실적으로 가장 합리적이라는 주장을

20 김일성, "조국의 자주적 평화통일을 이룩하자," 「조선로동당 중앙위원회 사업총화보고」 『조선로동당대회자료집』 제4집 (국토통일원 조사연구실, 1988), 53-66쪽.

통하여 공식적으로는 "중립국가"라는 용어를 처음으로 사용하였다.

통일된 중립국 고려민주연방공화국의 정체성은 김일성 주석이 직접 제시한 시정방침에 따라 다음 10가지로 요약할 수 있다.

(1) 고려민주연방공화국(이하 연방국가)은 완전한 자주독립국가로 다른 어떤 나라의 위성국일 수 없다. 자주독립을 방해하는 어떤 국제정치기구와도 협력하지 않고 또 가입하지 않는다.

(2) 연방국가는 민주주의를 실시하고 민족대단결을 도모한다. 독재정치와 정보정치를 반대하고 인민들의 자유와 권리를 철저히 보장하여 민주주의적인 사회정치제도를 전면적으로 발전시켜나간다.

(3) 연방국가는 남과 북 사이에 경제적 합작과 교류를 활발하게 하고 민족경제의 자립적 발전을 도모한다. 남과 북의 기업체들의 다양한 경제활동을 인정하고 자본가들의 소유와 기업활동에 대해서도 극단적인 경우가 아니고는 제한하거나 침해하지 말아야 한다.

(4) 연방국가는 과학, 문화, 교육 분야에서 남과 북 사이의 교류와 협조를 실현하고 전체 인민의 문화 지식적 수준을 끊임없이 향상시켜야 한다.

(5) 연방국가는 남과 북 사이의 교통과 체신을 연결하여 정치, 경제, 문화적 교류와 합작을 원만하게 할 수 있어야 한다. 즉, 철길, 자동차길, 뱃길과 비행기 길을 개설하여 남북이 자유롭게 왕래할 수 있어야 한다.

(6) 연방국가는 노동자, 농민을 비롯하여 근로 대중과 전체 인민들의 생활 안정을 도모하고 복리를 증진시켜야 한다. 모든 근로자들의 기본생활을 보장하고 가난한 사람들의 생활을 중산층의 생활 수준으로 증진시켜 모두 잘사는 세상을 만들어야 한다.

(7) 연방국가는 남과 북 사이의 군사적 대치 상태를 해소하고 민족연합군을 조직하여 외래의 침략으로부터 민족을 안전하게 보호하여야 한다. 쌍방의 군대를 10만~15만 정도로 축소하고 군사분계선을 없애며 국군과 조선인민군을 통합하여 단일한 민족연합군을 창설하여 국가 보위 임무를 수행하여야 한다.

(8) 연방국가는 해외에 거주하고 있는 모든 동포들의 민족적 권리와 이익을 옹호하고 보호하여야 한다.

(9) 연방국가는 각 지역정부가 맺은 대외관계를 통일적으로 조절하여야 한다. 통일 이전에 맺은 군사조약을 비롯하여 민족적 단합에 배치되는 모든 조약과 협정을 폐기하여야 한다. 그러나 민족적 이익에 어긋나지 않는 대외관계는 지속하며 특히 경제적 합작은 계속 유지되어야 한다.

(10) 연방국가는 전 민족을 대표하는 통일국가로 유엔을 비롯한 국제기구들에게 대표성이 있으며 모든 국제행사에는 단일 대표단을 파견하여야 한다. 연방국가는 "평화를 사랑하는 나라"로서 평화애호적인 대외정책을 실시하며 어떠한 국제적 침략행위에도 가담하지 않아야 한다. 연방국가는 중립노선을 확고히 하고 우리나라 영토에 다른 나라 군대의 주둔과 군사기지의 설치를 허용하지 않으며, 핵무기의 생산과 반입 그리고 사용을 금지하여 한반도를 영원한 평화지대로 또 비핵지대로 만들어야 한다.

고려민주연방공화국의 창설방안이 한반도에서 완전한 1개의 통일된 중립국가를 지향하는 점은 명백하지만 잠정적으로 혹은 과도적으로 2개의 지역정부를 인정한다는 점에서 한반도와 국제역학관계의 현실성을 깊이 고려한 것으로 볼 수 있다. 여러 가지 정치적 여건이 성숙되기 이전 단계로서의 중립국가인 고려민주연방공화국의 창설방안은 분단 상황에서 발생하는 불편과 불이익을 최소화하면서 궁극적으로는 "우리나라 전 영토와 전 민족을 포괄하는" 통일을 향한 비전을 제시한 통일방안으로 평가할 수 있을 것이다.

그 후 기회가 있을 때마다 북한 당국은 고려민주연방공화국 창설방안을 최고의 통일방안으로 홍보하기 위해 공식 매체들을 동원하였다. 《로동신문》에 "통일조선은 자주적이고 중립적이며 평화애호적인 나라로 되어야 한다."는 기명 논설을 게재하여 창설방안을 자세히 설명하고 "온 민족이 단결하여 삼천리 강토 위에 더욱 부강하고 번영하는 인민의 낙원"을 건설하자고 주장하기도 하였다.[21]

중립 연방국가 창설방안이 발표된 후 1년이 지날 무렵 1981년 11월 3일부터 6일까지 오스트리아 빈(Wien)에서 개최된 '조국통일을 위한 북과 해외동포, 기독자간 대화'에서 참가자 일동이 "자주, 민주, 평화, 중립적인 련방국가를 창설하는 것이 통일을 실현하는 가장 현실적이고 합리적인 방도로 된다."는 공동성명서를 발표하였다.[22] 미국에서 참가한 강위조 목사, 서독에서 온 리영빈 목사가 분단 역사를 극복하고 통일을 위한 기독교인의 과제에 관하여 발제를 하였고 북한 국내에서 참석한 고기준 목사와 조선기독교도련맹 렴국렬 부위원장은 사람 중심의 주체사상과 기독교 사상의 공통점이 있다고 강조하며 기독교가 외세 배격에 앞장서야 한다고 주장하였다. 대회

---

21 황진식, "통일조선은 자주적이고 중립적이며 평화애호적인 나라로 되여야 한다", 《로동신문》 1980년 11월 24일, 5면.

22 "자주, 민주, 평화, 중립적인 련방국가를 창설하는 것이 통일을 실현하는 가장 현실적이고 합리적인 방도로 된다", 《로동신문》 1981년 12월 9일, 2면.

가 끝난 후 참가자들은 미국 대통령과 일본 총리에게 자주적이며 중립적인 연방국가를 지향하며 세계평화에 노력하는 북조선에 협력을 요청하는 서한을 발송하여 국제적 관심을 호소하였다.[23] 중립 연방국가 통일방안을 대외적으로 선전하기 위해 특별히 기독교 단체인 조선기독교도련맹(후에 조선그리스도교련맹으로 명칭 변경)를 활용한 것은 기독교인이 다수인 서방세계에 대한 외교적 노력으로 짐작할 수 있다. 또 김일성 일가는 본래부터 기독교회 인사들과 관계 맺음이 있었고 기회가 있을 때마다 손정도 목사와의 인연을 내세우기도 하고 문익환 목사 등과 교류하는 등 내심 기독교에 대한 관심이 있었을 것으로 추정된다.

통일·중립의 연방국가 창설방안은 해외 학술회의에서도 자주 주장되었다. 1985년 7월 6일부터 8일까지 "조선의 통일과 아시아의 평화"를 주제로 국제심포지엄이 일본 요코하마 국제회의장에서 개최되었다.[24] 이 심포지엄은 도쿄대학(東京大學), 주오대학(中央大學)을 비롯하여 일본의 유수 대학 교수들로 구성된 아시아태평양평화정책연구소가 주최하였는데 미국, 중국, 캐나다, 프랑스, 서독, 스위스, 핀란드, 호주, 멕시코, 태국, 필리핀 등 세계 16개국의 평화학자와 한반도 전문가 131명이 대거 참석하여 진지한 토의를 진행하였다. 이 자리에는 한국학 연구의 세계적 석학인 미국의 브루스 커밍스(Bruce Cumings) 교수도 참석하였는데, 한국에 대한 그의 애정과 열정은 늘

---

23 "자주적이며 중립적인 련방국가를 형성하여 통일조국에서 평화롭게 살려는 조선인민의 요구에 귀를 기울려야 한다", 《로동신문》 1981년 12월 9일, 5면.

24 아시아 태평양 평화정책연구소 편, 이승렬 옮김, 『조선통일론: 통일문제 국제심포지윰』(세계, 1989), 4-7, 61-72쪽.

우리를 감동케 한다. 북한을 대표해서는 사회과학원 철학연구소의 김창원 소장과 재일본조선인총련합회(조총련) 중앙상임위원회 기관지인《조선신보》의 최우균 주필이 각각 조선사회과학자 대표단의 단장과 부단장 자격으로 참석하여 논문을 발표하였다. 최우균 주필은 "조선에 통일·중립의 연방국가를"이라는 제목으로 중립국가 고려민주연방공화국 창립방안을 정리하여 설명하고 "가장 현실적이고 합리적인 방안"임을 역설하였으며 '중립국 통일' 방안임을 상기시켰다. 주최 측은 "남북대화의 또 다른 당사자"인 한국 학자들의 참석을 위해 마지막 순간까지 노력했으나 결국 무산되어 아쉬움을 토로하였다. 결국 경희대학교 평화복지대학원의 조순승 교수의 발표문과 고은 시인의 글과 시는 원고를 받아 발표 자료집에 수록하였다. 다만 미국의 이스턴켄터키대학교(Eastern Kentucky University)의 곽태환 교수가 재미 한국인 학자의 신분으로 참석하여 "남북 대립의 완화를 향하여" 노력할 것을 호소하였다. 곽태환 교수는 통일연구원 원장을 역임한 바 있고 한반도중립화통일협의회 이사장으로도 오랫동안 활동하였으며 현재도 여러 분야에서 한반도 통일과 평화 증진에 노력하고 있다. 당시는 전두환 대통령 시절이었는데 남과 북이 함께 논의할 수 있는 기회가 아쉽게도 무산되었고 다만 세계의 많은 사람들이 '한반도의 긴장 완화와 평화통일'에 대한 상당한 관심을 가지고 있다는 사실과 북한이 여전히 중립국 통일방안의 실현에 노력하고 있다는 사실만 확인되었을 뿐이다. 심포지엄에서 발표되고 논의되었던 자료는 『朝鮮統一とアジアの平和』(三省堂, 1987)라는 책으로 일본어로 발간되었고 이에 대한 번역본은 『조선통일론』(세계, 1989)이라는 책명으로 국내에서 출판되었다.

3. 김일성-장세동의 비밀 회담에서 확인된 중립국가 이야기

1980년대 내내 김일성 주석의 중립국가 고려민주연방공화국 창설 방안은 큰 변화 없이 주장되었고 남북관계 개선을 지향하는 과정에서도 늘 함께 따라 다녔다. 해방 40주년 분위기와 함께 1985년 남북정상회담을 추진하는 과정에서도 북한은 한반도중립화론을 거론하였는데 당시 남한은 박정희 대통령 사후(1979. 10. 26.) 또다시 발생한 군사쿠데타(1979. 12. 12.)로 전두환 장군이 정권을 장악하였고 이어서 대통령에 취임한 상태였다. 전두환 대통령은 정권의 정통성에 대한 취약점을 보완하기 위해서라도 남북정상회담에 대한 강한 의지를 가졌던 것으로 보인다. 정상회담을 준비하는 담당자들에게 지시한 협상 기조는 "조속한 시일 안에 어느 곳에서든 일단 만나고 보자."였다.

수차례 양측의 사전 협의를 거쳐 1985년 9월 4일부터 6일까지 허담 조선로동당 비서 일행이 김일성 주석의 친서를 소지하고 서울을 방문하였고 경기도 기흥에 있는 동아그룹 최원석 회장의 별장에서 전두환 대통령과 비밀회담을 가졌다.[25] 김일성 주석의 친서 외에 허담 비서가 사전에 준비하여 전한 "말씀"에서는 정상회담에서 다뤄져야 할 주요 과제로 "긴장 상태를 완화하고 전쟁의 위험을 막는 것"과 "북과 남이 무력 사용을 포기하고 평화를 보장하기 위해 불가침 선언"이 필요하다는 것을 제안하였다. 실질적인 통일방안을 위해서도 논의가 필요하다고도 했는데 특별히 중립국가를 지향한다고 하는

---

25 최보식, "전두환-허담의 극비대화록 전문", 『월간조선』 1996년 11월호(통권 200호), 106-157쪽.

직접적인 표현은 없었다.

이어서 10월 16일 장세동 안기부장 일행이 판문점을 거쳐 개성역에서 특별 기차편으로 평양으로 이동하였고 다음 날 김일성 주석과 관저에서 회담하였다.[26] 서로 인사를 나눈 후 장세동 안기부장이 전두환 대통령의 친서를 낭독하고 면담을 이어갔는데 여기에서 전두환 대통령이 먼저 평양을 방문하고 이어서 김일성 주석이 서울을 방문하면 좋겠다는 의사를 표명하였다. 김일성 주석은 이 자리에서 동서 열강의 싸움에 우리 민족이 말려들지 말고 진정한 중립을 성취하여 어느 블록(bloc)에도 참가하지 않고 어떤 국가의 위성국도 되지 말자고 역설하였다. 민족적 독립, 경제적 자주, 정치적 독립을 가지고 어느 나라에도 편중되지 않는 "중립적 나라"가 되어야 한다고 '중립화 연방제' 통일방안에 대한 확고한 의사를 표명하였다. 스위스는 여러 민족으로 구성되어 있는데도 중립국가를 이뤄 잘살고 있는데 우리는 단일민족으로서 중립화 통일국가를 못 이룰 이유가 없다면서 동서 대결을 우리가 대신하지 말자는 말도 덧붙였다. 아무튼 남북정상회담이 성사되어 공동선언을 한다면 "긴장 상태를 완화하기 위해 불가침을 선언하고 2개 나라로 공존한다는 정도가 되어서는 안 되고, 2개의 나라가 아니라 '중립국'이며 2제도를 그대로 두고 1개의 통일국가를 형성한다는 원칙을 채택해야 한다."는 명확한 언표를 남겼다. 즉, 정상회담이 성사되면 김일성 주석이 결과로 남기고 싶었던 요점은 "통일강령과 불가침 선언"이었다.

그해 비슷한 시기에 이미 이산가족 고향방문단과 예술공연단의

---

26 최보식, "장세동(안기부장)-김일성 비밀회담의 생생한 대화록", 『월간조선』 1998년 9월호(통권 222호), 180-224쪽.

북한 방문이 성사되었지만 정상회담은 양 지도자의 만남에 대한 강한 의지에도 불구하고 결국 성사되지 못했다. 당시 비밀회담 준비 과정에 관여하고 김일성 주석과 면담에도 배석하였던 박철언 외무부 외교안보연구원 연구위원 겸 안전기획부장 특보의 당시 기자회견 그리고 후일담에 의하면 노신영 국무총리를 비롯하여 대통령 주변의 핵심 인사들이 소극인 태도를 가지고 있었고 특히 미국이 남북의 접촉을 탐탁지 않게 여겨 정권 인사들이 미국의 눈치를 보는 정도였다는 것이다.[27] 아무튼 1985년 남북정상회담 준비 과정의 비밀 접촉을 통해서 김일성 주석이 스위스를 예로 들어가면서까지 한반도의 평화통일된 중립국을 여전히 지향하고 있었다는 사실을 확인할 수 있을 뿐이다.

4. 고르바초프를 통해 레이건에게 전달된 중립국 통일방안 문서

그런데 최근 한국 외교부가 비밀 해제한 외교문서에 따르면 김일성 주석이 국제무대에 한반도 중립국 통일방안을 제안한 사실이 밝혀졌다.[28] 고려민주연방공화국 창설방안을 내놓은 지 7년이 지났고 때마침 남한은 88서울올림픽 준비에 여념이 없을 당시에 워싱턴에서는 로널드 레이건(Ronald W. Reagan) 미국 대통령과 미하일 고르바초프(Mikhail Gorbachev) 소련 서기장이 백악관에서 만나 미소 정상

27 "1985년 남북정상회담 친미·극우파 관료 반대로 무산", 《한겨레》 2009년 6월 25일.

28 "김일성, 1987년 연방제 통일·중립국 창설 제안했다", 《경향신문》 2018년 3월 30일. ; "북, 87년 소련 통해 미국에 '연방제 중립국' 제안했다", 《중앙일보》 2018년 3월 30일.

회담을 가졌는데 김일성 주석이 이 기회를 활용한 것이다. 1987년 12월 8~10일 사이에 진행된 이 회담의 주요 의제는 핵무기 군축에 관한 것으로 양국이 보유한 중거리 핵미사일의 전면 폐기 및 검증체제를 논의하고 서명하는 것이 주목적이었다. 그런데 이 회담 진행 중 둘째날에 고르바초프 서기장이 김일성 주석의 부탁을 받아 소지한 "한반도 완충지역 설정 및 중립국 창설을 위한 조선민주주의인민공화국의 제안"이라는 문건을 레이건 대통령에게 건네주었다.[29]

그 내용에 관해서는 정상회담이 종료되고 바로 다음 날 오전에 미 국무부 동아태부 차관보인 윌리암 클라크(William Clark)를 통해서 주미한국대사관 담당관에게 설명과 함께 전달되었다. 그리고 바로 주미한국대사는 "미·쏘 정상회담(한반도문제)"이라는 제목의 공문을 통해 본국의 외무부장관에게 보고하였다. 김일성-고르바초프-레이건-주미한국대사-한국 외무부장관의 통로를 거친 이 문서의 주요 내용은 다음과 같다.

(1) 남북한 각각 10만 미만의 병력을 보유하도록 감군을 단행하여 자체 방위(self-defence)만을 목적으로 유지하며 핵무기를 포함한 모든 외국 군대를 철수한다. 감군 절차를 효율적으로 감독할 수 있게 중립국 감시위원회의 권한을 강화한다. 남북한이 서명하는 불가침을 선언하고 휴전협정을 평화협정으로 대체한다. 궁극적으로는 남북한 군대를 통합하여 단일한 '민족군'(Single National Army)을 만든다.

---

29 "미국 소련 정상회담 Washington, D C, 1987 12 8-10" 대한민국 외교부 정리보존문서 목록, 일반공문서철 등록번호 21022, 등록일자 1993-10-21, 분류번호 722 12, 국가코드 UR/US, 생산과 북미과/동구과, 생산년도 1987~1987, 0166-0167, 0185, 0189, 0191, 0196쪽.

(2) 군사협정을 포함하여 남북한이 제3국과 체결한, 민족적 단합에 위배되는 모든 협정 및 조약을 폐기한다.

(3) 남북한으로 구성된 "연방공화국(Confederative Republic)을 창설하고 동 공화국이 중립국가(Neutral State) 및 완충지역(Buffer Zone)임을 선포하는 헌법"을 채택한다.

(4) 연방공화국은 단일 국호로 국제연합에 가입한다.

이 내용은 결국 북한 당국이 그동안 제안하고 지속적으로 주장해온 통일방안의 내용을 총체적으로 요약한 것이며 이를 국제화하였다는 데서 그 의미를 찾을 수 있을 것이다.

한편 주미한국대사관의 보고 문서에 의하면 고르바초프 서기장은 기왕에 부탁을 받아 가지고 온 것이니 전달할 수밖에 없어 "특별한 부연 설명 없이 기계적으로 수교"하였고 또 레이건 대통령은 상대방이 주는 것이니 받았다는 식으로 설명하고 있다. 그러나 비공식 오찬에서 고르바초프 서기장은 콜린 파월(Colin Powell) 미 국가안보보좌관에게 북한의 서류 검토 여부를 질문하여 관심을 보였고 아직 아니라는 답변에 대해 안건을 검토한다면 내 전달 임무는 다한 셈이라는 반응을 보였다. 그러자 파월 보좌관은 내밀히(privately) 다루겠다고 말했고 이에 대해 고르바초프 서기장은 북한도 비밀에 부치기를 원했다고 전했다. 조지 슐츠(George Shultz) 미 국무장관은 이 문제에 관해 차후 소련 측에 알려주겠다고 약속하였다. 이 논의 과정에 레이건 대통령은 등장하지 않았다.

한반도 중립국 창설 및 완충지역 설정에 관한 문서 수교 건은 한국과 미국 당국자들의 의지에 따라 철저히 비밀이 유지되었다. 그러나 그 내용에 관해서는 미국, 한국, 소련 사이를 오고 가며 외교 형식상으로는 논의를 교환하는 후속 조치들이 이루어졌다. 미국 당국은 한국 정부의 입장을 문의하였고 당시 김경원 주미대사와 최광수 외무부 장관의 라인을 타고 의견 교환이 이뤄졌다. 일단 최광수 외무장관은 훈령을 통해 "북한 측 제안은 외양만 거창하고 현실성이 없으며, 새로운 내용이 없다."고 일축하면서도 "남북문제는 남북 당사자 간 대화를 통해 실적"을 쌓아야 하고 "남북 외무장관 회담이 가장 현실적이고 실질적인 방안"이라고 밝혔다. 그리고 관계 개선을 위해 기존의 남북대화를 재개해야 한다고 부언하였다. 한편 미국은 한국 정부가 다뤄야 할 문제라고 기본 입장을 밝히면서 이 문제에 대해 주소련 미국대사가 에두아르드 셰바르드나제(Eduard Shevardnadze) 소련 외상과 면담하는 성의를 보여주었고 또 소련은 외상이 북한의 김영남 외교부장과 면담하는 등 외교적 제스처를 통해 전달 책임을 수행하려는 노력을 보여주었다.

이 제안 문건은 원문이 한국어(조선어)였겠지만 러시아어 번역문과 그에 대한 영어 번역문들이 오고 갔으며 오리지널 조선어 원문은 확인할 길이 없었다. 88서울올림픽을 바로 눈앞에 둔 1987년 연말 북한의 통일 노력은 '한반도 완충지역 설정'과 '중립국 창설'이라는 열쇳말(키워드)을 확인하면서 또 한번 아쉽게도 해프닝 같은 역사적 기록만을 남겼다.

5. 냉전체제의 사라짐과 남북관계 변화의 새싹들

88서울올림픽이 개최되었던 해에 취임한 노태우 대통령(2. 25.)은 "민족 자존과 통일 번영을 위한 대통령 특별선언(7·7선언)"을 하고 냉전 종식의 세계적 경향에 발맞춰 북방정책에 시동을 걸었다. 88년 하계 서울올림픽(9. 17.-10. 2.)은 IOC 회원국 160개국이 참가하여 역대 최대 규모로 비교적 성대하게 성공적으로 개최되었고 대한민국이 국제 관계나 경제문제에서 한 단계 뛰어오르는 계기를 마련하였다. 서울올림픽의 성공을 발판 삼기라도 한 듯 노태우 정부는 북방외교 정책을 통하여 자유진영 국가들만을 상대하던 외교정책에서 북한을 포함하여 중국, 소련, 동유럽 국가와 기타 사회주의 국가들로 외교 대상의 범위를 확장해나갔다.

한소수교가 이뤄지고(1990. 9. 30.) 베를린 장벽이 무너져(1989. 11. 9.) 동서독이 통일되었으며(1990. 10. 3.) 바야흐로 세계는 냉전시대가 종말을 고하며 서서히 사라져가는 분위기에서 북한도 국제 환경의 압박을 받을 수밖에 없었다. 분위기 탓이었을까, 김일성 주석은 1991년 신년사를 통해 고려민주연방공화국 창설방안에 좀더 쉽게 다가갈 수 있도록 "잠정적으로 지역자치정부에 더 많은 권한을 부여하여" 운영한 다음에 중앙정부의 기능을 점차 확장해나간다는 좀더 용이한 접근방법을 권고하였다. "하나의 민족, 하나의 국가, 두 개 제도, 두 개 정부에 기초한 연방제 방식으로 실현"할 것을 강조하였다. 그리고 유엔 가입에 대해서도 연방제 통일을 완성한 다음 단일 국호를 사용하여 가입하는 것이 이상적이긴 하지만 현실을 감안하여 하나의 의석으로 가입하는 조건이라면 통일 전이라도 남과 북의 동시 가입을 고집하지 않겠다는 원래 연방제 통일방안에서 다소 유보적인 제스처를 보여주었다.[30] 그리하여 남북한 동시 유엔 가입(1991. 9. 17.), 남북기본합의서(1992 .2. 19.)와 한반도비핵화선언(1992. 2. 19.)이 착착 진행되었고 이어서 그해에 한중수교(1992. 8. 24.)도 이루어졌다.

이러한 분위기에서 북한은 1993년 4월 6일, 최고인민회의 제9기 제5차 회의에서 중립국가 창립방안을 재천명하였다.[31] 김일성 주석이 제안하고 정무원 총리 강성산 대의원이 보고하여 채택된 '조국통일을 위한 전 민족 대단결 10대 강령'의 제1항목에서 "전민족의 대단결로 자주적이고 평화적이며 중립적인 통일국가를 창립하여야 한다."고 재차 확인하였다.[32] 나머지 9개 항목의 제목은 다음과 같다.

(2) 민족애와 민족자주정신에 기초하여 단결하여야 한다.

(3) 공존, 공영, 공리를 도모하고 조국통일 위업에 모든 것을 복종시키는 원칙에서 단결하여야 한다.

(4) 동족 사이에 분열과 대결을 조장시키는 일체 정쟁을 중지하고 단결하여야 한다.

(5) 북침과 남침, 승공과 적화의 위구를 다같이 가시고 서로 신뢰하고 단합하여야 한다.

(6) 민주주의를 귀중히 여기며 주의주장이 다르다고 하여 배척하지 말고 조국통일의 길에서 함께 손잡고 나가야 한다.

(7) 개인과 단체가 소유한 물질적, 정신적 재부를 보호하여야 하며 그것을 민족대단결을 도모하는 데 이롭게 이용하는 것을 장려하여

---

30 김일성, "신년사",《로동신문》1991년 1월 1일, 1-2면.

31 김일성, "조국통일을 위한 전민족 대단결 10대 강령",《로동신문》1993년 4월 8일, 1면.

32 강성산, "조국의 자주적 평화통일을 실현하기 위한 전민족 대단결 강령을 채택할데 대하여",《로동신문》1993년 4월 8일, 2-3면.

야 한다.

(8) 접촉, 내왕, 대화를 통하여 전 민족이 서로 이해하고 신뢰하며 단합하여야 한다.

(9) 조국통일을 위한 길에서 북과 남, 해외의 전 민족이 서로 연대성을 강화하여야 한다.

(10) 민족대단결과 조국통일 위업에 공헌한 사람들을 높이 평가하여야 한다.

전체적으로 10개 강령을 통하여 "조국의 자주적 평화통일을 실현하기 위한 전 민족의 대단결"을 조목조목 강조하였다. "힘 있는 사람은 힘을 내고 지식 있는 사람은 지식을 내고 돈 있는 사람은 돈을 내어 모두 다 나라의 통일과 통일된 조국의 융성번영을 위하여 특색 있는 기여를 함으로써 민족 분열을 끝장내고 통일된 겨레의 존엄과 영예를 세계에 떨쳐야 한다."고 주창하였다. 최고인민회의 이름으로 "7천만 겨레에게 보내는 호소문"도 발표하였다.[33] 모든 인민은 오로지 조국의 평화통일을 위해 존재하는 것처럼 외치는 이 강령에서도 아무튼 북한의 중립화통일론은 확고하게 이어지고 있음을 확인할 수 있다. 그리고 김일성 주석이 사망(1994. 7. 8.)한 직후까지도 이러한 기조는 확고하게 지속되었다.

---

33 "7천만 겨레에게 보내는 호소문", 《로동신문》 1993년 4월 8일, 2면.

Ⅳ. 김정일의 힘이 쎈 '스위스 같은 무장 중립국가'

김일성 주석이 창안하고 발전시킨 '중립국 연방제' 통일방안은 후계자인 김정일 국방위원장에 의해 계승되고 발전되었다. 김정일 국방위원장은 그동안의 통일방안을 총정리하여 '조국통일3대헌장'으로 정립하였고 북한의 통일방안과 남한의 통일방안을 연결시킨 장본인의 한 사람으로 역사에 기록되었다.

1. "연합제" 안과 "낮은 단계의 연방제" 안의 극적인 만남

김일성 주석의 죽음은 북조선 사회에 엄청난 충격이었지만 권력을 승계한 김정일 최고 지도자가 김일성 주석 생전에 이미 "당중앙"으로서 오랜 기간 정권에 깊숙이 관여해왔고 조선인민군 최고사령관(1991. 12.), 국방위원장(1993. 4.)의 칭호를 가지고 있는 상태에서 정권이 이양되었기에 정책적인 면에서 별다른 급격한 변동이 예상되는 것은 아니었다. 김일성 주석이 사망하고 첫 번째 맞이한 신년(1995. 1. 1)에 《로동신문》, 《조선인민군》, 《로동청년》의 공동사설을 통해 "김일성 동지와의 영결"을 가슴 아프게 애도하면서 당과 인민이 온 힘을 모아 함께 진군해나가자는 굳은 결의를 다짐하였다. 또 "위대한 수령 김일성 동지는 영원히 우리와 함께 계신다."는 종교성이 대단히 강한 구호를 내세우며 분단 50년이 되는 해의 의미를 되새기고 "현 세기 안으로 조국통일 위업을 반드시 성취해야 한다는 것은 위대한 수령님의 유훈"이라면서 통일에의 의지를 강조하였다. 그러고는 그동안의 통일방안들을 정리 복습하고 가장 현실적인 통일방안은 하나의 민족, 하나의 국가, 두 개의 제도, 두 개의 정부에 기초한 중립적 연방국가임을 명확히 확인하였다.[34] 즉, 김일성 주석의 사망에도 불구하고 종래의 중립국가 통일론이 약화되지 않고 여전히 확고하게 계승되어 유지되고 있었다.[35]

그런데 당시 1990년대 김정일 국방위원장 시대의 북한 상황은 세계적으로 현실 사회주의가 몰락해가는 추세였고 엎친 데 덮친 격으로 가뭄과 홍수의 반복으로 북한의 경제는 더욱 피폐해져 국내 정치 과제는 경제난 극복이 더 절실하였다. 그런 악조건에도 불구하고 김정일 국방위원장은 '유훈정치', '선군정치'를 표방하며 '고난의 행군'으로 표현되는 난관을 극복해나갔다.[36] 김정일 국방위원장은 7·4남북공동선언에서 약속하였던 자주·평화통일·민족대단결의 '조국통일3대원칙'과 '조국통일을 위한 전민족 대단결 10대 강령' 그리고 '고려민주련방공화국 창설방안'을 묶어서 "조국통일3대헌장"으로 정립하고 지속적으로 북한의 통일방안으로서 그 뼈대를 유지하였다.[37]

---

34 한응호, "통일조국은 자주, 평화, 중립의 나라로 되어야 한다", 《로동신문》 1994년 8월 8일, 5면.

35 《로동신문》, 신문 《조선인민군》, 《로동청년》 공동사설, "위대한 당의 령도를 높이 받들고 새해의 진군을 힘있게 다그쳐 나가자", 《로동신문》 1995년 1월 1일, 1-2면.

36 김정일, "온 민족이 대단결하여 조국의 자주적 평화통일을 이룩하자"(1998. 4. 18.), 《로동신문》 1998년 4월 29일, 1-2면.; 이연재, "1990년대 북한의 체제유지 성공요인—이탈, 항의, 충성 그리고 협상", 『현대북한연구』 제20권 2 제2호(2017), 93-135쪽.

37 김정일, "위대한 수령 김일성 동지의 조국통일 유훈을 철저히 관철하자"(1997. 8. 4.), 《로

결과적으로 조국통일3대헌장은 2000년 6·15남북공동선언에서 합의한 통일방안의 기초가 되었다.

2000년 6월 한반도가 분단된 지 55년 만에 남북의 최고 지도자들이 평양에서 만나는 역사적인 남북정상회담(북남수뇌상봉)이 이루어졌다. 김대중 대통령과 김정일 국방위원장은 3일간의 만남과 회담을 통하여 합의한 6·15남북공동선언에서 남북관계를 발전시키고 평화통일을 실현하자고 약속하였다. 선언의 핵심은 통일문제를 우리 민족끼리 자주적으로 해결하는 데 "남측의 연합제 안과 북측의 낮은 단계의 연방제 안이 서로 공통성이 있다고 인정하고" 이를 바탕으로 통일을 지향해나가자는 것이었다.[38] 원래 남한의 통일방안은 1989년 9월 11일 노태우 대통령 당시 발표된 '한민족공동체통일방안'을 김영삼 대통령이 1994년 광복절 경축사를 통해 '민족공동체통일방안'으로 계승하였는데 그 요점은 화해·협력단계 → 남북연합단계 → 통일국가 완성의 3단계로 설정하고 단계적으로 추진한다는 것이며 현재까지도 남한 정부의 공식적인 통일방안이다.[39] 남북연합은 과도체제로 2체제, 2정부를 설정하고 있다.

한편 북한의 통일방안은 앞에서 살펴본 바와 같이 1960년 연방제 안이 제기된 이후 1980년 고려연방민주공화국 창설방안에서 통일된 국가가 중립국으로서의 국가 정체성을 확고히 하였고 몇몇 단계의 수정을 거치면서 특히 지역정부에 외교권과 국방권을 부여하

동신문》 1997년 8월 20일, 1-2면.

38 최완규, "남북한 통일방안의 수렴가능성 연구: 연합제와 낮은 단계의 연방제", 『북한연구학회보』 제6권 제1호 (2002), 5-31쪽.

39 통일부, "민족공동체통일방안". https://www.unikorea.go.kr/unikorea/policy/Mplan/Pabout/ (검색일: 2022년 7월 11일)

는 등 통일을 앞당기기 위해 당장 성취하기 어려운 조건들을 유보하는 방안들을 제안하였다. 그러한 조건들이 성숙된 결과 6·15공동선언을 통하여 남북의 통일방안을 근접시키려는 노력이 작은 열매를 맺었다고 할 수 있을 것이다. 그러나 공통점이 있다고 인정은 하였지만 남북의 통일방안의 명확한 차이점의 하나는 북한이 제시한 통일국가는 중립국이라는 점에 비해 남한의 국가연합안은 중립국에 대한 내용이 전혀 포함되어 있지 않은 점이라 할 수 있다. 그리고 이어진 2007년 노무현 대통령과 김정일 국방위원장의 정상회담, 2018년 문재인 대통령과 김정은 국무위원장 간의 정상회담에서도 통일방안에 대한 직접적인 논의는 유보하고 실질적 교류 협력에 초점을 맞춘 논의들이 이어졌다. 결과적으로 통일방안에 대한 큰 그림은 6·15공동선언에서 말 그대로 선언되었고 많은 부분에서 미세한 논의가 필요하였으나 그 후에 별로 진전이 있었다고 말하기는 어려울 것이다.

2. 비공식 북조선 대변인이 설명하는 김정일의 무장 중립국 통일론

그렇다면 김정일 국방위원장은 김일성 주석의 유훈 이외에 대체적으로 한반도 중립국 통일론에 대해 어떤 철학을 가지고 있었을까? 미국 브라운대학교 학술지에 게재된 "조선 문제에 대한 김정일의 관점"이라는 제목의 논문 한 편이 그의 한반도 통일론 전반에 대한 관점을 종합적으로 총정리하고 있다.[40] 이 문헌을 통해 김정일 국방위

---

40 Kim Myong Chol, "Kim Jong Il's Perspectives on the Korean Question," *The Brown Journal of World Affairs* Vol. VIII No. 1 (Winter/Spring 2001), pp. 103-113.

원장의 중립국 통일론을 간접적으로 확인할 수 있고 또 한반도 상황 인식에 대한 그의 관점을 엿볼 수가 있다. 이 논문을 쓴 재일동포 김명철 박사는 일본 도쿄에 위치한 조미평화센터 소장으로 북한에 대해 비교적 활발한 학술 활동을 하고 있는데, 해외 언론들은 "북조선의 비공식 대변인"이라고 별칭하기도 한다.[41] 김명철 소장에 관해서는 북한 문제에 비교적 정확한 정보를 가진 군사·외교 평론가라는 평가와 일부에서는 "믿을 수 있나?"라는 의문을 제기하며 평가가 엇갈리고 있다. 북한의 비공식 대변인이라는 언론의 별칭에 대해 당사자 본인은 공식적인 관계가 없다고 부정하였다. 그런데 북한에 관한 이슈가 있을 때면 언론들이 인터뷰 대상으로 선정하여 평론을 청취하곤 하는데 KBS의 박에스더 기자나 JTBC의 손석희 앵커와 인터뷰한 기록들도 있고 미국에서 개최된 한국 관련 학술대회에 연사로 참가하여 영어로 발표하는 장면들도 있다. 남한 국내에서 『김정일의 통일전략』이라는 그의 책이 번역 출판되기도 하였다.[42]

어쨌든 김명철 소장의 논문에 나타난 김정일 국방위원장의 통일론의 관점은 한반도의 지정학적 위치가 중립을 필요로 하고 특히 스위스 같은 무장 중립국가를 지향하여 조선반도의 자주국방을 확보하여야 한다는 것으로 확인된다. 군함을 앞세워 조선으로 밀어닥친 미국의 포함외교(gunboat diplomacy)를 분단 비극의 시작으로 인식한 김정일 국방위원장은 중립국 통일방안을 추구하되 강력한 군사

41 "Unofficial N. Korea spokesman outlines Kim's view" https://www.stripes.com/news/unofficial-n-korea-spokesman-outlines-kim-s-view-1.2700 (검색일: 2022년 8월 25일)

42 김명철 지음, 윤영무 옮김, 『김정일의 통일전략』 (살림터, 2000).

력이 필요한 점을 염두에 둔 것이다. 그래서 근본적인 원인 제거를 위해 3가지 접근법을 제시하는데, 첫째로 남한의 자본주의와 북한의 사회주의가 이념적으로 대립할 필요 없이 우리가 연합하여 외세에 저항하여야 하고, 둘째로 한반도 사람들과 미국과 일본 등의 외세와는 군사적으로 갈등 관계에 있기 때문에 이 문제를 해결해야 하고, 셋째로 반만년 역사를 가진 한반도 사람들의 예리한 감각과 문화적 자부심을 살려 미국과 일본의 침략적 잔재를 청산하고 외세에 대한 자유를 확보하여 재통일된 독립국가를 탄생시켜야 한다고 주장하였다.

그리고 북한이 한때 소련의 동맹이었고 지금은 중국의 동맹이며 남한은 미국과 일본과 동맹 관계인 현 국제정세에서 '스위스같이 무력을 확보한 통일중립국'을 지향하기 위해서는 다음 5가지 사항을 고려해야 한다고 제시하였다. 첫째로 냉전체제가 종결되었는데 통일된 국가가 굳이 다른 나라와 군사·정치적 동맹을 맺을 필요가 없다. 둘째로 우리는 전통적으로 평화를 사랑하는 민족이기에 방위적 군사력만 있으면 된다. 셋째로 한반도 사람들은 19세기 말부터 21세기 초까지 미국과 일본으로부터 고통을 겪었기에 이미 전쟁에 신물이 났다. 평화로워야 한다. 넷째로 우리의 지정학적 위치 때문에 세계 최대 강국들인 미국, 중국, 러시아, 일본에 둘러싸여 있기에 이들 국가 중 어느 특정 국가와 선택적 군사동맹은 대단히 위험하다. 다섯째로 통일된 국가의 군사적 안보를 위해 조선인민군과 한국군이 연합군을 형성하고 충분한 방어력을 갖춰야 한다. 그리고 김정일 국방위원장은 통일된 한반도 중립국가가 다양한 인민의 이익을 위하여 미국과 일본 등의 대국들과 선린우호적 관계가 필요하다고 진단하였는데 통일전이라도 조미수교, 조일수교 등을 염원하고 있었던 것으로 풀이되는 대목이다.

3. "재미동포학자 장석"이 총 정리한 김정일의 조국통일론

그런데 6·15남북공동선언이 발표된 이후 2002년에 미국 로스앤젤레스에 거주하고 있는 장석 "재미동포학자"가 『김정일장군 조국통일론 연구』라는 책을 써서 평양출판사를 통해 출판하였다.[43] 400쪽에 가까운 제법 방대한 분량의 이 책을 통하여 저자는 "김정일 장군"의 한반도 통일에 대한 모든 사상을 총정리하고 이를 "과학적 통일론"이라 평가하였다. 특히 시간적으로 "연합제 안과 낮은 단계의 연방제 안"의 공통점을 상호 확인한 6·15남북공동선언 후 불과 몇 개월밖에 지나지 않은 시점에서 북한의 통일정책을 논의한 연구 서적이어서 의미가 있어 보인다.

장석 작가는 이 책에서 북한의 통일철학을 "민족 우선", "하나의 조선", "하나의 민족"으로 요점을 정리하였다. 그리고 앞에서도 언급하였지만 김일성 주석 시대에 시작되어 김정일 국방위원장 시대로 이어지고 조국통일 유훈으로 체계화된 바 있는 '조국통일3대헌장'(1997. 8. 4.)의 핵심 내용, 즉 '조국통일3대원칙'과 '전민족대단결10대강령' 그리고 '고려민주련방공화국 창립방안'에 대해 상세하게 해설하였다. 민족의 통일을 완성하기 위해 차이점은 유보하고 공통

43 장석, 『김정일장군 조국통일론 연구』 (평양: 평양출판사, 2002), 51-105, 329-394쪽.

점을 추구하여야 한다는 지극히 보편적인 의견을 개진하면서 진취적인 통일방안 논의를 촉구하였다. 남북 간의 체제상 차이를 무시하지도 말고 또 체제 차이를 절대시하지도 않는 상황에서 사상과 이념 그리고 체제의 차이를 극복하는 통일방안이 바로 중립국 연방제 통일방안이라는 주장을 반복하였다. 그러면서도 장석 작가는 남쪽의 국가연합과 북쪽의 연방제를 통합하는 의미로 남과 북이 잠정적으로 합의한 통일방안을 해외 교포사회에서는 "련방련합제"로 간략하게 호명하고 환영과 지지를 보내고 있다고 소개하였다. 합의안 실천의 방안을 탐구하기 위해 '국가연합에 가까운 연방'과 '연방국가에 가까운 연방'으로 나누어 논의를 전개하였고 결론적으로는 국가연합을 거쳐 결국은 중립국 연방국가로 갈 수밖에 없다는 필연성을 전제하였다. 특출한 국가 모델을 새로 창안해낸 것은 아니지만 학술적인 측면에서 공통점과 차이점을 분석하여 정리한 점은 공헌이라 할 수 있을 것이다.

그런데 김정일 국방위원장의 통일론을 논의함에 있어 앞서 '김명철 소장의 논문'과 '장석 작가의 책'을 비교하면 여러 가지 관점에서 대비되어 흥미롭다. 우선 문헌의 체제 측면에서 한 편의 논문과 한 권의 서적이라는 점이 비교되고, 사용 언어가 영어와 조선어(한국어), 출판 장소가 미국과 평양, 저자들의 활동 무대가 일본 도쿄와 미국 로스앤젤레스, 추정되는 집필 시기가 6·15공동선언 직전과 직후, 따라서 6·15선언에서 합의된 통일방안 내용 포함 여부 등등이 다채롭고 상대적이다. 또 장석 작가 책의 경우 남조선 대신에 '남'한이라는 용어를 사용하고 있어 눈에 뜨인다. 6·15정상회담 직후 화해 분위기를 위한 의도나 배려인지 추측할 뿐이다. 다만 김명철 소장의 인적 사항이나 활동 내용이 비교적 공개적이고 잘 알려져 있는 것에 비해 장석 작가에 대해서는 이 책을 출판한 이외의 활동 상황은 확인할 길이 없었다. 평양출판사 편집부가 "책을 출판하면서"라는 글에서 "재미동포학자"라고 간략히 소개하였고 또 장석 작가는 "책머리글"에 로스앤젤레스에서 이 책을 썼다고 밝히고 있을 뿐이다.

이상 두 문헌 자료는 학술적 연구를 표방하는 결과물들이지만 북한 최고 지도자에 대한 미화 내지 추앙을 포함하고 있음은 부정할 여지가 없다. 그럼에도 불구하고 "우리 세대에 반드시 통일해야 한다."는 김일성 주석과 김정일 국방위원장 부자의 의지와 구호를 분명하게 부각시키고 있다. 그리고 한반도 통일을 향해 가는 긴 여정에서 '조미수교'와 '조일수교'가 북한 외교의 중요한 목표임을 다시 한번 확인할 수 있다. 북한 당국이 미국과 일본을 연계시켜 통일정책을 선전하는 내면에는 그러한 상징성을 함의하고 있음에 틀림없다.

V. 지금도 여전한 "애국애족의 통일방안"

현재 남북관계가 답보 상태에 있고 한 치 앞도 내다볼 수 없는 캄캄한 상태이지만 남쪽의 민족공통체 통일방안과 북쪽의 고려민주연방공화국 창설방안은 각각 뼈대를 유지하고 있다. 북한의 경우 일반 인민들에게는 "고려민주련방공화국 창립방안은 우리 나라의 현실적 조건에서 조국통일문제를 가장 빨리 해결할 수 있는 최선의 방도"라는 김일성 주석의 교시를 내세우며 '애국애족의 통일방안'으로 지금도 여전히 선전의 주요 내용이다.[44] 물론 그 뼈대는 앞서 설명한 "조국통일3대헌장"(1997. 8. 4.)이다. 애국애족의 통일방안이라는 닉네임은 시차를 두고 가끔씩 언론, 특히 《로동신문》에 기사나 혹은 기명논설을 통하여 등장하여 인민들의 기억을 되살리곤 한다.[45] 또 6·15남북정상회담 이후 1년이 조금 넘어 『애국애족의 통일방안』이라는 단행본이 출판되었는데 그림과 도표를 대폭 사용하는 편집방식을 채택한 핸드북으로 북한 당국의 많은 정책을 알기 쉽게 설명하고 있다. 특히 이 책의 내용 중 "고려민주련방공화국은 왜 중립국가여야 하는가?"라는 제목의 항목은 북한이 지향하는 통일국가가 중립국가

---

44 리동걸, "온 민족의 지향과 념원을 반영한 애국애족의 통일방안", 《로동신문》 1989년 6월 5일, 5면.

45 리현도, "나라의 구체적 현실에 맞는 애국애족의 통일방안", 《로동신문》 1999년 10월 14일, 5면.

여야 함을 명확하게 지적하여 강조하고 있다.[46] 비슷한 시기에 가나, 유고슬라비아 등 외국의 청년들이 애국애족의 통일방안을 지지하였다는 보도도 있었다.[47]

세월이 지나 김정은 총비서가 정권을 계승한 최근에도 역시 애국애족의 통일방안이라는 제목을 단 《로동신문》의 기사를 볼 수 있다. 재중조선인총련합회, 일본에서 발행되는 교포신문 《민족시보》, 재로동포, 우크라이나고려인통일련합회, 재미동포예술단체인 우륵교향악단 단장, 조국통일범민족련합 유럽지역본부, 재도이췰란드 동포협력회 등 해외동포단체들과 개인들이 북한의 통일방안을 지지하고 있다고 보도하고 있다.[48] 북한 당국의 언론 플레이 특징 중 하나는 재외동포들의 발언이나 해외 매체들의 보도 내용을 나열하면서 해외에 거주하는 동포들의 관계망을 과시하기도 하고 동포들이 국제적으로 진출해 있음을 알리기도 하는 것을 볼 수 있는데, 보편적인 정상국가임을 알리고 싶은 의지로 해석될 수 있고 또 그동안 국제적 제재나 특히 미국의 적대시 정책 등에 대한 일종의 외교적 노력으로 평가할 수 있을 것이다. 아무튼 용어가 어찌되었든 북한의 통일방안은 시대를 따라 조금씩 변화해왔지만 '중립화 통일방안'은 포기하지 않고 유지하고 있다고 할 수 있을 것이다.

그렇다면 '민족공동체통일방안'과 '애국애족의 통일방안' 사이의 거리를 좁히는 뾰족한 방법은 없는 것인가? 남측의 민족공동체통일방안과 북측의 고려민주연방공화국 창립방안(애국애족의 통일방안)은

46 김태영, 『애국애족의 통일방안』 (평양: 평양출판사, 2001), 144-145쪽.

47 "애국애족의 통일방안", 《로동신문》 2001년 12월 2일, 5면.

48 "애국애족의 통일방안", 《로동신문》 2014년 2월 15일, 5면.

6·15남북공동선언을 통해 1차적으로 거리 좁히기의 시동을 걸었다. 그러나 남북 모두 구체적인 통일방안을 마련하는 것이 실질적으로 어렵다 보니 그 이후 계속된 일련의 정상회담을 통하여 통일 논의 자체는 없었다고 해도 과언이 아니다. 다만 실질적 남북교류 협력에 주안점을 두고 사회·경제·문화 측면에서 간간이 남북관계를 이어왔을 뿐이다. 그나마도 2018년 평창동계올림픽을 계기로 한때 화려하게 진행되었던 남북의 평화행진은 2019년 하노이 북미정상회담의 결렬을 끝으로 완전 멈춤 상태에 있다. 당분간 통일이라는 용어는 꺼내지 말자는 분위기가 사회에 팽배해 있지만 그래도 통일의 전 단계인 화해 협력에 집중하자는 좋은 의미로 생각할 수도 있다. 한편에서 남북교류 문제를 풀어나가면서 다른 한편에서 장기적 통일방안 마련에 대한 노력을 멈춰서는 안 될 것이다. 통일방안의 사이 좁히기에 앞서 마음과 마음 사이의 거리 좁히기가 선행되어야 할 것이다.

그렇다면 현 시점에서 남북이 합의할 수 있는 통일방안은 무엇일까? 있기는 한 것일까? 북한이 제안하는 애국애족의 통일방안은 늘 민족의 자주성을 강조하면서 외세로부터 자유를 주장하고 항상 남한의 미군 철수를 주장하였다. 물론 김정일 국방위원장의 경우 말년에는 미군의 주둔 가능성을 열어놓기도 하였다. 북한의 국제관계 혹은 외교의 현안은 사실상 미국의 경제제재로부터 벗어나는 것이고 더 나아가서 궁극적으로 조미수교와 조일수교를 완성하여 책임 있는 국제사회의 일원이 되는 것이다. 그렇게 된다면 한(조선)반도의 비핵화문제도 같은 맥락에서 해결의 실마리를 풀 수 있을 것이다. 단순하게 정리하면 그렇다는 이야기이다. 또 다른 한편으로 남한의 통일방안 역시 3단계로 진행하면 간단하지만 화해 협력 단계에서 좀처럼 더 이상 진척이 되고 있지 않다. 기왕에 경험하였던 사회문화 교류 협력에 좀더 박차를 가하면서 구체적인 통일방안에 좀 관심을 기울여야 할 것이다. 유엔의 당당한 두 회원국 대한민국과 조선민주주의인민공화국 두 나라가 상호 (국가)승인하여 "실질적으로 합의할 수 있는 공존형 통일방안"을 도출해 함께 이기는 통일과 평화로 가는 돌파구를 마련하자는 주장들에도 관심을 가져야 할 것이다.[49] 그리고 분단의 역사 속에서 이룩했던 공존의 사례들에 주목하면서 티끌이라도 살려서 태산을 향하는 다짐이 필요한 때이다.[50] 아무튼 기존의 남북 통일방안의 스펙트럼을 확장시키고 "개방성과 역동성"을 부여하여 실질적인 통일방안을 수렴할 수 있는 연구에 좀더 매진해야 할 시점에 와 있다.[51]

---

49 윤영상, "남북한 국가승인과 국가연합—공존형 통일방안의 실현가능성 모색", 『통일정책연구』 제29권 2호 (2020), 55-82쪽.

50 양재섭, "북한 생물학의 과학적 이데올로기 수입사 —미추린주의와 계응상유전학의 공존—" (북한대학원대학교 박사학위 논문, 2017), 99-144쪽.

51 김종수, "북한 '연방제'의 변화와 남북한 통일방안 수렴 가능성 연구," 『북한학보』 제44집 제2호(2019), 98-132쪽.

Ⅵ. 맺으며: 그래서 가야 할 길, 새로운 중립국 코나안(Konaan)으로

남북 정부 당국의 공식 통일방안을 비교할 때에 통일된 한반도의 국가가 어떤 형태로든지 중립국가가 되는 것에 대한 합의가 전혀 없다는 사실에 주목하면서 기초부터 다시 출발할 필요가 있다. 지금까지 우리가 살펴본 바와 같이 북한은 기회가 있을 때마다 통일된 미래의 국가가 중립국가여야 한다는 사항을 꼭 포함시켜 논의하였다. 그에 비해 남한의 공식 통일방안에는 한 번도 중립국가를 통일의 방안으로 거론한 적이 없다. 북한 역시 통일방안에 항상 중립국으로 가야 한다는 표명은 있었지만 구체적으로 파고들면 영구중립국 건국에 대한 구체적인 방안이 그다지 정교하게 준비되어 있다고 할 수는 없다. 이 문제를 해결하기 위해서는 한반도 중립화론에 대한 남북 학자들의 공동 연구가 선행되어야 하고 이를 바탕으로 정치적인 협의가 이루어져야 할 것이다.

그러나 비록 남한의 공식적 통일방안에 중립국 조항이 포함되어 있지는 않지만 학술적인 연구와 시민운동 차원의 논의는 역사의 변혁기마다 다수 진행되어왔다. 구한말부터 시작하여 일제강점기, 해방 정국, 한국전쟁 등 소용돌이치는 역사의 굽이굽이마다 틈틈이 국내외적으로 한반도 중립국가에 대한 논의가 없었던 것은 아니다. 비영리 민간단체인 "한반도중립화통일협의회" 및 "한반도중립화통일연구소"가 20년 넘게 한반도 중립화통일에 관한 연구와 운동을 전개하였고, 근자에 "으라차차 영세중립 코리아", "한반도중립화를추진하는 사람들" 등이 활발한 활동을 전개하고 있다.[52] 국내 정치적인 상황이나 주변 국제관계가 복합적으로 얽혀 있는 상황에서라도 통일과 평화에 대한 우리 국민의 바람을 응집하기 위해서는 영구중립국에 대한 주제를 가지고 심도 있는 논의를 진행해나갈 필요가 있을 것이다. 영구중립국 통일한국을 꿈꾸며 연구하고 생각을 다져나가다 보면 분명히 한반도의 평화 그리고 세계평화에 기여하는 한반도의 비전을 발견할 수 있을 것이다. 우선 사람들의 마음을 모으는 일부터 시작해야 할 것이다.

한반도 사람들은 세계의 역사에서 그리 만만하지 않았다. 미국, 일본, 중국, 러시아 소위 세계 최강의 4대국이 한반도에서 세력 다툼을 하는 것이 그 증거다. 대륙세력과 해양세력이 하필이면 다른 곳 다 놔두고 한반도로 모여든 것일까? 이런 기막힌 상황을 극복하고 평화를 이루는 방법을 탐색하기 위해 셰익스피어의 명문 대사를 빌려서 표현해본다면, "우리가 그들을 가지고 놀 것인가? 아니면 그들이 우리를 가지고 놀게 놔둘 것인가? 이것이 문제다." 영구중립국으로 가는 꿈은 바로 모든 국가들과 '전쟁친구'하지 말고 '평화친구' 하면서 한반도의 평화와 세계평화에 기여하는 위대한 코리아를 만드는 것이다. '지정학을 바꿀 수는 없으나 지정학의 운명은 바꿀 수 있다.'는 말이 있다. '지정학'에 갇혀 안보의식 일변도로 치닫는 폐쇄적 사고를 넘어서서 이제 평화지향적 사고로 대전환을 이루는 '지정학의

---

52 강종일 편저, 『한반도 중립화 통일운동 20년사(1999-2019)』(한신기획, 2019).

운명'을 개척해야 할 때이다.[53]

역사적으로 유대민족이 선민을 자처하며 평화의 천국 가나안(Canaan)복지를 차지하였지만 평화를 내팽개치고 전쟁놀이에 기웃기웃하고 있어 아마도 선민의 자격을 박탈당하고 용도폐기되었을 것이다. 세계평화를 앞장서서 만들고 유지할 능력 있는 새로운 선민이 필요하다. 역사적으로 홍익인간의 고귀한 사상에서 시작하여 늘 평화를 갈망해왔던 코리아 사람들이 새로운 선민으로서 최고의 자격을 갖추었다 할 것이다. 남북분단의 뼈아픈 경험을 극복하여 중립화통일의 대업을 완수하고 한반도의 평화를 넘어 세계평화를 선도해야 할 사명이 도래하고 있다. 모든 전쟁을 완강히 거부하고 평화에 흠뻑 젖는 새로운 선민(chosen people)이 되어 일찍이 지구의 역사에 없었던 새로운 국가 모델을 창출하여야 한다. 그 이름을 코나안(Konaan=Korea+Canaan)으로 상상해본다. 이 위대한 코나안이 끊임없이 평화문화를 창출하여 한반도로부터 시작하여 동북아와 세계로 뻗어 내보내고 또 세계평화를 총합하는 평화의 메카 그리고 허브로서 역할을 다할 수 있기를 희망해 마지않는다.

---

53 구갑우, 『비판적 평화연구와 한반도』 (도서출판 후마니타스, 2007), 17-32쪽.

〈참고문헌〉

가. 단행본

강종일 편저, 『한반도 중립화 통일운동 20년사(1999-2019)』 (한신기획, 2019).

구갑우, 『비판적 평화연구와 한반도』 (도서출판 후마니타스, 2007).

김계동, 『북한의 외교정책』 (백산서당, 2002).

김명철 지음, 윤영무 옮김, 『김정일의 통일전략』 (살림터, 2000).

김성보·기광서·이신철, 『사진과 그림으로 보는 북한현대사, 개정증보판』 (웅진지식하우스, 2014).

김일성, 『조선로동당대회자료집』 제4집 (국토통일원 조사연구실, 1988).

김태영, 『애국애족의 통일방안』 (평양: 평양출판사, 2001).

박병엽 구술, 유영구·정창현 엮음, 『전 노동당 고위간부 가 본 비밀회동: 김일성과 박헌영 그리고 여운형』 (신인, 2010).

아시아 태평양 평화정책연구소 편, 이승렬 옮김, 『조선통일론: 통일문제 국제심포지움』 (세계, 1989).

양재섭, 『북한 생물학의 과학적 이데올로기 수입사 —미추린주의와 계응상유전학의 공존—』 (북한대학원대학교 박사학위 논문, 2017).

이태호 저, 신경완 증언, 『압록강변의 겨울: 남북요인들의 삶과 통일의 한』 (다섯수레, 1991).
장석, 『김정일장군 조국통일론 연구』 (평양: 평양출판사, 2002).

나. 논문

김보영, "제네바 정치회담과 남북한 통일정책의 비교연구", 『국사관논총』 제75집 (1997).
김종수, "북한 '연방제'의 변화와 남북한 통일방안 수렴 가능성 연구", 『북한학보』 제44집 제2호 (2019).
오정현, "1954년 제네바 정치회담과 한반도 국제관계: 전후 분단체제의 형성", 『통일정책연구』 제30권 1호 (2021).
윤영상, "남북한 국가승인과 국가연합-공존형 통일방안의 실현가능성 모색", 『통일정책연구』 제29권 2호 (2020).
이신철, "1954년 제네바 정치회담시기 남북의 통일론", 『사림』 제25호 (2006).
이연재, "1990년대 북한의 체제유지 성공요인—이탈, 항의, 충성 그리고 협상", 『현대북한연구』 제20권 2 제2호 (2017).
정창현, "1950년대 북한의 통일노선과 통일정책연구", 『국사관논총』 제75집 (1997).
최완규, "남북한 통일방안의 수렴가능성 연구: 연합제와 낮은 단계의 연방제", 『북한연구학회보』 제6권 제1호 (2002).
홍석률, "중립화통일의 논의와 역사적 맥락", 『역사문제연구』 제12호

(2004).

Kim Myong Chol, "Kim Jong Il's Perspectives on the Korean Question," *The Brown Journal of World Affairs* Vol. VIII No. 1 (Winter/Spring 2001).

다. 로동신문

"7천만 겨레에게 보내는 호소문",《로동신문》 1993년 4월 8일.

강성산, "조국의 자주적 평화통일을 실현하기 위한 전민족 대단결 강령을 채택할데 대하여",《로동신문》 1993년 4월 8일.

김일성, "조국통일을 위한 전민족 대단결 10대 강령",《로동신문》 1993년 4월 8일.

김일성, "조선 인민의 민족적 명절 8·15 해방 15주년 경축 대회에서 한 김일성 동지의 보고",《로동신문》 1960년 8월 15일.

김일성, "축하문. 재북평화통일촉진협의회와 그 회원들에게",《로동신문》 1981년 6월 30일.

김일성, "신년사",《로동신문》 1991년 1월 1일.

김정일, "위대한 수령 김일성 동지의 조국통일 유훈을 철저히 관철하자"(1997. 8. 4.),《로동신문》 1997년 8월 20일.

김정일, "온 민족이 대단결하여 조국의 자주적 평화통일을 이룩하자"(1998. 4. 18.),《로동신문》 1998년 4월 29일.

리동걸, "온 민족의 지향과 념원을 반영한 애국애족의 통일방안",《로동신문》 1989년 6월 5일.
리현도, "나라의 구체적 현실에 맞는 애국애족의 통일방안", 《로동신문》 1999년 10월 14일.
"애국애족의 통일방안", 《로동신문》 2001년 12월 2일.
"애국애족의 통일방안", 《로동신문》 2014년 2월 15일.
"자주, 민주, 평화, 중립적인 련방국가를 창설하는 것이 통일을 실현하는 가장 현실적이고 합리적인 방도로 된다", 《로동신문》 1981년 12월 9일.
"자주적이며 중립적인 련방국가를 형성하여 통일조국에서 평화롭게 살려는 조선인민의 요구에 귀를 기울려야 한다", 《로동신문》 1981년 12월 9일.
"조국의 평화 통일을 촉진코자 이전 남조선 정치 활동가들 《재북평화통일촉진협의회》를 발기", 《로동신문》 1956년 6월 24일.
"《재북평화통일촉진협의회》 결성 대회 준비를 위하여 평양에서 발기인들의 총회를 진행", 《로동신문》 1956년 6월 30일.
"《재북평화통일촉진협의회》 결성대회 선언서" 외, 《로동신문》 1956년 7월 4일.
《로동신문》, 신문 《조선인민군》, 《로동청년》 공동사설, "위대한 당의 령도를 높이 받들고 새해의 진군을 힘있게 다그쳐 나가자", 《로동신문》 1995년 1월 1일.
한응호, "통일조국은 자주, 평화, 중립의 나라로 되여야 한다", 《로동신문》 1994년 8월 8일.
황진식, "통일조선은 자주적이고 중립적이며 평화애호적인 나라로 되여야 한다", 《로동신문》 1980년 11월 24일.

라. 기타

"1985년 남북정상회담 친미·극우파 관료 반대로 무산",《한겨레》 2009년 6월 25일.

"김일성, 1987년 연방제 통일·중립국 창설 제안했다",《경향신문》 2018년 3월 30일.

"미국 소련 정상회담 Washington, D C, 1987 12 8-10", 대한민국 외교부 정리보존문서목록, 일반공문서철 등록번호 21022, 등록일자 1993-10-21, 분류번호 722 12, 국가코드 UR/US, 생산과 북미과/동구과, 생산년도 1987~1987.

"민족공통체통일방안", 통일부.

"북, 87년 소련 통해 미국에 '연방제 중립국' 제안했다",《중앙일보》 2018년 3월 30일.

"조국통일 5대강령", 통일부 북한정보포털.

최보식, "장세동(안기부장)-김일성 비밀회담의 생생한 대화록",『월간조선』통권 222호 (1998).

최보식, "전두환-허담의 극비대화록 전문",『월간조선』통권 200호 (1996).

"Unofficial N. Korea spokesman outlines Kim's view," *STARS AND STRIPES* March 9 (2003).

한반도 중립화의 필요성과 가능성

_ 이재봉

I. 한반도 영구중립이 왜 필요한가: 한미군사동맹의 폐해와 미중 패권경쟁의 위험

1. 중립의 의미와 조건

중립의 필요성을 논의하기 위해서는 중립의 의미와 조건부터 제대로 알아야 한다. 우리 사회에 '중립'에 대한 오해와 편견이 많기 때문이다. 한반도 평화와 통일문제에 관심 많은 학자와 연구자 그리고 운동가들 중에도 중립의 의미를 잘 모르거나 혼동하는 경우가 적지 않다.

중립은 전쟁 관련 용어다. 전쟁에서 나온 말이다. "전쟁에 개입하지 않는 것"이다. 국어사전에도 나와 있듯, "국가 사이의 분쟁이나 전쟁에 관여하지 아니하고 중간 입장을 지키는 것"을 의미한다. 일반적으로는 글자 그대로 "가운데 서는 것" 또는 "어느 편에도 치우치지 않고 중간적인 입장에 서는 것"이지만, 정치, 외교, 군사 분야에서는 "전쟁 당사국 어느 쪽에도 편들지 않고 중간에 서는 것"이란 말이다.

1950-60년대 냉전시대에 아시아의 인도네시아와 아프리카의 이집트 등이 미국과 소련 사이에서 비동맹 외교를 펼쳤던 것을 중립으로 오해하는 사람들이 많다. 1990년대부터는 미국과 중국 사이에서 어

느 한쪽으로 치우치지 않는 중간 입장을 취하며 등거리 외교를 전개하는 게 중립이라고 간주하는 사람들도 적지 않다. 그러기에 과거 소련이나 현재 중국보다 미국 편에 서는 게 바람직하다며 중립을 반대하는 듯하다.

전쟁이 일어날 때만 중간에 서서 개입하지 않는 게 아니라 평상시에도 다른 나라와 군사 교류를 하지 않으며 군사 문제에서는 '항상' 중간 입장을 지키는 게 '영구(永久)중립' 또는 '영세(永世)중립'이다. 어려운 정치학사전 필요 없이 일반 국어사전에 따르면, "나라가 전쟁이나 군사동맹에 관여하지 아니함으로써 국제법상 독립 유지와 영토 보전을 보장받는 것"이다. "주변 강대국들과 협정이나 조약을 통해 중립을 영원히 보장받는 상태"다. 대표적 국가로 스위스와 오스트리아를 꼽을 수 있다.

이에 따라 중립의 조건은 "전쟁에 참여하거나 지원하지 않을 뿐만 아니라 전쟁하는 나라에게 어떠한 편의도 제공하지 않는 것"이다. 당연히 "다른 나라에게 군사기지나 군사물자를 제공하지 않으며, 어느 국가와도 연합 군사훈련을 하거나 군사동맹을 맺지 않는 것"이다. 물론 전쟁을 비롯한 군사 문제 말고 경제, 사회, 문화 등의 분야에서 다른 나라들과 활발하게 교류하는 것은 중립에 어긋나지 않는다.

중립을 지키기 위해 자체 군사력을 갖지 않거나 못하는 것은 아니다. 침공 아닌 방어를 위한 군사력은 얼마든지 가질 수 있기에 무장중립도 있고 비무장 중립도 있다. 중립화 정책이 꼭 소극적이거나 수동적 대외정책은 아닌 것이다. 영구중립이 보장된 상태에서도 주변 강대국이 협정이나 조약을 파기하고 침략할 가능성이 있기에 무장중립이 바람직할 수 있다. 거꾸로 영구중립을 보장받은 나라가 언젠가는 상황에 따라 국익을 위해 포기할 수도 있다. 주변 강대국들을 비롯한 국제사회와의 협정이나 조약을 바꾸거나 일방적으로 파기하면 된다. 이 때문에 다른 나라들의 비난과 불이익을 받더라도 중립의 권리와 의무를 폐기하는 게 국가 발전에 더 도움 된다면 그럴 수 있다는 말이다. 국제관계에서 국익보다 중요한 것은 없고, 이 세상에 변치 않는 영원한 것은 없다.

2. 한반도 상황과 영구중립의 필요성

앞에서 중립의 의미에 관해 거듭 설명하고 강조한 이유는 중립의 필요성과 직접 연계되기 때문이다. 중립은 한마디로 말해 “전쟁에 개입하지 않는 것”이기에, 중립의 필요성은 능동적으로 전쟁에 개입하지 않고 수동적으로 전쟁에 휘말리지 않기 위해서다. 한반도는 오래전부터 주변 강대국들의 침략을 끊임없이 받았다. 1894-95년 청일전쟁과 1904-05년 러일전쟁 등에서 겪었듯 주변 강대국들의 전쟁터가 되기도 했다. 현대에 들어서는 남한이 미국과의 군사동맹 때문에 1960년대 미국-베트남 전쟁에 적극적으로 파병하기도 했고, 2000년대 미국-이라크 전쟁에 소극적으로 개입하기도 했다. 한반도는 이른바 해양세력과 대륙세력의 이해관계가 충돌하기 쉬운 곳이라 앞으로도 강대국들의 전쟁에 휘말리거나 전쟁터가 될 수 있다. 한반도에 영구중립이 필요한 이유다.

중립에 관해 연구해온 국내외 전문가들에 따르면, 일반적으로 영구중립이 필요한 국가는 다음과 같다. 첫째, 지리적으로 강대국들에 둘러싸인 나라. 둘째, 지난날 주변 강대국들로부터 정치 간섭이나 무력 침략을 많이 받은 나라. 셋째, 앞으로 주변 강대국들의 무력 침략을 받을 수 있는 나라. 넷째, 주변 강대국들의 패권경쟁에 휘말리기 쉬운 나라. 다섯째, 서로 다른 이념과 체제로 분단되어 있으며 통일을 지향하는 나라.

한반도는 영구중립에 적합한 위 다섯 가지 요인을 모두 갖추고 있다. 조선시대 말엔 위 첫째와 둘째 요인에 따라 주변 강대국들이 조선의 중립화를 추진하기도 했고, 조선이 중립화를 추구하기도 했다. 둘 다 이루어지지 않았다. 1880년대엔 조선에 중국의 영향력이 커지자 일본이 이를 견제하기 위해 조선의 중립화를 제안했는데 중국이 거부했다. 1900년대엔 일본의 영향력 확대에 러시아가 조선의 중립화를 제안했지만 조선을 통해 러시아를 치려던 일본이 받아들일 리 없었다. 고종 정부는 1860년대부터 영구중립을 추구하며 1904년 조선이 중립국이라고 일방적으로 선포하기도 했다. 그러나 일본이 무시하고 러시아와 전쟁을 일으킨 뒤 조선의 외교권과 군사권을 빼앗고 식민지로 만들면서 조선의 중립화는 약소국의 몸부림과 환상으로 끝났다.

2022년 현재 한반도는 특히 위 넷째와 다섯째 요인 때문에 영구중립이 필요하다. 넷째 요인, 주변 강대국들의 패권경쟁과 관련해, 남북한이 1940-80년대 냉전시대엔 미국과 소련에 의해 분단된 채 패권경쟁 가운데 있었고, 1990년대부터 전개된 탈냉전시대엔 미국과 중국의 패권경쟁 한복판에 놓여 있다.

물론 남북한이 과거 조선시대처럼 약소국은 아니다. 남한 단독으로도 세계 약 200개 나라 가운데 종합 국력 8위 정도를 자랑한다.

경제력은 10위 안팎, 군사력은 6위 안팎, 기술력과 문화력은 최고 수준으로 세계 최상위 3~5% 안에 드는 강소국 또는 중견국이다. 그러나 주변 강대국들엔 경제력과 군사력에서든 인구와 영토에서든 크게 뒤떨어진다. 특히 종합 국력 1~2위를 지니고 거의 모든 분야에서 치열하게 패권경쟁을 벌이고 있는 미국과 중국의 한가운데 자리잡고 있다. 두 강대국의 패권경쟁은 앞으로 수년 사이에 그치지 않고 수십 년 지속될 가능성이 크다. 남한 또는 한반도가 이에 휩쓸려 전쟁터가 될 수도 있기에, 이에서 벗어나기 위해 영구중립을 추구하는 게 절실하다.

이 글 맨 처음에 우리 사회에 '중립'에 대한 오해와 편견이 많다고 썼는데, 여기서 거듭 밝힌다. 미국과 중국의 치열한 패권경쟁 사이에 낀 한국이 미국과 군사동맹을 강화하면서 중국과 무역통상을 확대하는 것을 일종의 중립이라 생각하는 경향이 있다. 중립을 심각하게 오해하는 것이다. 앞에서 중립의 의미는 "국가 사이의 분쟁이나 전쟁에 관여하지 아니하고 중간 입장을 지키는 것"이고, 중립의 조건은 "전쟁에 참여하거나 지원하지 않을 뿐만 아니라 전쟁하는 나라에게 어떠한 편의도 제공하지 않고, 다른 나라에게 군사기지나 군사물자를 제공하지 않으며, 어느 국가와도 연합 군사훈련을 하거나 군사동맹을 맺지 않는 것"이라 강조했다. 따라서 중국과의 교역을 확대하든 축소하든, 주한미군을 유지하고, 그들에게 군사기지를 제공하며, 그들과 연합 군사훈련을 하고, 한미군사동맹을 강화하는 것은 중립화와 정반대다.

다섯째 요인, 분단된 국가의 통일과 관련해, 남한과 북한은 1940-80년대 전쟁과 적대 관계에서 벗어나 1990년대부터 화해와 협력 그리고 평화와 통일을 지향하고 있다. 한국전쟁의 주요 당사국이었던 남한과 미국 그리고 북한과 중국 가운데, 남한은 북한 및 중국과 적대 관계를 풀거나 국교 정상화를 이루었지만, 북한과 미국은 여전히 적대 관계를 풀지 못하고 있다. 북한은 줄기차게 원하지만 미국이 한사코 반대한다. 미국이 중국을 견제하고 봉쇄하는 가운데, 미국은 남한과 동맹 강화를 원하고 중국은 북한을 끌어들이려 한다. 미국과 중국의 패권경쟁 속에서 남한과 북한이 관계를 진전시키기 어려운 상황이다. 한반도가 주변 강대국들의 전쟁터가 되는 것을 피하며 남북한이 자주적으로 평화와 통일의 길로 나아가기 위해서도 영구중립이 필요하다.

참고로, 북한은 우리가 흔히 '연방제 통일방안'으로 부르는 '고려민주련방공화국 창립방안'을 1980년 발표하면서 다음과 같이 한반도가 중립국이 될 것을 명시했다. "고려민주련방공화국은 어떠한 정치군사적 동맹이나 쁠럭에도 가담하지 않는 중립국가로 되여야 합니다."

3. 한미군사동맹의 폐해와 한반도 영구중립의 필요성

남한은 주변 강대국들의 침공에 의한 전쟁보다 미국과의 군사동맹에 따른 전쟁의 가능성이 크다. 이미 두 번이나 참전했다. 1960년대에 베트남 독립을 방해하고 통일을 반대하며 일으킨 미국의 침략전쟁을 세계 어느 나라보다 더 크게 도왔다. 2000년대엔 유엔을 비롯한 국제사회가 거세게 반대하고 비난했던 미국의 이라크 침략전쟁에도 뛰어들었다.

미국처럼 전쟁을 많이 해본 나라 없고, 좋아하는 나라 없으며, 잘하는 나라 없다. 미국은 전쟁을 통해 나라를 세웠고, 영토를 확장했으며, 초강대국이 되었고, 세계 패권을 유지해왔다. 1775년 독립전쟁 때부터 2022년까지 247년 가운데 16년 빼고 무려 230년 이상 전쟁을 치른 것이다. 제2차 세계대전 이후만 살펴보면 세계 각지에 약 1,000곳의 군사기지를 운영하며, 150개 이상 지역에서 200개가 넘는 전쟁에 개입해왔다. 이토록 호전적인 국가와 군사동맹을 유지하고 강화하면서 전쟁에 휘말리지 않을 수 있을까.

남한이 영구중립을 이루려면 주한미군을 철수해야 하고 한미군사동맹을 폐기해야 한다. 중립의 기본 조건이 "다른 나라에게 군사기지나 군사물자를 제공하지 않으며, 어느 국가와도 연합 군사훈련을 하거나 군사동맹을 맺지 않는 것"이기 때문이다. 따라서 주한미군과 한미동맹의 역할과 필요성 그리고 득실에 관해 진지하게 생각하고 철저하게 따져봐야 한다. 주한미군과 한미동맹이 남한의 안보 이익에 기여하는지 미국의 안보 이익에 기여하는지, 한반도에 평화를 정착시키는지 불안을 야기하는지, 한반도 통일에 도움이 되는지 방해가 되는지, 미국 때문에 남한이 전쟁을 피하는지 전쟁에 휘말리는지….

주한미군은 본디 1953년 7월 정전협정 직후 맺어진 한미 상호방위조약에 따라 북한의 남침을 막기 위한 것이었다. 한국전쟁을 완전히 끝내지 못하고 일시적으로 멈추거나 잠시 쉬기로 한 상태에서 전쟁이 재개될 것에 대비해 미군이 머물러 있기로 했다. 냉전시대 미국의 반공정책으로 소련의 팽창과 공산주의 확장을 저지하고 봉쇄하기 위한 목적도 있었다. 정치, 경제, 외교, 군사 등 거의 모든 분야에서 북한보다 크게 뒤떨어진 남한에 더 필요했다.

1991년 소련이 해체되고 세계적 냉전이 끝난 뒤 미국의 국가이익과 정책목표가 달라지면서 주한미군과 한미군사동맹의 성격과 역할도 바뀌었다. 명목적으로는 북한의 남침을 막는 것이지만, 실질적으로는 급속하게 떠오르는 중국을 견제하고 포위하기 위한 것이다. 휴전선 근처의 미군부대를 서해안 평택으로 옮기고 성주에 고고도미사일방어체계(싸드, THAAD)를 배치한 배경이다.

탈냉전시대에 이렇게 달라진 한반도 안팎의 안보 환경에서 주한미군과 한미군사동맹이 남한에게도 지속적으로 필요할까? 전혀 아니다.

첫째, 주한미군과 한미군사동맹은 남북관계 진전과 한반도 평화를 가로막고 있다. 해마다 서너 번 대규모로 열리는 한미 연합군사훈련은 북한의 극심한 반발과 한반도 긴장을 불러온다. 참고로 2018-21년 남한의 군사력은 세계 6위, 국방비는 8~10위, GDP대비 군비 지출은 5위, 무기 수출액은 10위, GDP는 10~12위 등으로 군사력과 경제력이 세계 최상위 5% 안팎에 속한다. 북한은 군사비를 미국의 1/100 또는 남한의 1/10보다 적게 쓰면서도 러시아나 중국 군대와 단 한 번도 연합훈련을 벌인 적이 없다. 미국의 핵 위협에 맞서며 남한에 대한 재래식 군사력 열세를 만회하기 위한 핵무기 개발이나 미사일 시험은 '도발'로 비난받는다.

남한은 북한과 전쟁을 완전히 끝내고 화해·협력하며 평화통일로 나아가기 원하지만 미국은 종전선언조차 거부하며 한반도 비핵화와 평화협정을 반대한다. 한반도에 전쟁이 끝나고 평화가 정착되면 주한미군을 유지하고 한미군사동맹을 강화할 법적 명분이 약해지고 없어지기 때문이다. 미국의 대외정책 제1목표인 중국 견제와 봉쇄를 위해서는 주한미군 유지와 한미군사동맹 강화가 필요하고, 그러기 위해서는 한반도에서 전쟁 종식과 비핵화를 거부해야 하는 것이다. 주한미군 철수와 한미군사동맹 해체가 남한에 꼭 필요한 이유다.

둘째, 주한미군과 한미군사동맹은 한국의 경제 번영에도 걸림돌이다. 중국이 급속도로 성장하면서 미국에겐 패권 도전국이 되었지만 한국에겐 최대 무역상대국이 되었다. 한국과 중국의 교역량은 2003년부터 한일 교역량을 넘어서고, 2004년부터 한미 교역량을 초과했으며, 2009년부터는 한중 무역량이 한미 무역량의 두 배 이상 많아졌다. 세계에서 무역 의존도가 가장 높은 나라 가운데 하나인 한국의 전체 교역량 가운데 약 1/4을 중국이 차지하고, 전체 무역흑자 가운데 적어도 절반 이상을 중국에서 거두고 있다. 또한 2017년 주한미군의 싸드 배치 이전엔 한국 방문 관광객의 절반 이상이 중국인이었다. 이러한 상황에서 주한미군을 통해 중국을 견제하고 포위하려는 미국과 군사동맹을 유지하고 강화하면 한국의 경제 이익에 얼마나 큰 손실을 안겨주겠는가. 한미군사동맹의 해체와 한반도 영구중립이 필요한 이유다.

4. 미중 패권경쟁의 위험과 한반도 영구중립의 필요성

1) 중국의 급성장과 목표

중국은 1978년 개혁개방을 시작하고, 2001년 세계무역기구(WTO)에 가입해, 2010년대 초반까지 무려 30년 이상 연평균 10% 안팎의 경제성장률을 기록했다. 2012년 미국을 제치고 세계 제1무역대국이 되었으며, 2014년엔 미국의 구매력 GDP도 추월했다.

이러한 급속하고 지속적인 경제성장을 바탕으로 1990년대부터 국방비를 크게 늘려왔다. 2000년대부터는 경제성장률을 웃도는 연평균 12% 안팎의 증가율을 기록했다. 2010년부터는 미국을 제외한 러시아, 프랑스, 영국 등 군사강국들보다 두 배 이상의 군비를 지출해왔다.

미국에 맞서 해양 전력을 본격적으로 증강시키며 대만해협을 포함한 동중국해와 남중국해에서 미국의 개입을 무력화하는 작전을 세워놓았다. '접근반대 및 지역거부(反介入/区域拒止)' 전략으로, 중국과 가까운 바다에서는 미국 함대의 접근을 막고, 조금 더 먼 바다에서는 미국 함대의 작전을 방해하겠다는 내용이다.

중국은 정부수립 100주년이 되는 2049년까지 모든 인민이 함께 부강해지는 '대동(大同) 사회'를 이룩하고, 세계 일류 군대를 만들겠다고 공언했다. 전 세계를 육로와 해로로 연결하는 '일대일로(一帶一路)' 정책을 바탕으로 '중국의 꿈(中國夢)'과 아울러 '강한 군대의 꿈(强軍夢)'도 이루겠다는 것이다.

2) 미국의 중국 견제와 포위

미국은 1991년 소련 해체 직후부터 '새로운 경쟁국의 재등장'을 막기 위해 대외정책 및 국방전략 분야에서 중국을 견제하고 포위해왔다. 1993-2000년 클린턴 정부는 중국을 겨냥해 일본과 안보공동선언을 발표하고, 일본과 방위협력지침을 개정했다. 2001-2008년 아들 부쉬 정부는 일본의 재무장을 막고 있는 '평화헌법'을 수정해 정상적 군대를 가질 수 있는 '보통국가'가 되도록 촉구하면서 일본이 유엔 안전보장이사회 상임이사국으로 진출하도록 지원했다. 2009-2016년 오바마 정부는 '아시아 회귀(Pivot to Asia)' 또는 '아시아 재균형(Asia Rebalancing)' 정책을 전개하며 한·미·일 3각공조를 강화했다. 그 일환으로 나온 게 한일 위안부 재협상, 한일 군사정보 교류협정(GSOMIA), 남한 내 싸드 배치 결정 등이었다. 2017-2020년 트럼프 정부는 '인도-태평양 전략'을 전개하며 미국·일본·인도·호주 4국협력체(Quad)를 강조했다. 경제적으로 중국을 고립시키기 위해 인도-태평양 4국에 뉴질랜드·한국·베트남 3국을 더한 '경제번영 네트워크(EPN)'를 추진하기도 하고, 미국·일본·독일·영국·프랑스·이탈리아·캐나다의 G7에 인도·러시아·한국·호주 4개국을 추가한 G11 회의를 제안하기도 했다.

2021년 들어선 바이든 정부는 정권 인수 과정에서부터 민주주의 정상회담, 동맹 강화, 인권 중시, 독재정부 대처 등을 내세우며 중국을 견제하고 봉쇄하겠다는 대외정책을 다듬어왔다. 2021년 3월 백악관이 발표한 '국가안보전략 중간지침(Interim National Security Strategic Guidance)'을 통해서는 '대외정책의 최대 급선무'인 중국 견제와 포위를 위해 미국의 '최대 전략자산(America's greatest strategic asset)'인 북대서양 조약기구(나토, NATO) 및 호주, 일본, 한국과의 동맹을 강화해야 한다고 강조했다. 또한 대만을 지지하고, 홍콩, 신장, 티벳에서 민주주의, 인권, 인간의 존엄성을 옹호할 것이라고 명시했다. 2021년 9월엔 중국 포위망을 강화하기 위한 미국-영국-호주 삼각동맹(오커스, AUKUS)을 출범시켰다. 중국에 맞서 국방력을 강화하고 있는 호주에게 미국과 영국의 기술을 지원해 8척의 핵 추진 잠수

함을 건조하도록 이끈다는 게 주목할 만하다.

2022년 5월엔 '경제번영 네트워크(EPN)'를 확대한 인도-태평양 경제 프레임워크(IPEF)를 출범시켰다. 2022년 6월엔 나토의 '2022 전략 개념'에 러시아를 "가장 크고 직접적인 위협"이라고 지목하며 중국의 안보 도전을 명시하기도 했다. "중국의 명시적인 야망과 강압적인 정책은 우리의 이익, 안보, 가치에 도전한다"고 밝힘으로써 대서양·유럽의 집단안보체제가 아시아·태평양 지역으로까지 활동 범위를 넓히려는 것이다. 이 글을 쓰고 있는 2022년 10월엔 백악관이 작년 3월 발표한 '국가안보전략 중간지침'을 조금 수정한 '국가안보전략(National Security Strategy)'을 공표했다. 핵심은 "중국과 경쟁에서 이기고 러시아를 억제한다(out-competing China and constraining Russia)"는 내용이다. 이를 위해 인도-태평양 지역 협력을 촉진하고, 유럽과의 동맹을 강화하며, 특히 "국제질서를 재편하려는 의도와 능력을 가진 유일한 경쟁자" 중국과의 "격렬한 경쟁"을 예고했다.

3) 미국과 중국의 전쟁터 한국

이와 같이 세계 유일의 초강대국 미국은 급속하게 성장해온 중국을 견제하고 포위하기 위해 이미 네 가지 전쟁을 벌여왔다. 첫째, 중국에 대한 연간 3,600억 달러 안팎의 무역적자를 줄이기 위한 무역전쟁이다. 둘째, 5세대(5G) 이동통신, 인공지능(AI), 반도체 등의 첨단기술 분야에서 중국의 우위를 저지하기 위한 기술전쟁이다. 셋째, 중국공산당 독재를 비난하고 홍콩 민주화 및 신장과 티벳의 인권보장 그리고 대만 독립을 옹호하며 중국을 폄하하고 비난하는 이념전쟁이다. 넷째, 중국의 동중국해를 통한 태평양 진출과 남중국해를 통한 인도양 진출을 봉쇄하기 위한 영해전쟁이다.

미국의 중국 견제와 포위 전략은 급속도로 성장해온 중국이 서서히 쇠퇴하는 미국을 따라잡을 때까지 치열하게 지속될 것이다. 미국과 중국의 패권경쟁이 2049년 무렵까지 적어도 20~30년간 그치지 않으리라는 말이다. 이런 가운데 동중국해와 남중국해 그리고 대만해협에서 중국을 봉쇄하기 위한 미국의 '인도-태평양 전략'과 이를 무력화하기 위한 중국의 '접근반대 및 지역거부' 전략이 충돌하면 전쟁으로 이어지지 않을까. 그렇다면 19세기 청일전쟁과 20세기 러일전쟁에 이어 21세기 미중전쟁에서도 한반도는 전쟁터가 될 수밖에 없다. 중국을 견제하고 포위하는 미국 군대의 가장 크고 가장 가까운 해외기지가 평택에 있고, 중국을 감시하며 겨냥하는 미군의 가장 가까운 미사일방어체계가 성주에 설치되어 있기 때문에, 중국이 한국을 제1폭격 지역과 대상으로 삼을 게 뻔하지 않은가. 주한미군과 한미동맹 때문에 한국이 자동적으로 전쟁에 휘말리게 되리라는 뜻이다.

탈냉전시대 미국의 중국 견제와 포위 전략은 한반도 안팎의 정세를 지난날 냉전시대와 비슷한 안보 환경으로 되돌리고 있다. 미국-일본-남한의 3국공조와 중국-러시아-북한의 3국협력이 맞서는 '신냉전' 형국으로 이끌고 있는 것이다. 남북관계 진전을 막으며 한반도 분단을 지속시킬 뿐만 아니라 남한을 전쟁터로 만들 수도 있다. 우리가 주한미군을 되도록 빨리 내보내고 한미동맹에서 벗어나 한반도 중립화와 평화통일을 서둘러야 하는 이유다.

II. 한반도 영구중립의 가능성과 전망 그리고 남한의 준비

1. 한반도 주변 강대국 현황

한반도 주변 강대국들은 미국, 중국, 러시아, 일본이다. 국력의 핵심 요소인 경제력과 군사력으로 세계 최강대국들이다. 특히 종합 국력 1위 미국과 2위 중국은 'G2'라고도 불리며 한반도뿐만 아니라 전 세계에 가장 큰 영향력을 행사해왔다. 세계 패권을 놓고 치열하게 경쟁하며 '새로운 냉전'으로 이끌고 있기도 하다. 러시아는 군사력 세계 2위를 자랑하고, 일본은 경제력 세계 3위를 지키고 있다.

미국과 러시아는 한반도 해방과 분단을 불러온 나라들이다. 미국과 중국은 한국전쟁과 정전협정 당사국들이다. 이에 앞서 일본은 한반도를 35년 식민통치했던 나라다. 이와 같이 한반도 문제에 개입하고 큰 영향력을 행사해온 주변 4대 강국은 당사국인 남북한과 함께 이른바 '북핵문제'를 풀기 위해 2003년 시작된 '6자회담' 구성원들이기도 하다. 한반도 종전선언이나 평화협정 당사국으로는 남한과 북한 그리고 미국과 중국이 거론되어왔다.

따라서 한반도가 영구중립을 이루려면 미국과 중국의 동의를 얻는 게 가장 바람직하고 중요하며, 일본과 러시아가 동참하면 더 좋다. 물론 그에 앞서 당사국인 남한과 북한이 적극적으로 또는 전적으로 원해야 한다. 또한 한반도 영구중립은 전쟁 종식과 평화협정 그리고 통일문제와 연계해 추진될 수밖에 없다.

이러한 주변 강대국들이 한반도 영구중립에 동의하지 않거나 반대하면 어떻게 해야 할까. 앞에서 영구중립의 기본 조건으로 "주변 강대국들과 협정이나 조약"을 들었는데, 이것이 일반적이고 바람직하지만 어렵다면 반드시 그럴 필요는 없다. 투르크메니스탄같이 주변 강대국들과의 협정 대신 유엔총회의 승인을 받아도 된다. 코스타리카처럼 영구중립을 원하는 나라가 강대국들이나 국제기구의 승인 없이 일방적으로 선언할 수도 있다. 어차피 국제법은 강대국들의 횡포로 깨지기 쉽고, 잘 지켜지지 않는 경우가 많다. 특히 미국은 '세계 유일의 초강대국'으로 유엔을 비롯한 국제기구와 국제법을 무시하고 수많은 전쟁을 일으켜오지 않았는가. 그럼에도 한반도 영구중립의 영구한 효력을 위해서는 미국과 중국을 비롯한 주변 강대국들의 동의와 협정을 필수 조건으로 생각하고 추진하는 게 바람직하다.

2. 한반도 영구중립에 대한 남북한 인식

한반도 영구중립에 대해 주변 강대국들이 어떻게 받아들이고 대응할지 전망하기 전에 당사국인 남한과 북한의 인식부터 알아보는 게 좋다. 남북한이 절실하게 적극적으로 원하지 않는다면 이룰 수 없기 때문이다. 주변 강대국들이 한반도 영구중립에 동의하지 않거나 반대하더라도, 당사국이 필요성을 절실하게 느끼면 일방적으로라도 선언하고 불안전하게나마 추진할 수 있을 것이다. 그러나 주변 강대국들이 협정이나 조약을 맺어도, 당사국의 의지가 부족하면 실현하기 어렵지 않겠는가. 예를 들어, 라오스가 1950-60년대 베트남전쟁과 내전에 휘말릴 때 미국과 소련을 비롯한 강대국들과 주변 국가들이 라오스를 중립화하기로 합의했지만, 라오스 내부 파벌 간 갈등과 분열로 영구중립국이 되는 데 실패했다.

1) 중립화에 대한 남한의 인식

남한은 1948년 정부수립 이후 2022년 현재까지 정부가 중립화를 정책으로 삼거나 이에 대한 의지를 드러낸 적이 전혀 없다. 남한엔 1950-53년 한국전쟁 직후 맺어진 미국과의 상호방위조약에 따라 수만 명 주한미군이 머물고 있다. 정부는 주한미군 철수는커녕 감축조차 불안해하기 때문에 주한미군이 철수해야 이루어질 수 있는 중립화를 불온시하며 탄압했을 뿐이다.

1960년 4월혁명 직후부터 혁신정당과 사회단체 그리고 언론인과 문인들이 한반도 중립화 통일을 내세우며 통일운동을 활발하게 전개했다. 이에 따라 《한국일보》가 1961년 1월 중립화 통일에 대한 여론조사를 실시했을 때, 거의 1/3에 이르는 32% 응답자가 이를 찬성한다고 대답했다. 그러나 1961년 박정희가 쿠데타로 정권을 잡으며 1970년대까지 중립화운동을 포함한 모든 통일운동을 억압했다.

1970년대부터 중립화에 관심을 갖고 공개적으로 지지한 정치지도자는 아마 김대중이 유일할 것이다. 1971년 신민당 대통령후보가 되어 주변 4대 강국이 보장하는 통일한반도 중립화 구상을 밝혔고, 1989년엔 한반도가 통일되면 오스트리아식 영구중립국이 되리라 전망했다. 그러나 1998-2002년 대통령으로 재임할 때는 중립화에 관해 언급조차 하지 않았다.

1990년대부터 시민운동 차원에서 한반도 중립화를 추진하는 조직·단체들이 들어서서 통일운동의 일환으로 활동을 펼치고 있다. 대표적으로 〈한반도중립화통일 협의회〉와 〈한반도중립화를 추진하는사람들〉을 꼽을 수 있다.

그러나 중립화에 대한 남한 국민 대다수의 인식은 무관심하거나 부정적인 것 같다. 이에 관한 여론조사가 1960년대 이후 한 번도 실시된 것 같지 않지만, 통일 문제에 관심 가진 사람들 가운데서도 그런 경향이 적지 않게 보인다. 다음과 같은 이유 때문이라 생각한다.

첫째, 이미 말했듯 '중립'의 의미나 개념에 대해 잘 알지 못하거나 오해하는 경우가 많다. 많은 사람들이 글자 그대로 "가운데 또는 어느 편에도 치우치지 않고 중간적인 입장에 서는 것"이라고 생각하는 것이다. 또한 비동맹 외교나 등거리 외교는 중립의 조건일 뿐이지 그 자체가 중립은 아니다. 거듭 강조하건대, 중립은 전쟁 관련 용어로 핵심 의미는 "전쟁에 개입하지 않는 것"이다. 이 사실만 제대로 알아도 중립화에 대한 지지 여론이 높아지지 않을까. 제3국에 의해 끔찍한 전쟁에 휘말리는 것을 좋아할 사람은 거의 없을 것이기 때문이다.

둘째, 중립화는 '약소국'의 정책이거나 '소극적' 대외정책이라고 생각하는 사람들도 많은 것 같다. 맞다. 중립화는 일반적으로 약소국의 소극적 대외정책이다. 남한은 세계 10위의 경제력, 세계 6위의 군사력, 세계 최고 수준의 기술력과 문화력을 지닌 중견국 또는 소강국으로 더 이상 약소국이 아니다. 그러나 한반도 주변 강대국들이 종합 국력 세계 1위와 2위, 군사력 세계 2위, 경제력 세계 3위 등의 강대국들이기에, 남한은 '상대적' 약소국인 데다 분단돼 있기에, 그들의 패권경쟁에 휘말리기 쉽다.

셋째, 북한이 핵무기와 미사일을 지속적으로 개발하는 것은 남한을 침공해 적화 통일을 이루기 위한 것이기 때문에 이를 막기 위해 한미동맹을 강화하고 주한미군을 유지해야 한다는 사람들도 적지 않다. 이들에겐 한미동맹 해체와 주한미군 철수를 불러올 중립화가 악몽일 수밖에 없다. 이들은 북한 군사비가 대략 남한 군사비의 1/10 또는 미국 군사비의 1/100 정도 수준이고, 북한엔 러시아 군대나 중국 군대가 주둔하지 않으며, 북한은 외국 군대와 연합훈련을 한 번도 실시하지 않는다는 사실을 모르거나 알고도 외면한다.

넷째, 한반도 안팎 정세가 어떻게 변하든 한미동맹 강화와 주한미군 유지 없이는 국가안보를 지킬 수 없다고 생각하는 사람들도 적지 않다. 미국의 이익에 반하는 정책은 일본으로부터 한반도를 해방시켜주고 한국전쟁에서 남한을 구해준 미국에 대한 배반이라 생각한다. 한마디로 미국 없이는 살 수 없다는 사람들이다. 한반도 전쟁 종식이나 평화협정을 거부하는 배경이다. 한반도에서 전쟁을 끝내고 평화협정을 맺으면 주한미군을 감축하거나 철수할 가능성이 커지기 때문에 종전선언조차 반대하는 것이다. 한미동맹과 주한미군이라는 수단 때문에 전쟁 종식과 평화협정이라는 목표를 거부하는 셈이다.

2) 중립화에 대한 북한의 인식

북한은 정부 차원에서 중립화에 매우 적극적이다. 통일방안에도 명시해놓았다. 1960년부터 이른바 연방제통일을 제안해왔는데,

1980년 보완·수정해 발표한 '고려민주련방공화국 창립방안'에 중립국가로의 통일을 강조하고 있다. "어떠한 정치 군사적 동맹이나 쁠럭에도 가담하지 않는 중립국가" 또는 "어느 대국에도 기울지 않는 자주적이고 평화적이며 중립적인 통일국가"가 되는 것이 필연적이고 합리적이라는 것이다.

3. 한반도 영구중립에 대한 주변 강대국들의 예상 반응

앞에서 밝혔듯, 한반도 영구중립에 대해 남한은 대체로 소극적이거나 반대하고, 북한은 적극적이고 전적으로 지지한다. 이와 비슷하게 남한과 친한 미국과 일본은 한반도 영구중립을 거부할 것이고, 북한과 가까운 중국과 러시아는 지지할 것이다. 바로 주한미군 때문이다. 주한미군 철수를 절대 반대하는 미국과 일본은 영구중립을 받아들일 리 없고, 주한미군 철수를 적극 지지하는 중국과 러시아는 영구중립을 기꺼이 환영할 것이다.

한반도 영구중립에 대한 핵심 문제는 주한미군과 관련한 미국의 대외정책이다. 그래서 지난날 미국이 주한미군을 철수하려 했을 때는 남한 또는 한반도 중립화를 함께 구상했다. 첫째, 1945-48년 미군정시대에 미국 군부가 한반도 영구중립을 구상한 적이 있다. 1947년 만약 미국 군대와 소련 군대가 철수하면 한반도 영구중립을 보장해야 한다고 정부에 보고한 것이다. 그러나 트루먼 행정부가 받아들이지 않았다. 둘째, 1953년 휴전협정을 앞두고 미국 국무부가 한반도 중립화에 관한 연구보고서를 만들어 국가안전보장위원회(NSC)에 제출했다. 이번엔 미국 군부가 한반도 중립화는 미국의 이익에 도움이 되지 않는다며 거부했다. 셋째, 1960년 미국의 한 상원의원이 외교위원장에게 미국은 한반도 통일 문제를 오스트리아식 중립화로 해결하자고 제안하는 보고서를 제출했다. 채택되지 않았다. 넷째, 1976년 카터 대통령이 주한미군 철수를 고려하며 관련 부처에 한반도 중립화를 검토하라고 지시했다. 군부가 주한미군 철수 자체를 거세게 반대했다.

지금은 2000년대 들어 급속도로 떠오르는 중국을 견제하고 봉쇄하기 위해 주한미군을 반드시 유지해야 하기 때문에, 한반도 영구중립을 꿈에도 생각하지 않을 것이다. 주한미군의 현상 유지에 조그만 변화라도 생길까 봐 문재인 대통령이 2018년부터 2021년까지 3년 연속 유엔에서 주장해온 한반도 종전선언조차 한사코 거부하는 미국이 주한미군 철수를 불러올 한반도 영구중립을 어떻게 받아들일 수 있겠는가.

이미 밝혔듯, 미국과 중국의 패권경쟁은 중국이 정부수립 100주년이자 세계 제1국가가 되겠다는 '중국의 꿈' 달성 목표연도인 2049년 무렵까지 적어도 20~30년간 그치지 않으리라 생각한다. 중국을 견제하고 봉쇄하기 위한 미국의 대외정책이 변하지 않는 한, 세계 최대 규모의 해외 미군기지를 중국에서 가장 가까운 남한에 두고 있는 미국이 한반도 영구중립을 결코 받아들이지 않을 것이다.

그러나 앞으로 중국이 미국의 견제와 봉쇄를 뚫고 세계 패권을 차지하거나 적어도 아시아·태평양 지역에서 미국의 힘을 능가하게 되면, 미국은 떠밀려 주한미군을 철수하기 쉽고 이와 동시에 과거 그랬던 것처럼 한반도 중립화 구상을 내세울 가능성이 크다. 주한미군이 남한에서 철수하게 되면 한반도와 역사적으로나 지리적으로 훨씬 가까운 중국의 영향력이 압도적으로 커질 것이므로, 주한미군을 철수하더라도 한반도 영구중립을 통해 영향력을 어느 정도 행사할 수 있기 때문이다.

1880-1900년대 중국-일본-러시아가 패권경쟁을 벌일 때, 처음에 일본이 조선 중립화를 제안하자 상대적으로 강한 중국이 반대했고, 나중에 러시아가 조선 중립화를 제안하자 상대적으로 강한 일본이 반대했다. 앞으로는 미국과 중국 가운데 상대적으로 약한 나라가 한반도 영구중립을 원하고 상대적으로 강한 나라는 반대할 것이란 뜻이다.

일본은 남한을 경쟁국가로 간주하고 북한을 적대국가로 삼는다. 남한과 북한은 세계에서 반일감정이 가장 높은 나라들이다. 따라서 남북한이 어떤 형태로든 통일되어 국력이 커지는 것을 반대할 것이다. 1910-45년 일본의 식민통치를 받아 반일감정이 강한 두 나라가 힘을 합치면 일본을 쉽게 따라잡을 수 있다. 게다가 한반도는 역사적으로든 지리적으로든 일본보다 중국에 가깝다. 한반도가 합쳐지면 중국과 한반도가 완전히 대륙으로 연결되면서 섬나라 일본이 더욱 고립되기 쉽다. 따라서 '분할과 통치(divide and rule)' 원칙에 따라 한반도가 분단되어 있어야 일본이 적어도 남한에 더 큰 영향력을 행사할 수 있다.

일본이 한반도 통일엔 적극 반대하더라도, 통일 과정이나 통일 이후의 중립화는 거부하지 않거나 지지할지 모르겠다. 한반도가 영구중립국이 되면 대륙 쪽으로 치우치는 것을 막고, 주변 강대국들이 한반도에 대한 영향력을 골고루 행사할 수 있을 것이기 때문이다. 미국이 주한미군을 유지할 때는 한반도 영구중립을 극구 반대하더라도, 주한미군을 철수하게 되면 영구중립을 추진할 것이라는 논리와 비슷하다. 이에 덧붙여, 일본은 한반도 통일에 관해서든 영구중립에 관해서든 미국의 정책을 따르기 쉽다. 일본이 세계 3위의 경제력을 자랑해도 주한미군보다 규모가 훨씬 큰 주일미군을 두고 있으며 외교적으로는 한국 못지않게 미국에 종속적이기 때문이다.

중국과 러시아는 남한에 미국의 싸드가 배치될 때 보여준 것처럼 주한미군을 눈엣가시로 여기며 거부한다. 게다가 남한보다 북한에 정치적으로나 지리적으로나 더 가깝다. 주한미군 철수를 불러올 한반도 영구중립을 적극 지지하지 않겠는가. 특히 중국을 견제하고 봉쇄하기 위한 주한미군 철수와 한반도 영구중립에 대해 중국은 세계 어느 나라보다 더욱 환영할 것이다.

4. 남한의 준비

앞에서 살펴보았듯, 한반도 영구중립에 관해 당사국 남한은 전혀 준비되지 않았고, 가장 강력한 미국은 가장 거세게 반대할 것이다. 게다가 미국은 중국 견제와 포위 전략을 전반적으로 강력하게 전개하며 한반도 안팎의 정세를 지난날 냉전시대와 비슷한 안보 환경으로 되돌리고 있다. 미국-일본-남한의 3국공조와 중국-러시아-북한의 3국협력이 맞서는 '새로운 냉전'으로 이끌고 있는 것이다.

한반도 영구중립을 추진하고 실현하기 몹시 어려운 환경이다. 한반도 평화와 통일을 지향한다면서도 북한을 주적으로 삼는 국가보안법을 폐지하지 못하고, 전쟁을 끝내자는 선언조차 하지 못하며, 주한미군 철수 주장도 하지 못하고 있다. 미국에 대한 사대와 굴종 및 북한에 대한 왜곡과 편견이 결합된 냉전 인식의 틀에서 한 치도 벗어나지 못하고 있는 터에 한반도 영구중립을 어떻게 추진할 수 있을까.

첫째, 중립에 대한 무지와 오해에서 벗어나야 한다. 끔찍하고 처참한 전쟁에 개입하지 않는 것이라는 점을 널리 알려 중립에 대한 긍정적이고 호의적인 여론이 조성되도록 해야 한다.

둘째, 한미동맹과 주한미군의 실체와 폐해를 제대로 알아야 한다. 흔히 말하는 '한미동맹'은 남한과 미국의 '군사동맹'이다. 군사동맹은 '공동의 적'을 겨냥하기 위한 것이다. 어느 나라가 남한과 미국의 공동의 적인가. 북한인가, 중국인가, 또는 둘 다인가. 북한은 미국의 적이지만, 남한에겐 화해와 협력을 통한 평화와 통일의 상대다. 북한을 적으로 삼는 한 남한의 가장 중요한 국가목표인 평화와 통일을 추진할 수 없다. 중국은 미국에겐 경쟁국이자 도전국이지만, 한국에겐 최대무역국이다. 최근 5년간(2016-20년) 한국-미국 교역액은 연평균 1,374억, 한국-중국 교역액은 2,590억 달러였다. 한국의 대미 무역흑자는 연평균 165억, 대중 무역흑자는 354억 달러였다. 한국이 중국과의 무역 없이 경제 번영이라는 국가목표를 이룰 수 있을까. 한미동맹과 주한미군은 남한의 제1 국가목표인 평화와 통일을 가로막고, 제2 국가목표인 경제 번영에 걸림돌이 되고 있는 것이다. 과거 냉전시대 한반도 평화와 통일을 위한 수단이었던 한미동맹과 주한미군이 현재 탈냉전시대에 사라지기는커녕 오히려 국가목표처럼 되어버린 현실이 개탄스럽다.

셋째, 자주성을 지녀야 한다. 미국에 대한 사대주의와 짝사랑 그리고 굴종에서 벗어나야 한다. 과거 냉전시대엔 반공을 앞세운 미국과 남한의 국가이익이 일치했다. 미국과 친하게(親美) 지내며 미국을 숭배하는(崇美) 것은 강대국에 대한 약소국의 숙명처럼 간주되었다. 현재 탈냉전시대에 중국을 견제하고 봉쇄해야 하는 미국에겐 한미동맹이 필수적이다. 중국을 통해 경제 번영을 이루어야 하는 남한에겐 한미동맹이 걸림돌이다. 남한과 미국의 국가목표와 이익이 달라졌다는 뜻이다. 예나 지금이나 국제관계에서 가장 중요한 것은 국가이익이다. 국익을 위해서는 자주성을 지닌 채 미국을 바로 알고(知美), 상황에 따라 미국과 친하게 지내며 지지하기도 하고(親美), 미국과 거리를 두며 반대하기도 하면서(反美), 궁극적으로 미국을 이용하고 활용하는(用美) 게 바람직하다.

넷째, 미국을 무조건 추종하는 게 아니라 우리 국익을 위해 미국이 주한미군을 철수하고 한반도 영구중립에 동의하도록 외교적으로 설득할 수 있어야 한다. 과거 조선시대엔 국력이 너무 약해 중국, 러시아, 일본 등 주변 강대국들에 휘둘리기만 했다. 그들의 전쟁터가 되기도 했다. 현재 한반도는, 특히 남한은, 흔히 '하드 파워(hard power)'로 불리는 경제력과 군사력을 비롯한 경성 권력에서든, '소프트 파워(soft power)'로 불리는 기술력과 문화력을 포함한 연성 권력에서든, 과거와 같은 약소국이 아니다. 미국과 중국의 패권경쟁에 휘말리지 않고, 두 강대국 사이에 일어날지 모를 전쟁의 피해자가 되지 않기 위해, 국익을 위한 대미 외교를 펼쳐야 한다.

미국의 보복을 당하지 않고 한반도 영구중립을 추진하기 위한 외교력을 발휘할 수 없다면, 둘 중 하나를 선택할 수밖에 없을 것이다.

미국의 일시적 보복이 두려워 분단과 전쟁에서 벗어나지 못하고 영원히 종속되다시피 살아가는 게 좋을까, 미국에게 일시적 보복을 당해 당분간 고통스럽더라도 자주적으로 평화와 통일을 성취해 영원히 자랑스런 영구중립 복지국가를 만들어가는 게 바람직할까.

이를 위해 우선 한반도 종전선언부터 추진하는 게 바람직하다고 생각한다. 한미동맹 해체와 주한미군 철수를 주장하면 불안과 두려움을 느끼는 사람들이 적지 않고, 영구중립을 내세우기엔 그 의미도 모르는 사람들이 많기 때문이다. 종전선언조차 반대하는 '수구꼴통' 세력이 강하더라도, 전쟁을 끝내자는 호소와 주장엔 반발하거나 거부할 명분이 적지 않겠는가. 종전선언이 이루어지면 한미동맹과 주한미군과의 필요성에 관한 논의가 자연스럽게 이루어질 테고, 한반도 평화협정과 영구중립을 위한 운동이 힘을 얻게 되리라 기대한다.

대만을 둘러싼 미중 전쟁 가능성과 남한 중립화

_ 이재봉

2022년 10월 미국이 국가안보·국방전략을 발표하고, 중국은 공산당 대회를 열었다. 양쪽 보고서들을 비교하며 읽어보면 대만을 둘러싸고 머지않아 전쟁이 터질 것 같다. 미국과 중국 사이에 전쟁이 일어나면 한국도 이에 휘말리기 쉽다. 미국과 중국의 대만 정책을 비교해 보고, 두 강대국의 전쟁 가능성을 짚어보며, 한국은 어떻게 대비하는 게 바람직한지 제안한다.

1. 미국의 2022년 〈국가안보전략〉과 〈국방전략〉 그리고 〈미사일방어 검토〉와 〈핵태세 검토〉

2022년 10월 12일 백악관이 〈국가안보전략(National Security Strategy)〉을 발표했다. 10월 27일엔 국방부가 〈국방전략(National Defense Strategy)〉과 그에 따른 〈미사일방어 검토(Missile Defense Review)〉 및 〈핵태세 검토(Nuclear Posture Review)〉를 한꺼번에 발표했다.

〈국가안보전략〉은 대개 행정부가 바뀌는 첫해에 발표되는 외교·군사 분야 최고방침이다. 2021년 1월 바이든(Joe Biden) 취임 직후 3월 〈임시 국가안보전략 지침(Interim National Security Strategic Guidance)〉이 먼저 나왔기에 1년 늦게 발표됐다. 〈국가안보전략〉을 바탕으로 〈국방전략〉이 만들어지고, 〈국방전략〉에 따라 〈미사일방어 검토〉와 〈핵태세 검토〉가 이루어진다. 〈국방전략〉, 〈미사일방어 검투〉, 〈핵태세 검토〉 등은 평균 4년마다 순차적으로 발표되는데 처음으로 통합되어 발표됐다. 2022년 2월 러시아의 우크라이나 침공과 10월 중국 공산당대회를 통한 시진핑 집권 연장 등 "지정학적 극적 변화(dramatic changes in geopolitics)"에 따른 "세계사의 중대한 변곡점(significant inflection point in world history)"을 맞아 "앞으로 전개될 결정적 10년"에 대응하는 미국의 특별 조치다.

안보·방위전략 보고서들은 군사기밀을 포함하기에 백악관과 국방부는 비밀문서로 분류해 예산안과 함께 의회에 보낸다. 여기서 몹시 민감한 부분을 빼고 비밀 해제한 문서를 언론에 알리고 홈페이지에 올린다. 이렇게 공개된 보고서를 바탕으로 중국과 특히 대만 관련 문제에 초점을 맞춰 이 글을 쓴다.

1) 2022년 〈국가안보전략〉

2021년 임시 지침이나 2022년 정식 전략의 핵심 내용은 "중국과의 경쟁에서 이기는 것(out-competing China)"이다. "국제질서를 재편할 의지와 그것을 추진할 수 있는 경제력, 외교력, 군사력, 기술력을 겸비한 유일한 경쟁자"인 중국을 억제하는 데 미국의 '사활적 이익(vital interests)'이 걸려 있다고 명시했다.

이는 새삼스러운 게 아니다. 무려 30년 전부터 다듬기 시작한 전략이다. 미국은 1991년 소련이 해체되고 냉전이 끝난 직후인 1992년 앞으로 미국의 패권에 도전할 수 있는 국가로 중국을 점찍고 "새로운 경쟁국의 재등장을 막는 것"을 제1 목표로 삼는 '방위계획 지침(Defense Planning Guidance)'을 세웠다. 이에 따라 1990년대 중반부터 미일 군사동맹을 강화했다. 1996년 〈미일 공동안보 선언(U.S.-Japan Joint Declaration on Security)〉을 발표하고, 1997년 〈미일 방위협력지침 검토에 관한 잠정보고서(Interim Report On The Review Of The Guidelines For U.S.-Japan Defense Cooperation)〉를 발표했다. 여기서 중국의 대만 침공을 가상해 일본 자위대가 일본 방위에만 머무르지 않고 대만해협을 포함한 주변 지역까지 나갈 수 있는 길을 터주었다.

2000년 미국 의회는 중국 군사력에 관한 '국방수권법(National Defense Authorization Act)'을 만들어 국방부가 20년 동안 해마다 중국의 군사안보 발전에 관해 보고하도록 했다. 부쉬(George W. Bush) 국방부는 중국 군사력 변화를 면밀하게 종합적으로 감시하며, 일본과 손잡고 미사일방어체계를 구축하기 시작했다. 그 가운데 하나가 2017년 성주에 배치한 고고도 미사일방어체계(THAAD)이다.

2010년대 들어 오바마(Barack Obama) 행정부는 외교안보전략 중심축을 유럽에서 아시아로 옮기며, '아시아로의 회귀(Pivot to Asia)' 또는 '아시아 재균형(Asia Rebalancing)' 정책을 폈다. 2015년 일본과 방위협력 지침을 다시 개정하고, 2016년 일본이 안보법제를 개정하도록 이끌었다. 나아가 미국-일본-한국 3각공조를 강화하기 위해 한일 위안부협정과 한일 군사정보보호협정(GSOMIA)을 주선했다. 트럼프(Donald Trump) 행정부는 '아시아-태평양 전략'을 확대한 '인도-태평양 전략'을 만들었다. 태평양의 미국과 일본 그리고 인도양의 인도와 호주가 4각공조로 중국을 봉쇄한다는 것이다.

2020년대 바이든 행정부는 위와 같은 중국봉쇄 전략을 정교하게 다듬으며 강화하고 있다. 바이든이 2020년 대통령선거 과정에서 발표한 대외정책 공약이나 당선 후 인수위원회가 공표한 대외정책의 핵심 내용도 중국 고립화와 봉쇄였다. 2021년 민주주의 정상회담을 갖고 인권을 중시하며, 나토(NATO)와 관계를 회복하고 동맹을 중시하며, 독재정부에 강경 대처하고 약소정부를 지원한다는 등 대부분 중국을 겨냥하는 것이었다.

위와 같은 내용을 종합해 2022년 〈국가안보전략〉에 담았다. 미국이 동맹 및 연대 강화로 중국을 군사적으로 봉쇄하거나 외교 경제적으로 고립시킨다는 점을 강조했다. 인도-태평양의 4국협력체(QUAD: 미국-일본-인도-호주), 3국협력체(AUKUS: 미국-영국-호주), 5국협력체(Five Eyes: 미국-호주-캐나다-뉴질랜드-영국), 인도-태평양 경제협력체(IPEF), I2U2(미국-인도-이스라엘-아랍에미리트연합) 등을 보강하거나 신설했다. 〈나토 2022년 전략개념(NATO 2022 Strategic Concept)〉에 "체계에 대한 중국의 도전"을 삽입하도록 주도한 것도 밝혔다. 2022년 6월 스페인에서 열린 나토 정상회의에서, 중국의 야망과 강압 정책이 나토의 이익, 안보, 가치에 도전적이며, 중국의 '악의적(malicious)' 작전들이 동맹 안보에 해를 끼친다는 조항을 명문화하도록 이끈 것이다. 유럽연합과 연대를 강화하고 1970년대부터 세계경제를 이끌어온 G7을 확대해 중국을 고립화하는 전략도 덧붙였다.

대만과 관련해, '하나의 중국 정책(One China Policy)'을 여전히 지키며 대만 독립을 지지하지 않는다고 명시했다. 단, '하나의 중국 정책'은 〈대만 관계법(Taiwan Relations Act)〉, '3개 공동성명(Three Joint Communiques)', '6개 보장안(Six Assurances)'에 따른다고 못박았다.

아울러 〈대만 관계법〉에 따라 대만의 자위를 보장하며 대만에 대한 무력 사용이나 강압을 억제할 수 있는 능력을 유지하겠다고 밝혔다. 이를 바탕으로 미국은 "중요한 경제 안보 동반자" 대만을 지지할 것이며, 미국의 이익을 위해 유럽 동맹들과 동반자들이 대만해협에서 '항해의 자유(freedom of navigation)'를 지지하는 데 적극적 역할을 해주기를 촉구한다.

참고로 '하나의 중국 정책'은 1972년 미국과 중국이 정상회담을 갖고 "중국은 하나만 있으며, 대만은 중국의 일부이다(미국 측)"거나 "중국이 유일한 합법정부이며, 대만은 중국의 한 지방이다(중국 측)"고 발표한 '상하이 공동성명(Shanghai Communique)'의 내용이다.

〈대만 관계법〉은 1979년 1월 미국이 중국을 유일한 합법정부로 확인하고 중국과 국교를 정상화한 뒤, 대만과 외교관계를 끊으며 공동방위 조약을 폐기하는 대신 대만 안전을 보장하기 위해 1979년 4월 만든 국내법이다. 미국이 대만 안보를 위해 대만에 지속적으로 무기를 팔겠다는 게 핵심 내용이다.

'3개 공동성명'은 미국과 중국이 공동으로 공식 발표한 것으로, 앞에 소개한 1972년 '상하이 공동성명'과 1979년 '국교정상화에 관한 공동성명(Joint Communique on the Establishment of Diplomatic Relations)'을 포함한다. 그리고 1982년 '대만에 대한 미국의 무기 판매에 관한 공동성명(Joint Communique on United States Arms Sales to Taiwan)'이다. 이는 미국이 중국의 대만 통일정책을 "이해하고 인정하며" 대만에 무기를 계속 팔되 점진적으로 줄인다는 내용이다.

'6개 보장안'은 위와 같은 1982년 8월 미·중 공동성명에 대한 대만의 반발과 불안감을 달래기 위해 한 달 앞선 7월 레이건(Ronald

Reagan) 대통령이 장징궈(蔣經國) 대만 총통에 은밀히 건넨 대통령 각서(presidential memorandum)다. 이는 비밀문서로 분류되어 정확한 내용이 알려지지 않다가 2019년 트럼프 행정부에서 비밀 해제됐다. 무기 판매 종식일을 정하지 않고, 무기 판매에 관해 중국과 사전 협상하지 않으며, 대만 관계법을 수정하지 않는다는 등의 조항을 담고 있다.

2) 2022년 국방전략과 미사일방어 및 핵태세 검토

바이든 행정부의 2022년 국가안보전략에서 중국이 "국제질서를 재편할 의지와 능력을 겸비한 유일한 국가"라고 규정했듯, 국방부의 가장 긴급한 목표는 "앞으로 수십 년 동안 가장 중대한 전략적 경쟁자"가 될 중국에 대한 "미국의 억지력을 지속하고 강화하는 것"이다. "미국 안보에 가장 종합적이고 심각한 도전은 인도-태평양 지역과 국제체계를 개조하려는 중국의 강압적이고 점점 공격적인 시도"이다. 특히 "대만에 대한 중국의 점증하는 도발적 발언과 강압적 행동이 대만해협의 평화와 안정을 위협한다." 이러한 중국의 강압적 행위는 동중국해와 남중국해까지 확장된다.

따라서 국방부의 우선 과제는 미국과 동맹 및 동반자들에 대한 중국의 전략적 공격을 억제하는 것이다. 이를 위해 국방부는 중국의 잠재적 공격에 대한 새로운 작전 개념과 강화한 미래 전투능력을 개발한다. 인도-태평양 지역의 동맹 및 동반자들과 연대와 협력으로 다자간 훈련을 도우며 공동 능력을 강화한다. 일본과의 동맹을 현대화하며 전략계획을 제휴해 연합 능력을 강화한다. 호주와 정보처리 상호운영(interoperability)과 다자간 협력 확대 등을 통해 동맹을 심화한다. 미국-영국-호주의 3국협력체(AUKUS)와 미국-일본-인도-호주의 4국협력체(QUAD) 같은 동반자 관계를 통해 선진기술 협력을 증진한다. 인도와 '주요방위 동반자관계(Major Defense Partnership)'를 진전시켜, 인도가 중국의 공격을 억제할 수 있는 능력을 향상하고, 인도양 지역으로 자유롭게 접근할 수 있도록 보장한다. 대만의 비대칭적 자위력이 진화하는 중국의 위협에 상응하고, 미국의 '하나의 중국 정책'과 일치할 수 있도록 대만을 지지한다. 한국이 주한미군과 동맹 공동방위를 이끌 방위 능력을 지속적으로 개선하도록 한다. 동남아국가연합의 지역 안보문제 해결 역할을 촉진하는 등 그 지역 안보위협에 대한 다자간 접근을 활성화한다. 동맹 및 동반자들이 동중국해, 대만해협, 남중국해, 국경분쟁지역 등에 대한 통제권을 설정하려는 중국의 강압적 활동에 맞서, 미국 정책과 국제법에 따라 해결하는 노력을 지지한다.

미국 군사력 강화를 위한 최우선 과제 가운데 하나는 "적의 반접근/지역거부(anti-access/area-denial) 능력을 줄이는 것"이다. 다시 말해 "반접근/지역거부 전략을 무감각하게 만들며 적의 방어 영역을 침투할 수 있는 공격 능력을 갖춘다"는 말이다.

이는 2022년 〈미사일방어 검토〉에서도 거듭 거론된다. '미래 기술'이란 항목에서 "급속도로 증가하는 적의 미사일 중심 반접근/지역거부 위협 발전에 대처하기 위해" 국방부는 새로운 기술을 찾아야 한다고 강조하는 것이다.

참고로 '반접근/지역거부(anti-access/area-denial 또는 A2/AD)'는 작전지역에 상대 병력이 접근하지 못하게 하는 군사전략이다. 미국이 '항해의 자유'를 내세우며 대만해협과 남중국해 등에 항공모함

전단까지 보내자, 중국은 2007년 무렵부터 무기 현대화와 함께 해양 전략을 본격적으로 증강시켰다. 미국이 이 지역에 접근하는 것을 억제하고 지연시키며 거부할 수 있는 능력을 키우기 위해서다. 대표적인 게 스텔스(stealth) 전투기와 지대함(地對艦) 다탄두(多彈頭) 탄도미사일 개발이다. 스텔스 전투기는 미국의 레이더를 피해 날아갈 수 있고, 지상에서 함정을 향해 날아가는 탄두 여러 개의 초음속 미사일은 미국의 미사일 방어망을 피해 항공모함을 타격할 수 있기 때문이다. 실제로 중국이 세계 최초로 개발해 2009년 공개한 지대함 탄도미사일은 속된 말로 항공모함을 고철로 만들 수 있다는 '항공모함 킬러'로 평가받고 있다.

이에 미국은 늦어도 2010년대 초부터 대책을 세우기 시작했다. 예를 들어, 합동참모본부는 2011년 발표한 〈국가 군사전략〉에서 대만해협과 남중국해 지역 분쟁에 미국이 개입하는 것을 막기 위한 중국의 반접근/지역거부 전략을 무력화하는 대책을 세울 것이라고 했다. 국방부는 2012년 발표한 "미국의 세계적 지도력 유지: 21세기 국방의 우선순위"라는 제목의 〈새로운 전략지침〉에서 중국의 반접근/지역거부 전략에 적극적으로 대응하겠다고 거듭 강조했다.

이와 함께 2022년 〈미사일방어 검토〉에서 강조하는 내용은 중국과 러시아의 '대형 대륙간 핵미사일(large intercontinental-range nuclear missile)' 위협을 막는 '전략적 억제'다. 중국은 지난 20여 년 동안 핵무장 탄도미사일과 극초음속 미사일 기술 및 능력을 극적으로 발전시켰다. 러시아는 우크라이나에서 다양한 순항미사일, 탄도미사일, 극초음속 미사일까지 수천 개 발사해왔다. 북한은 지속적으로 핵미사일 능력을 개선하고 확장하고 다양화하며 미국 본토와 동맹국에 주둔하는 미군에 위험을 키우고 있다.

미사일에 의한 미국령 괌(Guam)에 대한 공격은 미국 본토에 대한 직접 공격으로 간주하고 적절한 대응을 할 것이다. 괌은 '지역 파병과 병참을 위한 핵심 기지'이며, '자유롭고 개방된 인도-태평양 지역을 유지하기 위한 미국의 필수적 작전기지'이다. 따라서 괌 방위는 인도-태평양 지역에서 전반적이고 통합적으로 억제하며 미국의 작전적 전략을 강화할 것이다.

인도-태평양 지역에서 중국과 북한의 미사일 위협에 대처하기 위해 미국은 동맹 및 동반자들과 미사일방어 협력을 실시한다. 일본, 호주, 한국이 가장 강력한 협력 국가다. 이들과의 협력은 집단적 지역 억제 및 방어 활동을 강화한다. 일본, 호주, 한국은 각각 미사일 방어체제에 지속적으로 투자하고 미국과의 정기 훈련에 참여하며 방어 능력을 시험한다. 미국은 이 나라들이 지상과 우주 감시체제를 추진토록 권유하고, 극초음속 방어 같은 기술과 능력의 합작 개발 등에 투자하도록 하면서 지속적으로 긴밀하게 행동할 것이다.

2022년 〈핵태세 검토〉에서는 미국이 2030년대까지 역사상 최초로 전략적 경쟁자 겸 잠재적 적으로서의 두 핵강국에 직면하리라 예상한다. 중국은 야심 차게 핵무력 확장, 현대화, 다양화를 추진하며, 2020년대 말까지 최소한 1,000개의 핵탄두를 보유할 것 같고, 러시아는 여전히 가장 능력 있고 다양한 핵 무력을 지닌 미국의 경쟁자다. 중국과 러시아 정도는 아니지만 북한도 핵무기와 탄도미사일 그리고 화학무기를 확충하고 다양화하고 개선하면서 미국 본토와 아시아-태평양 지역에 지속적 위협과 증대하는 위험을 야기한다.

이에 대한 기본적 대응은 미국과 동맹들 사이에 핵 억제 정책에 관해 협조적 접근을 강조하는 강력한 '확장 억제(extended deterrence)'를 협의하는 것이다. 미국은 한국, 일본, 호주와 지난 10년간 확장 억제에 관해 대화해왔는데, 미국-일본-한국의 3국간 또는 호주를 추가한 4국간 정보 공유와 대화의 기회를 마련하는 게 중요한 목표다. 미국은 전략폭격기와 핵무기 등의 전진 배치 능력을 증대시키는 등 지역의 핵 갈등을 억제하는 데 적합한 유연한 핵전력을 지속적으로 배치할 것이다. 동맹 및 동반자들에게 미국의 결의와 공약을 보여주기 위해 '전략 자산(strategic assets)' 전개를 늘릴 것이다.

만약 북한이 미국이나 동맹국 및 동반자를 핵무기로 공격하면, "김정은 정권의 종말을 초래할 것이다(will result in the end of that regime)." 김 정권이 핵무기를 사용하고 살아남을 시나리오는 없다. 북한에 대한 정책엔 미국, 동맹과 동반자, 해외 주둔 미군 등의 안보를 위한 조정된 외교적 접근이 필요하다. 동시에 북한이 다양한 유엔 안보리 결의에 대한 의무사항을 지키도록 지속적으로 압박하며 핵 프로그램 제거를 위한 협상으로 돌아오도록 할 것이다. 북한의 위협 감소나 제거와 관련한 미국의 목표는 여전히 "한반도의 완전하고 검증 가능한 비핵화(the complete and verifiable denuclearization of the Korean Peninsula)"이다.

이 문서가 발표되자 많은 남한 언론매체가 '김정은 정권의 종말'이란 문구를 강조해 보도했다. 그러나 이 문구를 포함한 문단 전체가 4년 전 트럼프 행정부의 2018년 〈핵태세 검토〉에 그대로 실려 있다. 처음 나온 위협이 아니란 말이다. 참고로 2018년 1월 트럼프가 김정은보다 "훨씬 크고 강력한 핵단추(much bigger and more powerful Nuclear Button)"를 누를 수 있다며 위협했지만 김정은과의 기 싸움에서 물러섰다. 이보다 20여 년 앞선 1996년엔 클린턴 대통령이 판문점을 방문해, "북한 공산주의자들이 핵무기 개발을 지속한다면, 그들 국가의 종말이 될 것(would be the end of their country)"이라고 위협했다. '정권의 종말'보다 훨씬 끔찍한 '국가의 종말'이란 협박에도 북한은 핵무기를 개발했다. 그보다 거의 30년 전인 1968년 북한이 핵무기도 없고 미사일도 없을 때, 미국 해군정보함 푸에블로호(USS Pueblo)를 원산 앞바다에서 나포했다. 미국이 소련에 중재를 요청하기도 하고 군사적 위협도 했지만 북한은 오히려 큰소리치며 문서로 사과받고 1년 만에 승무원들만 풀어줬다. 미국 함정이 나포된 것도 역사상 처음이었고, 미국이 공식 사과한 것도 역사상 처음이었다. 북한은 어떤 종류의 위협에도 굴복하지 않으리라는 뜻이다.

또한 미국의 목표인 '한반도 비핵화'에 대해 대부분 남한 언론매체는 '북한 비핵화'라고 왜곡 보도하거나 억지 주장하는 경향이 크다. 남한-북한-미국 당국이 협상하고 합의해온 내용은 '북한이 위협하는 핵'뿐만 아니라 '북한을 위협하는 주한미군의 핵'도 제거하는 것이라는 사실을 참고하기 바란다.

2. 중국공산당 제20차(2022년) 전국대표대회

2022년 10월 16~22일 중국공산당 전국대표대회(党大会)가 열렸다. 거의 1억 명 가까운 전체 공산당원 중 2천 명 이상 전국대표들이 5년마다 갖는 대회다. 최고대표(總書記) 등 중앙당 고위 간부들을 뽑고 당규약(党章)을 수정한다. 중국이나 북한 같은 사회주의 국가에서는 당이 국가보다 우위에 있고 당이 국가를 이끌어가기 때문에, 당총서기가 국가주석보다 큰 권력을 갖고 당규약이 국가헌법보다 더 큰 위력을 지닌다. 물론 당총서기가 국가주석을 겸하는 게 보통이라 이번 당대회를 통해 시진핑(習近平)이 5년 임기의 당총서기 겸 국가주석을 3번째 맡게 됐다.

중국은 2021년까지 두 가지 큰 목표를 제시해왔다. 첫째, 중국공산당이 창립된 1921년부터 100주년 되는 2021년까지 모든 인민이 빈곤에서 벗어나는 '소강사회(小康社會)'를 실현하는 것이다. 둘째, 중화인민공화국이 건립된 1949년부터 100주년 되는 2049년까지 '사회주의 현대화 강국' 또는 '대동사회(大同社會)'를 달성한다는 것이다.

첫째 목표는 작년에 이루었다. 구매력 GDP는 2014년부터 미국을 제치고 세계 1위를 기록해왔지만 명목 GDP는 세계 2위로 2021년 17.7조 달러를 기록했다. 2021년 인구가 14.4억 명이면 명목 GDP로도 1인당 1만 달러를 훨씬 넘긴 셈이다. 이번 당대회에서는 '중화민족의 위대한 부흥'이라는 '중국의 꿈(中國夢)'을 실현하는 두 번째 목표의 부문별 단계별 전략을 발표했다. 2021년과 2049년의 중간 시점인 2035년까지 경제력과 과학기술력 등을 포함한 종합국력을 대폭 향상시키며 1인당 GDP를 2배 이상 늘리는 '사회주의 현대화 국가'를 건설한다. 그리고 2049년까지 경제, 국방, 외교 등 모든 면에서 '전면적 사회주의 현대화 국가'를 이루어 세계 최강대국이 되겠다는 것이다.

나는 중국공산당대회에서 발표된 중국어 원문 자료를 제대로 해석하지 못해, 성균관대학교 중국연구소가 10월 24일 발표한 〈중국공산당대회 보고서〉를 주로 참고해 대만 관련 문제에 초점을 맞춰 이 글을 쓴다.

대외정책과 관련해, 당대회 정치보고에서 중국은 앞으로 미국과 대결을 강화하는 방향으로 나아갈 것이라고 시사했다. 그리고 브릭스(BRICS)와 상하이협력기구(SCO)의 영향력 확대를 강조했다. 브릭스는 브라질(Brazil), 러시아(Russia), 인도(India), 중국(China), 남아프리카공화국(Republic of South Africa) 등 5개국 이름의 첫 글자를 따서 만든 명칭으로, 광활한 영토, 풍부한 자원, 많은 인구를 갖고 빠른 경제성장률을 기록해온 나라들이다. 상하이협력기구는 중국의 제안으로 러시아, 카자흐스탄, 키르기스스탄, 타지키스탄 등이 군사·안보 문제를 협력하기 위해 발족해 우즈베키스탄, 인도, 파키스탄, 이란 등도 포함하면서 정치·경제 분야까지 다루는 모임으로 발전했다. 미국의 나토 확장 및 유럽연합에 맞서왔기에 '동방의 나토'라고도 불린다. 미국이 나토, 유럽연합, 인도-태평양 4국협력체 등을 앞세워 중국에 대한 봉쇄와 압박을 강화하자, 중국은 이에 맞서 브릭스, 상하이협력기구 등과 협력을 강화하겠다는 것이다.

대만 통일과 관련해, 시진핑은 당대회 개막식 업무보고를 통해 중국이 "평화통일 비전을 위해 최대한 성의와 노력을 견지하겠지만, 무력 사용 포기를 결코 약속하지 않고, 모든 필요한 조치를 취할 수 있는 선택지를 가지고 있을 것이며… 조국의 완전한 통일은 반드시 실현되어야 하고 또한 기필코 실현될 것이다"고 선언했다. 대만 통일은 "당의 변함없는 역사적 과업"이고 "중화민족의 위대한 부흥을 실현하기 위한 필연적 요구"이기에, 이를 위해서는 군사 대결도 마다하지 않겠다는 의지를 공개적으로 밝힌 것이다.

이와 함께 일국양제(一國兩制) 완비를 통한 대만 통일 추진을 강조했다. 일국양제는 중국이라는 하나의 나라에 사회주의와 자본주의라는 두 개 제도가 공존한다는 뜻으로 덩샤오핑(鄧小平)이 1980년대에 내놓은 통일정책이다. 이에 따라 1997년 영국에서 돌려받은 홍콩과 1999년 포르투갈로부터 환수한 마카오에 자본주의 체제를 보장한다. 이번 당대회에서 시진핑은 일국양제를 "중국 특색 사회주의의 위대한 기치"로 단정하고, "장기적 번영과 안정을 유지할 수 있도록 해준 가장 훌륭한 제도적 조치로서 반드시 장기적으로 유지하여야 한다"며 대만의 자본주의 체제를 보장하는 통일을 추진하겠다고 강조했다.

나아가 당규약 개정안에 "대만 독립을 단호히 반대하고 억제해야 한다"는 내용을 처음으로 명기했다. 또한 중국은 그 어떤 독립 추진 움직임에 대해서도 대비해야 한다며, 독립을 선언하려는 대만 정부뿐만 아니라 "대만 독립을 부추기는 외부 세력"에게 경고를 보냈다. 미국이 대만 문제에 개입하면 무력을 사용하겠다고 분명히 밝혔다.

물론 대만 통일을 위한 무력 사용이 이번 당대회에서 처음 나온 게 아니다. 중국은 2005년 〈반분열국가법(反分裂國家法)〉을 만들어, 만약 대만이 국가를 분열시키는 독립을 추진하면 반평화적 또는 무력으로 이를 저지할 것이라고 명시했다. 대만 원주민들을 중심으로 1986년 결성된 민진당(民主進步黨)이 2000년부터 집권하면서 대만 독립을 주장하고, 미국이 대만에 지속적으로 무기를 판매하며 대만 문제에 개입하자, 중국은 대만과 평화적 통일을 추구하되, "대만의 독립을 지지하는 세력에 무력 수단을 취할 수 있다"고 규정한 것이다. 중국은 대만과 평화적 통일을 추진하되, 대만이 독립을 추진하면 무력으로 통일하겠다는 '조건부 무력 사용 원칙'을 이미 2005년 세워놓고, 이번 당대회를 통해 거듭거듭 강조한 것이다.

3. 대만을 둘러싼 미국과 중국의 전쟁 가능성

대만을 둘러싸고 미국과 중국이 무력 충돌을 빚을 가능성이 커지고 있다. 첫째, 대만은 민진당의 천수이볜(陳水扁) 대표가 2000년과 2004년 총통에 당선돼 '일변일국(一邊一國)'을 주장하며 대만 독립을 지향하기 시작했다. 대만은 중국의 일부가 아니라 대만해협을 사이에 두고 한쪽에 한 나라씩 존재하는 별개 국가라는 것이다. 민진당의 차이잉원(蔡英文) 대표가 2016년과 2020년 총통선거에서 이겨 이 기조를 이어오고 있다. 그는 2022년 10월 10일 쌍십절(雙十節) 기념사에서 영토 방어 의지를 명확하게 드러냈다. 그리고 중국 공산당대회가 끝난 뒤 타이베이에서 열린 '세계민주주의 운동(WMD)' 대회에서 중국을 겨냥해 "민주주의를 좀먹으려는 세력에게 대항해가겠다"고 밝혔다. 2024년 총통선거에서 국민당이 이기면 변화가 생길지라도 민진당이 재집권하면 대만 독립 추진은 멈추지 않을 것 같다.

둘째, 미국은 민주당이든 공화당이든 〈대만 관계법〉에 따라 대만에 지속적으로 무기를 팔며 현상이 유지되기를 원한다. '하나의 중국 원칙'에 따라 말로는 대만 독립을 바라지 않는다면서도 실질적으로는 대만 독립을 부추긴다. 앞에서 살펴본 바이든 행정부의 〈국가안보전략〉과 〈국방전략〉 그리고 〈미사일방어 검토〉와 〈핵태세 검토〉에서뿐만 아니라 의회의 중국 견제 및 봉쇄 움직임은 더욱 강경하다. 예를 들어, 2022년 8월 펠로시(Nancy Pelosi) 하원의장이 중국의 거센 반발에도 불구하고 대만을 방문했다. 상원 대외관계위원회 소위원회는 8월 대만을 나토에 버금가는 주요 동맹국으로 지정하고 앞으로 4년간 45억 달러 규모의 안보 지원을 한다는 내용의 〈대만정책 법안(Taiwan Policy Act of 2022)〉을 만들었다. 9월엔 대외관계위원회가 65억 달러로 늘렸고, 10월엔 상원 본회의가 100억 달러로 늘려 〈2023년 국방수권법(2023 National Defense Authorization Act)〉을 통과시켰다. 미국이 앞으로 5년간 대만에 100억 달러를 지원해 미국 무기를 구입하도록 하는 것이다. 이는 하원에서도 통과되고 대통령이 서명하면 확정된다.

이렇듯 미국은 대만에 대한 군사 지원을 크게 늘리며 중국의 통일을 막는다. 중국과 대만이 통일되면 미국은 아시아-태평양 지역에서 후퇴하지 않을 수 없기 때문이다. 미국이 항해의 자유를 내세우며 함정을 파견하는 대만해협은 즉각 중국의 내해가 되고, 동중국해와 남중국해에서는 중국의 영해가 크게 늘어나기 마련이다.

셋째, 중국은 위와 같은 대만의 독립 추진 및 미국의 대만 지원에 맞서 2005년 '반분열국가법'을 만들어 '조건부 무력통일'을 명시했다. 2022년 8월 국무원이 발표한 『대만 백서』에서는 "통일에 저항하는 대만 독립 분리세력은 성공하지 못할 것"이고 "중국의 완전한 통일을 방해하는 외부 세력은 필연적으로 실패하게 될 것"이라고 밝혔다. 그리고 2022년 10월 당대회에서 대만과의 통일이 "중화민족의 위대한 부흥을 실현하기 위한 필연적 요구"라며 '조건부 무력통일'을 재삼재사 강조했다. '중화민족의 위대한 부흥'을 강조해온 시진핑이 3차 임기가 끝나는 2027년 안에 통일을 시도할지 모른다.

따라서 2024년 대만 총통선거와 미국 대통령선거 결과를 지켜봐야겠지만, 2027년 안에 대만을 둘러싸고 미국과 중국 사이에 무력 충돌이 일어날 가능성이 크다. 그리고 대만해협에서 전쟁이 터지면 한국도 불바다가 되지 않을 수 없을 것이다.

4. 미국과 중국의 전쟁에 대한 한국의 대비: 중립화

주한미군은 냉전이 끝난 1990년대 초부터 그 역할과 성격이 바뀌었다. 냉전시대 주요 임무가 소련을 견제하며 북한의 남침을 막는 것이었다면, 냉전 종식 이후 목표는 급속도로 성장하는 중국을 견제하고 봉쇄하는 것이다. 휴전선 근처 육군 중심의 '붙박이 군대'가 한반도 밖으로 신속하게 이동할 수 있는 해군·공군 중심의 군대로 변했다. 중국을 바다 건너 코앞에 둔 평택에 세계 최대 해외 미군기지를 세웠다. 이른바 '전략적 유연성'을 지닌 '신속 기동군'이 된 것이다.

미국이 2005-06년까지 겉으로는 "주한미군이 한국민의 의지와 관계없이 동북아 지역 분쟁에 개입하는 일이 없을 것이라는 한국의 입장을 존중한다"고 했다. 그러나 2006년 한미 전략대화에서 '주한미군의 한반도 밖 임무 수행'에 동의했다. 라캐머라(Paul LaCamera) 주한미군사령관은 2021년 5월 상원 인준청문회에서 "주한미군은 인도-태평양 사령관에게 한반도 이외 우발 사태나 지역적 위협에 대응하는 데 다양한 선택지를 제공할 위치에 있다"고 말했다. 2022년 9월 바이든 대통령이 미군의 대만 방어를 다짐하는 발언을 내놓은 뒤엔 중국의 대만 침공에 대비한 '우발계획(contingency plan)'을 준비하며 한국군과 논의를 진행한다고 밝혔다. 9월 발표된 〈미국의회 조사국보고서(Congressional Research Service)〉는 중국이 대만을 침공할 경우 주한미군 개입 가능성을 검토해야 한다고 했고, 에이브럼스(Robert Abrahams) 전 주한미군사령관은 주한미군 투입이 가능하다고 주장했다.

주한미군에 덧붙여 한국군도 대만 방어에 동원되어야 한다는 얘기가 나오고 있다. 미국이 요구하면 한국 정부가 거절할 수 있을까. 1960-70년대 박정희 정부는 온 세계가 반대한 미국의 베트남침략전쟁에 한국은 앞장서서 가장 많은 병력을 보냈다. 2003년 어느 정도 자주를 내세우던 노무현 정부도 유엔이 반대한 미국의 이라크 침략전쟁에 군대를 보냈다. 물불 가리지 않고 오로지 한미동맹에 목매는 윤석열 정부가 미국의 한국군 대만 파병 요청을 거부할 수 있을까.

그런데 미국과 중국이 전쟁을 벌인다면 한국군이 대만 방어에 동원되지 않더라도 한국이 불바다가 되지 않을 수 없다. 중국에서 가장 가까운 한국에 중국을 공격할 수 있는 미군이 주둔해 있고, 중국 미사일을 감시하는 미사일방어체계 레이더가 설치되어 있기 때문이다. 미국과 중국 사이에 전쟁이 터지면 중국 미사일이 중국 근해의 미국 항공모함뿐만 아니라 평택과 성주를 향해서도 날아가지 않겠는가.

군사동맹 때문에 동맹국의 전쟁에 자동적으로 휘말리게 되는 이러한 현상을 국제정치학자들은 어려운 말로 '연루(entrapment)의 위험'이라 부른다. 이와 반대로 군사동맹을 약화하거나 소홀히 해 다른 나라의 침략을 받더라도 동맹국의 지원을 받지 못하는 현상을

'방기(abandonment)의 위험'이라 한다. 이 두 가지 위험이 이른바 '동맹안보 딜레마'다. 그렇다면 남한이 북한의 남침을 대비해 한미동맹을 강화하며 '방기의 위험'에서 벗어나는 게 더 절실한지, 미국과 중국의 전쟁에 대비해 한미동맹을 폐기하며 '연루의 위험'에서 벗어나는 게 더 절실한지 따져보는 게 바람직하다.

난 한미동맹을 폐기하는 게 훨씬 절실하고 바람직하다고 생각한다. 한미동맹의 지속적 연합훈련이 북한의 핵실험과 미사일 발사를 포함한 극심한 반발과 한반도 긴장을 부르는 경향이 크기 때문에 한미동맹 약화나 폐기는 이른바 '북한의 도발'을 줄이거나 그치게 하지 않겠는가. 앞에서 얘기했듯, '국가의 종말'이나 '정권의 종말' 같은 언어 위협은 말할 것도 없고 전략폭격기와 항공모함을 동원한 전략자산 전개 같은 무력시위도 북한을 굴복시키기 어렵다. 따라서 한미동맹 폐기가 북한의 핵무기와 미사일 개발 중단을 이끌며 미국과 중국의 전쟁에 남한이 휘말리는 것을 막는 가장 쉽고 빠르며 효과적 방안 아니겠는가.

한미동맹 폐기로 북한이 핵미사일로 남한을 침략할까 봐 두렵다면, 주한미군 철수와 북한 핵미사일 폐기를 바꾸면 된다. 북한은 주한미군 철수 없이 결코 핵미사일을 폐기하지 않을 테고, 남한의 다수 국민은 북한이 핵미사일을 유지하는 한 주한미군 철수를 원하지 않을 것이기 때문이다.

미국이 한미동맹 폐기와 주한미군 철수에 대해 보복하면 어떻게 하느냐는 우려도 많다. 미국의 보복을 당하지 않고 중립화를 추진할 수 있는 외교력을 발휘하는 게 가장 바람직하다. 만약 그런 외교력을 발휘할 수 없다면, 둘 중 하나를 선택할 수밖에 없을 것이다. 미국의 일시적 보복이 두려워 분단에서 벗어나지 못하고 영원히 종속되다시피 살며 중국과의 전쟁에 연루되는 게 좋을지, 미국에게 일시적 보복을 당해 당분간 고통스럽더라도 자주적으로 평화와 통일을 지향하며 영원히 전쟁에 휘말리지 않을 중립화를 이루는 게 바람직할지.

한국은 더 이상 고래 사이에 낀 새우가 아니다. 경제력은 세계 10위를 자랑하고, 군사력은 세계 6위를 기록하며, 기술력과 문화력은 세계 최고 수준을 뽐내는 돌고래 정도로 성장했다. 이러한 종합국력을 바탕으로 자주성만 지닌다면 북한과 평화적으로 통일을 추진하며 미국과 중국의 전쟁에 휘말리지 않을 수 있다.

제8장

한반도 중립화의 과제와 전망

_ 임상우

Ⅰ. 머리말

앞에서 보았듯이 중립화의 의미(제1장) 및 역사적 사례(제2장)와 현재 유럽 국가들의 탈중립 움직임(제3장)과 남한과 북한에서의 통일정책 및 중립화론(제4장, 제5장)이, 그리고 한반도 중립화의 필요성 및 가능성(제6장) 등이 논의되었다. 이 장에서는 이러한 논의들을 바탕으로 한반도 중립화를 실질적으로 추구하는 데 제기되는 여러 과제들과 쟁점들을 비교 검토하고, 궁극적으로 중립화를 이루어 한민족이 어떻게 평화롭게 공존하며 번영을 이루어 궁극적인 민족통일에 이를 수 있는가 하는 전망을 제시하고자 한다. 나아가 최근에 급변하고 있는 국제적 패권 구도의 재편에 즈음하여 우리의 중립화운동이 채택해야 할 전략 및 당면과제를 현대적 맥락에서 재검토해볼 것이다.

그동안 남북은 이구동성으로 통일을 외쳐오면서 오히려 첨예한 군사적 대치 행동만 되풀이해왔고, 가까운 시일 내에 이러한 교착 상태가 타개될 전망도 밝지 않다. 강대국들의 이해관계에 둘러싸인 한반도는 민족이 자주적 역량을 발휘하여 남북화해를 이루고 민족의 생존권을 보장하기에는 넘기 힘든 정치적, 외교적, 군사적 장애물에 직면하고 있음을 부정하기 어렵다. 따라서 통일을 가로막는 상호 불신과 군사적 대치라는 장애를 해소하고, 주변 강대국들의 이해관계에서 비롯된 억압의 고삐를 끊고 나갈 수 있는 타개책으로 일종의 제3의 길을 모색하지 않을 수 없다.

필자는 이러한 장애물들을 일거에 제거하고 한민족의 평화와 번영을 도모하여 궁극적으로 민족통일의 길을 여는 제3의 길로서 한반도 영세중립화의 당위성과 그 실현 방안을 제시하고자 한다. 통일을 이루려는 궁극적 이유가 한민족의 공존과 번영을 이루기 위한 것일진대, 통일로 가는 길에 공존과 번영을 현실적으로 먼저 확보하는 방안이 있다면 당연히 이를 우선적으로 추진해야 할 것이고, 바로 이 길이 '한반도 영세중립화'인 것이다.

이 중립화의 길은 비단 우리 민족의 생존권을 추구하는 데에만 그치는 것이 아니라, 미국, 중국, 러시아, 일본 등을 포함한 인접 국가들의 공동이익에도 부합한다. 아래 본문에서 제안될 중립화된 '코리아 국가연합'은, 한반도 정세의 불안정에서 비롯된 동아시아에서의 강대국 간 극한 대치 상황을 해소하고 그들의 국제전략적 이익을 평화적으로 증대시키는 제3의 길을 제시할 것이다. 그 길로 나아가는 통로로서 '동북아 자유경제지역'을 운용하여, 여기에서 세계 여러 국가들이 상호호혜적인 국가이익을 추구할 수 있다는 깨달음을 공유하고자 한다.

최근 들어 미국과 중국 사이에 있는 그동안의 분쟁과 갈등이 이제는 패권적, 이념적 경쟁을 넘나드는 치열한 신냉전의 상황으로 돌입하고 있다. 이 가운데 한반도가 그들 중간에 끼어 있어서 강요받고 있는 딜레마적 상황을 타개할 돌파구를 모색해야 할 필요성은 그 어느 때보다 절박하다. 이른바 신냉전이 시작되는 국제질서의 '대전환의 시대'에서 동아시아와 한반도는 세계사적 격동의 현장으로 전락할 가능성이 농후하기 때문이다.

이 장에서는 이러한 전략적 딜레마의 해결책으로 그동안 꾸준히 제기되어왔던 '한반도 중립화론'의 여러 쟁점과 과제들을 비교 검토하여 중립화의 새로운 전망을 제시하려 한다. 이에 앞서 새로운 국제질서가 태동하고 있는 가운데 격동하고 있는 동아시아의 현재적 상황을 먼저 평가해볼 필요가 있다.

II. '대전환(Great Transformation)'의 시대에 요구되는 한민족의 자주적 결단

1. 신냉전 시대와 기로에 선 한반도

전 세계는 바야흐로 새로운 시대로 돌입하고 있다. 지난 20세기 중후반에 걸친 냉전시대(1945-1990)와 탈냉전시대(1990-)를 뒤로 하고, 이제 After-Corona시대와 병행하여 신냉전시대가 전개되고 있는 것이다. 이 새로운 시대의 국제질서는 한마디로 냉전시대의 미-소 양극(bi-polar)체제나 탈냉전시대 동안 미국이 혼자서 주도했던 단극(uni-polar)체제를 대신하여 신냉전시대에 등장하는 여러 강국들 사이의 다극(multi-polar)체제로의 대전환(Great Transformation)이라 할 수 있다.[1] 중국은 대국굴기를 내세우며 국제질서의 주도권을 도모하고 있고, 러시아는 우크라이나 전쟁을 계기로 보다 큰 그림, 즉 과거의 영광을 회복하는 '신러시아'를 추구하고 있는 한편, 유럽연합은 당분간 미국적 세계질서에 편승하고 있는 듯 보이지만 이면적으로는 독자적인 유럽의 위상을 끊임없이 모색하고 있는 중이다.

---

1 김준형, 『대전환의 시대』 (크레타, 2022)..

이러한 국제질서의 대전환을 지질학적 현상에 비유하자면, 화산폭발이나 지진이 빈발하는 지질적인 격동을 넘어서서 전 지구적으로 지각의 대륙판들이 이동하며 충돌하는 '대지각 변동'이라 할 수 있다. 여기에 한반도의 지정학적 위치는 대륙판과 해양판의 거대한 힘들이 맞부딪히는 바로 그 경계에 놓여 있어서, 자칫하면 이 지각판의 충돌 가운데 형체도 없이 바스러질 운명을 맞게 될 기로에 서 있는지도 모른다. 다시 말해 한반도의 운명은 절체절명의 존재 위기에 놓여 있다고 본다.

한반도는 식민지에서 벗어난 이래 반세기가 지나도록 냉전시대의 양극 질서에 순치되어왔고, 그 이후 탈냉전시대를 맞아 우리 민족 문제를 자주적으로 해결할 수 있는 절호의 기회를 놓쳤다. 그런데 이제 새로운 대전환의 시대를 앞두고도 한국 정부의 외교안보정책은 그동안의 미국적 세계질서를 추수하는 타성을 버리지 못할망정, 오히려 균열하고 있는 국제질서의 지각판 틈새의 심연으로 자진해서 빨려 들어가려는 형세다. 한국군의 전시작전권도 없는 '한미군사동맹'도 모자란지, 최근 출범한 새 정부의 기본 외교정책은 얽히고설킨 국제경제적 이해관계를 외면한 채 '경제적 포괄동맹'의 참여를 자랑하고 있고, 심지어는 그 뜻마저 모호한 '가치동맹'을 되뇌며 단극적 세계질서의 연장에 부심하는 미국의 국제전략을 선전하는 나팔수를 자처하고 있다. 우크라이나 전쟁을 계기로 원자재 및 물류의 국제적 공급체제가 재편되고 있는 즈음에 가치동맹을 운운하며 세계적 헤게모니의 회복을 모색하고 있는 미국이 전개하는 최전선에서 앞장서 나서려는 극도로 위험한 전략적 우를 범하고 있다.

이 글에서는 앞의 제6장에서 제시된 한반도 중립화의 필요성이라는 연장선 위에서, 위와 같은 양극체제나 단극체제의 국제질서의 족쇄를 벗어나 우리 민족의 활로를 찾는 길은 오직 '한반도 중립화'이며, 중립화야말로 민족의 사주성과 번영을 확보하는 핵심 열쇠(master key)라는 주장을 제기하려 한다. 그런데 최근 우크라이나 전쟁과 함께 유럽에서 중립주의 정책을 표방하고 있던 국가들이 탈중립화를 모색하고 있는 기이한 현상을 보게 되면서, 한반도의 중립화도 결국 한낱 이상적인 꿈으로 치부될 수밖에 없다는 주장이 제기될 수도 있다(앞 제3장 참조). 그러나 유럽에서 벌어지고 있는 상황과 동아시아의 전략적 위상은 전혀 다르며, 오히려 바로 유럽에서 발발한 세력 재편의 양상이 한반도 중립화의 정당성을 더욱 웅변으로 증명하고 있다고 볼 수 있다.

러시아의 우크라이나 침공에 놀란 유럽의 여러 나라들이 그동안의 중립주의 노선을 포기하고 핀란드와 스웨덴은 NATO에 가입을 신청했고, 덴마크가 유럽방위공동체(EDC)에 가입하려는 움직임 등, 얼핏 보아 유럽이 또다시 냉전체제로 회귀하는 양극체제를 추구하는 것처럼 보일 수 있다. 그러나 이러한 추세가 한반도의 영세중립화라는 민족적 생존 전략과 명분에 역행하는 것이 아니다. 애초에 NATO 체제가 러시아와의 약속을 거스르고 동유럽으로 확장하여 급기야 우크라이나까지 포함시켜 러시아의 안보를 위협했던 것이 러시아의 전쟁 행위를 자극했던 것이다.

물론 러시아의 일방적 침공 행위를 절대로 옹호할 수는 없다. 그러나 단극적 국제체제를 강화하려는 미국의 전략적 행보가 우크라이나 전쟁의 근본 원인이었고, 유럽의 여러 나라들이 그 행보에 마지못해 동참했던 점도 지적해야 마땅하다. 그런데 전쟁이 장기화되고 또한 당초 예상과 달리 러시아에 대한 경제제재가 러시아의 굴복은 커녕 오히려 유럽은 러시아의 에너지 자원에 의존하고 있으면서 한편 독자적인 경제권 유지를 도모하고 있기에 미국의 단극체제는 미구에 종식되고 국제질서는 새로이 다극체제로 재편될 것이라는 관측이 뒤를 잇고 있다.

동북아의 국제전략적 지형도는 유럽과 판연히 다르다. 우크라이나 전쟁은 결국에 가서는 강대국 간 일종의 타협으로 종식될 것이다. 그러나 분단 상태로 있는 한반도의 상황은 한국전쟁의 예가 보여주듯이 주변 강대국들이 구원자를 자처하며 실제로는 그들의 세계전략을 실현하려는 실험장으로 이용해왔다는 점을 이제 우리 민족은 깨달아야 할 때가 왔다. 최근 들어 미국의 세계전략은 중국의 부상을 억제하고 미국 중심의 단일 세계체제의 복원을 도모하고 있는 것이 분명하다. 즉, 한미군사동맹 체제에 묶여 있는 한국의 안보와 한반도 평화라는 명분은 미국의 국제전략적 이해관계를 허울 좋게 대변할 뿐이다.

이즈음에 한국이 과거처럼 남북 대결을 기축으로 하는 대외정책을 계속 유지한다면 그야말로 국제전략적 지각판 변동 가운데 한반도가 그 충돌의 무대가 될 가능성이 매우 높아질 것이다. 상상하기도 꺼려지는 최악의 경우는, 미국-일본-한국의 경제동맹 및 군사동맹이 이루어진다면 북한의 안보적 입지를 극도로 압박하게 되어 자연스레 중국-러시아-북한을 한 진영으로 하는 대항 동맹을 자초하게 되는 것이다. 나아가 이 두 가지 '삼각동맹체제'는 대륙세력과 해양세력이라는 두 지각판 사이에 미증유의 충돌을 초래할 것이다. 이 경우 한반도의 두 나라 처지는 강대국들이 전략적으로 사용하는 장기말에 불과할 뿐이며, 이에 수반되는 참담한 전화는 오롯이 한민족만이 입을 뿐이고, 우리 민족은 지난 세기의 전쟁 피해와는 비교할 수 없는 민족 패망의 길로 나락할 것이다.

그동안 북한은 한미군사동맹의 강력한 군사력에 대응하기 벅찬 나머지 핵무기까지 개발하여 자신들의 체제를 방어하려고 노력해왔다. 그 가운데에서도 러시아와 중국에 대해서는 일정한 외교적 거리를 유지하며 그에 상당하는 자주적 노선을 유지해온 것도 사실이다. 그 결과 북한의 동아시아에서의 전략적 위상은, 중국과 러시아가 미국의 공세적인 동아시아전략의 직접적인 목표물이 되는 것을 완화시키는 일종의 '완충지역(buffer zone)'으로서 작동해왔다. 그러나 한국이 자진해서 '미-일-한 삼각동맹'에 편입된다면 이에 대항하여 북한은 '중-러-북 삼각동맹'을 추구할 수밖에 없을 것이다. 이렇게 되면 1차 세계대전의 두 가지 동맹체제를 방불하는 직접적인 대치 구도가 동아시아에서 형성되는 최악의 시나리오가 펼쳐진다. 다시 말하자면 북한은 더 이상 대륙세력과 해양세력 사이의 완충지대로서의 역할을 못 하게 될 것이고, 양대 세력은 필연적으로 직접 맞닥뜨리는 형세를 이루어 필경은 대충돌을 일으킬 것이며 그 충돌의 전장은 한반도가 될 것이 자명하다.

역사적으로 돌이켜보면 한반도에서 벌어진 국제전쟁의 피해는 오롯이 우리 민족의 몫이었다. 임진왜란, 청일전쟁, 러일전쟁 등을 상기하면서 또한 우크라이나에서 벌어지는 전쟁의 원인과 양상을 숙고해야만 한다. 따라서 이렇게 절박한 국제정세를 십분 자각하고 그 어느 때보다 비상한 탈출구를 모색해야 할 시점이 다가왔다는 인식의 확산이 필요하다. 그 활로는 아래에서 논의될 남북 동시 영세중립화를 위한 자주적 결단으로만 열릴 것이다.

2. 대한민국의 확고한 국제적 위상과 한민족의 자주적 결단

알다시피 한국은 전쟁 후 1960년대까지 세계에서 최빈국에 속했다. 그러나 우리나라는 반세기 안에 명실공히 세계가 인정하는 선진국으로 도약했다. 서구 언론의 표현을 빌리자면, "한국이 선진국이 된 것을 한국인들만 모르고 있는 것 같은" 지경으로 실로 믿을 수 없는 민족적 성과를 이룬 것이 명백하다. 그런데 한국인의 자주 의식은 이에 상응하여 성장했는가라는 질문에는 전혀 그렇다고 할 수 없는 형국이다. 무엇보다도 남북 민족 간 대치를 민족 스스로 해소할 수 있는 국가적 정책이 주변 강대국들, 특히 한미군사동맹의 실질적 운영자인 미국의 국제전략에 종속되어왔다. 즉, 동맹 간 협력체제라는 미명하에 한국의 중요한 경제적, 군사적 대북정책은 미국과 협의를 거쳐야 하거나 실질적으로는 사전 승인까지 받는다고도 할 수 있는 처지인 것이다. 이는 자주적인 독립국가라면 도저히 받아들일 수 없는 상태임이 분명하다.

그런데 이러한 종속적 '친미주의'보다 더욱 심각한 것은 지난 70년 동안 순치되어 당연시되는 '숭미(崇美)주의'이다. 이는 미국의 패권적 국제전략을 고정변수로 놓고 이를 토대로 국내에서 자신들의 사회경제적 및 정치적 입지를 확보·유지하려는 세력이 한국 사회의 주도권을 잡을 수 있도록 해왔다. 이들은 해묵은 반공주의를 전가의 보도처럼 꺼내 들며 남북화해 및 공존의 노력을 저해하고, 미국의 동아시아전략 운용에 무조건 찬성이라는 입장을 취하고 있다. 사드 시스템 배치 결정이나 미국의 전략적 이익에 부응하는 한일관계 개선을 위한 종군위안부 피해자 관련 합의 결정이 그 대표적인 예이다.

이러한 숭미주의는 마치 조선시대 유학자들이 '소중화(小中華)'를 자처하며 조선의 존재 근거를 중국을 섬기는 사대주의에 두고 있던 것과 다름없다. 임진왜란 때 나라가 구원받은 것(再造之恩)을 잊지 말자는 태도와 매우 유사한 정신 상태라 할 수 있으며, 조선에서나 대한민국에서나 사대나 숭미가 그들의 사회적 주도권을 담보해온 것은 마찬가지이다. 나아가서 이들의 사회 주도적 영향력으로 말미암아 다수의 국민들은 무비판적으로 이러한 종속적 상황을 당연한 것으로 치부하면서도 대한민국이 진정 자주독립국가인가 하는 의문을 제기하지는 않는다.

우리말에 '자주적'과 '독립적'이란 말은 영어권에서는 두 경우 모두 'independent'라는 한 단어로 쓰고 있다. 즉, 누구에게도 의존적(dependent)이거나 종속적이 아닌 상태가 독립적이며 자주적이라는 뜻이니, 사실 '자주적 독립국가'라는 말은 동어반복이 될 수 있다. 그러나 우리나라에서는 대한민국이 UN에 가입되어 있으니 명백한 독립국가라고 자부하고 있으면서(반면에 북한도 UN에 가입한 국가인데 이를 독립국이라고 공식적으로는 인정하고 있지도 않다), 우리가 자주적이지 못하다는 점을 애써 외면하고 있다고 본다. '비자주적 독립국가'란 말은 일단 형용모순이며, 자주적이지 못하면 독립국가가 아니다. 무엇보다도 한반도에서의 전시작전권을 미국군이 쥐고 있어 그 권한의 이양을 내일이니 모레니 하면서 미루고 있는데 우리 당국은 이를 적극적으로 요구하고 있지도 않다. 한 국가는 독자적으로 전쟁을 대비하고 수행할 수 있어야 진정한 독립국가임은 두말할 나위 없다. 이렇게 군사적, 외교적으로 종속적 지위를 가진 한국 정부가 자주적으로 북한(UN 가입국인 조선) 정부와 대등한 대화를 모색하고 평화체제의 구축을 민족적 차원에서 이루어나갈 것을 기대하기는 실로 난망하다.

특히 최근 들어 한국 정부의 외교안보노선은 한층 더 숭미적 경향을 드러내며, 미국의 동아시아전략에서의 숙원인 미-일-한 공조체제의 완성을 위해 앞장서는 모습을 보여주고 있다. 한일 간에 선결되어야 할 여러 난제들을 제쳐두고 그저 삼국 공조체제의 조속한 진행을 위해 많은 외교적, 군사적 무리수를 두고 있는 형편이다. 앞에서 보았듯이, 이러한 외교안보정책이 연장되어 혹여나 미-일-한 삼각동맹에 준하는 군사안보 협력체제가 추진된다면 궁지에 몰린 북한을 이에 대항하는 중-러-북 삼각동맹으로 떠밀어 넣게 되어, 그 결과는 한반도를 참담한 전쟁의 나락으로 빠지게 하는 것이다. 우크라이나 전쟁은 러시아의 침공으로 시작되었지만, 애초에 미국을 위시한 서방 국가들이 동유럽 국가들을 NATO에 가입시키고 우크라이나마저 가입시키려 하자 시작된 전쟁이다. 바로 러시아와 중국을 고립(de-coupling)시켜 단극적 국제질서를 연장하려는 미국이 유럽에서의 과도한 전략적 공세가 중간에 끼인 우크라이나를 회복하기 어려운 전쟁의 참화 속으로 몰아넣고 있다는 점을 타산지석으로 삼고 스스로 질문할 필요가 있다. 왜 우리 민족의 운명을 자진해서 강대국의 이해 아래 복속시키려 하고 그 심대한 후과를 감수해야만 하는가?

이와는 너무도 대조적으로, 오늘날 "자고 나니 선진국이 된" 대한민국의 국제적 위상은 실로 놀랍도록 확고하다. 그 경제력은 국제적으로 이미 선진국 대우를 받을 만큼 무역 규모와 국민소득 및 산업기술 수준에서 세계 10위권 이내로 손꼽히는 국력을 인정받고 있다. 이에 따라 UN 국제기구 분담금 총액도 세계 9위를 기록하고 있다. 또한 군사력에서는 세계 5~6위권으로 인정받고 있다. 특히 감동적인 것은, 국제 공적개발원조(ODA) 클럽에 가입한 25개국 중 우리는 원조를 받던 나라에서 원조를 주게 된 유일한 나라라는 것이다. 이에 앞서 한국의 대중문화는 '코리아 신드롬'이라 불러도 좋을 만큼 세계적으로 각광받고 있어서 'K-Culture' 시리즈를 전 세계인들에게 각인시키고 있다. K-Pop을 필두로 K-Drama, K-Food, K-Classic 등에 세계인들이 열광하고 있으며, 그동안 서구인들의 영역이라고만 여겼던 영화나 여타 대중예술 분야에서도 두각을 나타내고 있다.

일찍이 백범 김구 선생은 "통일된 독립국가"를 죽어도 소원이라고 외치면서, 궁극적으로 제시한 비전은 우리가 "문화민족"이 되어 "세계로 뻗어나가는 민족"이 되는 것이었다. 이제 김구 선생의 꿈이 가히 실현되었을까? 한국인들은 전 세계의 문화들과 자유롭게 소통하는 것을 넘어서서 세계인의 문화를 선도하고 있으면서 K-Culture를 국제표준어로 정착시키고 있다. 그러나 아직 아니다. 김구 선생의 '소원'은 '통일된 독립국가'였는데, 오늘날 전 세계에서 아직 남은 몇몇 강대국들의 보호령을 빼고는 대한민국만큼 민족 내부의 문제를 강대국의 처분에 내맡기고 있는 데 만족하고 있는 나라는 찾아보기 힘들다.

이제 우리는 떳떳이 말할 때가 되었다. 우리는 세계를 선도하는 문화민족이며, 강력한 경제력과 군사력을 보유한 대한민국은 과감히 그 종속적 굴레를 떨치고 일어나 우리 민족의 해묵은 문제들을 자주적으로 풀어나가야 할 때가 되었다. 이는 위에서 살펴본 대로 국제정치적 지각 변동에 해당하는 '대전환의 시대'라는 현대적 상황에서 더더욱 필요한 일이고 또한 가능한 일이다. 세계사적으로 본다면, 큰 판이 움직일 때는 각 민족은 두 가지 운명의 선택지 앞에 놓이게 된다. 하나는 파멸이며, 또 하나는 새로운 생존의 기회이다. 이러한 절체절명의 긴박감을 가지고 우리 민족은 자신들의 활로를 자주적으로 헤쳐 나가야 할 때가 도래했다. 아래에서는, 그 활로란 바로 한반도의 영세중립화이며, 이를 이루기 위한 전제조건들과 실천 방안들을 검토하고, 통일을 이루어 번영하는 한민족의 미래 비전을 제시하고자 한다.

III. 한반도 통일론의 과제와 쟁점

한반도 중립화의 궁극적 목적은 한민족의 통일과 평화적 번영에 있다. 그러나 중립화를 논의하기에 앞서서, 남북을 막론하고 지극히 당연시되고 있는 민족통일론의 전제와 조건들을 재검토해볼 필요가 있다.[2] 즉, 민족통일로 나아가는 데 한반도 중립화가 왜 필수적인 사전 단계가 되어야 하는가를 검토해야 한다. 아울러 중립화를 위한 논의에서 현실적인 타당성과 추진력을 갖는 전략을 수립하고 이러한 사항을 점검하려면, 이에 관해 제기되고 있는 여러 가지 논의에 관련된 쟁점들을 먼저 검토할 필요도 있다. 검토할 내용은 전문가들의 학술적 내용이나 다양한 평화통일운동단체들의 여러 가지 주장들을 포함한다.[3] 아래에서는 일반적인 관점에서 논의되고 있는 통일론의 내용과 과제들을 유형화하여 앞으로 계속될 논의의 쟁점들을 필자 나름대로 정리하여 제시하고자 한다.

---

2 이경, "분단국의 통일 사례 비교", 『대한정치학회보』 제18집 제3호 (2011), 49-79쪽.

3 윤태룡, "국내외 한반도 중립화논쟁의 비교분석: 찬반논쟁을 넘어서", 『평화학연구』 14 (2013), 73-102쪽.

1. 남북통일은 꼭 이루어야 하는 것인가?

한반도 중립화를 왜, 어떻게 이루어야 하느냐는 논의에 앞서, 먼저 남북통일운동과 관련하여 검토해야 할 대전제들이 있다. 이러한 기본적 전제들에 대한 검토 없이는 중립화운동의 방향은 물론 통일의 목표까지도 표류할 우려가 있기 때문이다. 따라서 남북통일론의 현 주소를 다음 몇 가지 논제별로 먼저 점검해야만 한반도 중립화 논의를 이어갈 수 있다고 본다.

무엇보다 먼저, 우리 민족이 꼭 남북이 통일된 민족으로 살아야만 하느냐는 질문에 답할 필요가 있다. 남북통일은 그동안 물어볼 여지도 없이 당연한 민족의 지상과제로 치부되어왔다. 그러나 최근 들어 사정은 바뀌고 있고, 대개 다음 네 가지 유형의 통일 담론을 관찰할 수 있다.

가. 통일지상론: "우리의 소원은 통일"

지난 70년간 변치 않았던 민족 지상과제로서 우리 민족은 빠른 시일 내에 꼭 통일을 이루어야 한다는 무조건적인 믿음이다. 단일 민족이라는 신화에서 비롯하여 다소 감상적이고 낭만적이라 할 수 있는 민족 정서까지 포괄하면서, 민간 차원에서 남북 회동이 이루어질 때면 서로 손을 잡고 뜨거운 눈물을 흘리며 "우리의 소원"을 합창한다. 보다 현실적인 통일지상론은 강대국에 둘러싸인 한반도가 분단, 대치 상태로는 정당한 경제적, 군사적 자주성을 확보할 수 없으니 통일된 강력한 민족공동체를 이루어야 한다는 신념이다. 이러한 현실적 통일론도 아직까지 표면적으로는 남북을 막론하고 의문의 여지가 없는 광범위한 믿음으로 간주되고 있다. 그러나 북한은 최근 들어 남북의 경제적, 군사적 격차가 현격해질수록, 표면적으로는 통일의 당위성을 주장하는 것과는 달리 남한의 통일론을 자신들의 체제를 위협하는 흡수통일론적 공세로 경계하는 추세이다.

나. 평화공존 후 통일

즉각적 통일의 어려움을 고려한 채 당분간은 남북이 평화롭게 공존하면서 민족 동질성 확보 및 상호 교류에 힘쓰고 때와 조건이 성숙되면 통일을 모색하자는 주장이다. 현재 국내외의 많은 통일운동 단체들과 한국 정부가 암묵적 또는 공개적으로 취하고 있는 태도라고 할 수 있으며 최근까지 한국 정부의 공식적 통일론이라 할 수 있는 "한반도 평화 프로세스"가 이를 대변하고 있다. 한편 남한의 경제력이나 군사력 등 모든 면에서 열세에 처한 북한의 입장에서 볼 때, 평화공존론 역시 '북한고사론'을 염두에 두고 있는 지연 전술이라는 시각도 존재하고 있음을 부정할 수 없다.

다. 통일재고론

최근의 새로운 현상으로서, 특히 전쟁을 경험하지 않았고 경제적 풍요 속에서 성장한 한국의 젊은 세대를 중심으로 제기되는 견해인데, 통일의 비용과 한국 사회 안에서 우선적으로 해결해야 할 난제들을 고려할 때 남북이 그 모든 비용을 치르고라도 꼭 통일을 해야만 하는가에 대한 회의적 시각이 확산되고 있는 것을 관찰할 수 있다.

한편 북한의 경우, 1990년 이래 탈냉전시대에 접어들면서 자신들의 체제 유지가 민족통일에 앞선 최우선 과제가 되어가면서 표면적인 통일에 대한 주장과는 달리 내부적으로는 매우 수세적인 입장에서 체제 유지에 부심하고 있다고 볼 수 있다. 이러한 추세와 병행하여 매진한 핵무기 개발은 역설적으로 체제 수호의 절박성을 웅변으로 말하고 있고, 심지어는 통일 노선을 실질적으로 추구하고 있는지 의문이다.[4]

라. 남북 양국 체제의 인정 후 점진적 통일

결국, 통일의 염원은 민족사적 당위론으로서 그 추동력을 계속 담보하고 있겠지만, 이 시대에서는 현재의 분단 대치의 상태가 민족의 장래를 얼마나 어둡게 만들며, 나아가서 급변하는 국제정세 아래서 구두선 같은 '통일노래'나 부르고 있다가는 통일은커녕 민족 존립 자체를 위협받을 수 있다는 긴박감도 증대하고 있다. 또한 신냉전시대가 도래하면서 긴장 속의 대치 상태를 넘어서서 부분적 또는 전면적 남북 충돌이 우려되고 있다.

이러한 우려를 해소시키기 위한 최선의 현실적 타개책은, 북한의 최우선 과제가 통일보다는 체제 유지에 있을 것이라는 점을 감안하여 남북이 서로의 정치적 실체와 체제를 인정하고 평화 체제를 위한 대화에 임하는 것이다. 이에 따라 통일은 민족의 궁극적인 목표이지만 평화 정착을 우선 조건으로 하여 '선평화, 후통일'을 점진적으로 추구해야 한다는 의견도 제시되고 있다.[5]

---

4 최근 조선노동당은 당규약에서 이른바 '적화통일'이라는 용어를 삭제하여 북한 주도의 혁명통일론을 포기했다는 보도와 해석이 있어 주목된다.《한겨레》2021년 6월 1일.

5 김상준, 『코리아 양국체제』(아카넷, 2019).

2. 남북의 국가 실체 인정 및 호칭

남북은 정진협정 체제 아래서 상시적인 적대관계를 유지해오고 있고, 때에 따라서 대화의 국면을 반복적으로 맞이하면서, 서로의 국가적 실체에 관해서 대단히 모호한 입장과 명칭을 혼용해오고 있다.

가. 대한민국 vs 북한(북괴)

'대한민국이 한반도 내에 유일한 합법정부'라는 근거와 헌법의 영토 규정을 들어서 북한의 합법적 실체 및 정통성을 공식적으로 인정하지 않고, 심지어는 북한을 불법적 괴뢰집단으로까지 규정하여 정부의 사전 허락 없이 접촉하는 것도 '국가보안법'으로 금지하는 태도이다.

나. 남한/북한, 북조선/남조선, 이남/이북, 남측/북측

때에 따라 편의적으로 선택하여 쓰는 명칭인데 역시 상대방의 역사적 실체의 인정을 회피하는 어중간한 표현이라고도 할 수 있다. 두 국가가 유엔(UN)에 동시 가입되어 있으며, 남북 정부 간 협상에서 상호간 국가적 실체를 인정하지 않을 수 없으나 그렇다고 상대방의 정통성을 십분 인정하지도 못하는 어정쩡한 호칭이다. 1991년 남북기본합의서에서는 남북의 관계가 "나라와 나라 사이의 관계가 아닌… 통일을 지향하는 과정에서 잠정적인 특수한 관계"라고 규정하여 1민족, 1국가로서의 통일의 여지를 남겨둔 바 있다.

다. 한국(대한민국) vs 조선(조선민주주의인민공화국)

앞으로 대화의 지속을 위해 보다 전향적인 입장으로, 두 정부 간 협상에서 상대방을 정통적인 국가로서 서로 인정하여 사용해야 할 호칭이며, 한 민족 안에 두 국가가 있음(1민족, 2국가)을 공식적으로나 국제적으로 인정하는 표현이다. 그러나 현재는 양쪽 모두 이러한 호칭을 상시적으로 사용하기를 꺼리고 있다.

상대의 이름을 그 이름대로 부르는 일(正名論)이야말로 대화와 화해의 첫걸음임을 부정할 수 없을 것이다. 그러나 이러한 정명론의 근저에는 이를 미래의 통일 과정에서 하나의 필수적인 전제조건으로서 '코리아 양국 체제'를 인정하자는 주장이 내재 되어 있다.

3. 지리적(지정학적) 명칭: Korean Peninsula

국제적으로 우리 민족의 강토는 Korean Peninsula라 불리고 있고, 국가의 명칭도 Republic of Korea와 Democratic People's Republic of Korea로 국제무대에서 불리고 있으니, 어차피 공통분모는 Korea인데, 다만 우리말로 뭐라고 표현할지가 문제다.

가. 한반도: 남한에서 공식 지칭.

나. 조선반도: 북한에서 공식 지칭.

다. 코리아 반도

필자는 위 가)와 나)의 일방성을 극복하고 국제적으로나 미래지향적으로 다)의 사용을 제안한다. 그러나 이 논의를 연장하면 한민족/조선민족에 대한 선택의 문제로 이어질 것이며 남북의 정치적 실체를 초월하는 역사적 민족의 명칭에 대한 논쟁이 제기될 것이 예상된다.

4. 통일의 시나리오

남북 당국자나 주민 모두 통일을 소리 높이 외치고 있는 것과 대조적으로 이를 어떻게 이룰 것인가에 대해서는 실질적이고 실현 가능한 대안을 명료하게 내놓고 있는지 긍정적으로 평가하기는 쉽지 않다(제4장 및 제5장 참조). 일단 한국에서 대개 다음 세 가지 유형의 통일을 향한 시나리오가 논의되고 있는 것을 관찰할 수 있다. 이 글에서는 정명론에 입각하여 북한을 공식적으로 언급할 때는 '조선'으로 불러야 한다고 주장하지만, 문맥에 따라 관례적 표현인 '북한'과 혼용해 쓰고자 한다.

가. 흡수통일론

냉전의 산물인 한국전쟁의 결과로 발생한 "굳건한 한미동맹" 하에 국방 무력을 최대로 강화하여 북한의 도발적 행동을 원천적으로 봉쇄하고 있으면 경제적으로 취약한 북한 체제가 자체적으로 붕괴할 것이고, 그렇게 되면 자연스레 북한은 한국에 의해 흡수통일될 것이라는 시나리오를 명시적으로 주장하거나 암묵적으로 동조하는 견해다. 한편 이러한 견해는 일견 미국의 한반도 전략과 궤를 같이한다고 볼 수 있지만, 미국이 그들의 군산복합체(MIC)의 이해관계에 연계된 전략적 필요에서 악마화된 북한의 소멸을 진정으로 원하는지 의문이고, 또한 중국의 입장에서 한미동맹체제 하의 미군이 압록강까지 진출하는 것을 그대로 용납할 리 만무하다.

설령 UN 가입국으로서 독립국으로 인정받고 있는 조선이 스스로 붕괴한다 가정하더라도 그 지역이 당연히 한국 영토로 귀속될 것이라는 막연한 믿음은 국제정치적 역학관계를 고려하지 않은, 그야말로 한국만의 소망적 예측일 뿐이다. 결국, 흡수통일론은 현실적으로 가능하지도 않고, 이것이 가능하다는 전제에서 이루어지는 대북정책은 극단적 대치의 연속이거나 전쟁을 초래하게 되어 민족을 파멸에 이르게 하는 첩경이 될 것이라 본다.

나. 평화공존론

북 핵위기 고조 이전부터 정부 간 또는 평화운동단체들 사이에서 제기되고 추진되는 숙고적 태도이다. 즉, 다방면의 경제·문화교류를 통해 민족 동질성을 확인, 유지하여 남북이 평화적 방법으로 통일을 이루자는 모색이다. 그러나 한국 정부의 이른바 "한반도 평화프로세스"도 대략 이러한 태도에서 구상된 것인지, 아니면 내심으로는 궁극적으로 '북한 붕괴론'에 기대고 있는지는 불분명하다. 어쨌든 이러한 움직임은 민간 교류의 활성화에 진력하고 있지만 좀처럼 결정적 돌파구를 찾지 못하고 있고, 국제정세의 변화와 강대국 지도자들의 결단만 바라보고 있다는 한계를 가지고 있다. 결국, 남북이 양국 체제를 서로 인정하고 평화조약을 맺는 길만이 평화공존을 위한 필요충분조건이 될 수 있다고 본다.

다. 중립화 통일론

이와 같이 흡수통일이나 평화공존이 통일을 담보할 수 없다는 취지에서, 현실적으로 타당한 통일론으로서 중립화 통일론을 수립할 필요성이 제기되고 있다.[6] 한반도의 영세중립화야말로 통일을 위한 유일하고도 효과적인 방도이니, 남북이 먼저 중립화를 선언하고 나서 외세의 영향력을 배제한 채 자주적인 통일을 이루자는 주장이다.[7] 통일의 시점을 두고 '선중립, 후통일'의 입장이 있는가 하면,[8] 일단 통일을 먼저 이루고 그 후의 안보를 확보하기 위해 중립화를 추진해야 한다는 주장도 제기되고 있다.[9] 또한 북한의 비동맹 정책에 기반한 중립화론은 허구임을 주장하는 견해도 있다.[10] 필자는 '선중립 후통일'의 원칙만이 한반도에서의 진정한 평화와 궁극적인 통일을 담보할 수 있다고 주장하며, 그 취지에 따른 중립화의 방안을 아래에서 논의할 것이다.

---

6 John Galtung, "The Neutralization Approach to Korean Reunification," Michael Haas, ed., *Korean Reunification* (Praeger, 1989), pp. 14-34.

7 강종일, 이재봉 편저, 『한반도의 중립화 통일은 가능한가』 (들녘, 2001).

8 김병규, 『Twin Koreas: 한반도의 지정학적 재탄생』 (퍼플, 2020).

9 윤태룡, "Neutralize or Die: Reshuffling South Korea's Grand Strategy Cards and the Neutralization of South Korea Alone", *Pacific Focus* Vol. 30, No. 2 (2015), pp. 270-295.

10 안병준, 『국제환경의 변화와 민족통일』 (정음사, 1986), 188-203쪽.

5. 통일된 민족국가의 체제와 명칭

한국은 '통일부'라는 정부 기구까지 설치하고 그렇게도 통일을 외치고 있는 반면, 미래의 통일국가의 명칭에 대해서는 함구하고 있다. 암묵적으로 대한민국에 의한 흡수통일 이외에는 다른 통일방안이 없다는 태도를 내심 견지하고 있는지, 아니면 통일국가 호칭에 관해 당분간 모호한 상태를 전략적으로 유지하고 있는지는 불투명하다.

가. 고려민주연방공화국(Federal Democratic Republic of Korea)

1980년 이래 북한이 제안해왔는데,[11] 민족통일이라는 지상명제 아래 '한국 vs 조선'이라는 이항 대립을 넘어서려는 시도이겠지만, 북한이 제안한 연방국이 외교권 및 군사권을 포함한 연방 통치제도에서 실제로 어떠한 체제의 연방국을 지향했는지는 불분명하다. 2000년 이후에는 '남북연합연방'이라는 모호한 명칭을 제시해오고 있는데, 이 역시 완전한 연방제 아래서 인구 열세 및 체제 동요에 대한 불안감을 내포하고 있다고 보인다.

나. 코리아 국가연합(필자의 잠정 명명, Confederation of Korean States)

11 1980년 제6차 조선로동당 전당대회 중앙위원회 사업총화보고에서 김일성은 중립화 통일을 공식적으로 제기하였다. "고려민주연방공화국은 어떠한 정치와 군사적 동맹이나 블록에도 가담하지 않는 중립국이 되어야 한다." https://twinkoreas.tistory.com/53?category=981937 (검색일: 2021. 9. 30); Alexandre Mansourov, "A Neutral Democratic People's Republic of Korea?," in Tsuneo Akaha ed., *The Future of North Korea* (Routledge, 2002), pp. 49-63.

2000년 '6·15남북공동선언'에서는 궁극적인 통일을 비전으로 설정한다는 취지에서 '1국가 2체제'라는 어구에 합의하면서 "낮은 단계의 연방국가"를 추진할 것을 선언했다. 그러나 1국가란 궁극적 통일을 이루자는 지향점이 될 수 있지만, 그에 이르는 과정에서 2체제가 어떻게 통합할지는 미지수로 남겨놓은 것이다. 필자는, 남북이 먼저 양국 체제를 수용하고 유럽연합(EU)과 같은 국가연합 체제를 수립하여 당분간 유지하다가, 조건이 성숙되면 그때 가서 연방 체제로서 완전한 통일국가를 단계적으로 수립하는 것이 타당하다고 주장한다.

다. '선 국가연합, 후 통일연방'

필자는 국제사회에서 엄연히 실존하는 두 국가를 먼저 상호 인정함으로써 북한의 체제 붕괴에 대한 우려를 불식해야만 우회적인 경로를 통해 통일에 이를 수 있다고 본다. 즉, 남북이 양국 체제를 전제로 하여 '코리아 국가연합'(1민족, 2국가, 국가연합정부를 포함한 3정부)을 구성한 후, 양국의 경제적, 사회적 수준이 일정 정도로 균형을 이룰 수 있을 때에 가서 '코리아 연방(Federal Republic of Korea)'(1민족, 1국가, 2자치정부)을 거쳐 일정 시간이 지난 후 완전한 통일(1민족, 1국가, 1정부)을 이룰 수 있다고 본다. 즉, '선 국가연합, 후 통일연방'의 원칙만이 가장 현실적인 통일방안이라 본다.

IV. 중립화의 추진 과정에 관한 쟁점들

위에서 본 바와 같이 통일의 필요성, 남북 국가 실체의 상호인정 및 호칭, 통일의 단계별 시나리오 등에 관한 일반적이고 전반적인 합의가 남북 정부 사이에서나 한국 사회에서 결여된 상태에서 단순한 민족 감성에만 호소하여 막연한 통일지상론을 구두선처럼 되뇌고 있는 상태는 이제 종식될 때가 되었다. 이러한 통일지상론은 남에서나 북에서나 주민을 순치시키고 특정한 정치적 목적을 이루기 위해 이용만 되었을 뿐이고 통일을 위한 실질적인 의지와 정책을 가지고 있는지에 대해서는 깊은 의심을 제기할 때가 된 것이다. 이제 필요한 것은 통일을 위한 획기적인 방안을 모색하는 것이다. 그 실효성을 갖는 방안은 앞의 장들에서 제기된바 한반도 중립화이며, 이 절에서는 그동안 제시된 여러 중립화론에서 드러나는 쟁점들을 정리해 보고, 중립화를 위한 당사자 협상 과정의 단계별로 제기될 쟁점들을 사안별로 유형화하여 검토하고자 한다.

1. 한반도 중립화의 구성요소 및 추진 단계에 관한 견해들

가. 사전 단계

통일을 위해서는 남북 대치 상태가 최우선적으로 해결되어야 함은 두말할 나위가 없다. 이러한 대치 상태의 종결을 위해 종전선언과 남북불가침협정이 거론되고 있다.

(1) 종전선언: 1953년 이래 정전 상태로 있는 한국전쟁을 최종적으로 종식시키는 종전선언이 있어야 한다는 주장이며, 이 제안과 관련되어 그동안 논의되던 종전선언의 방도는 대개 세 가지이다.

첫째, 남북 간에 독자적 선언을 모색할 수 있는데, 이를 위해서는 남북 지도자 간의 신뢰 형성과 그에 따른 과감한 결단이 필요하다. 2000년 6·15남북공동선언에서는 남북불가침협정을 위한 절차를 시작하자는 대체적 합의는 이루어졌으나, 그 후 남한의 한미연합훈련의 재개 및 북한의 핵개발로 인해 그 취지는 퇴색되고 말았다.

둘째, 북한과 미국 간에 추진할 수 있겠는데, 이는 북미 수교를 전제하므로 북한의 체제를 인정하게 되는 긍정적 결과를 낳을 것이다. 그러나 전쟁 당사자인 한국의 참여 없는 종전선언은 무의미하고, 또한 북미 수교로써 북한의 체제 안전이 보장된다면 북한으로서는 남한의 흡수통일론을 견제하기에 통일을 서두를 이유가 없고, 다른 한편으로는 중국의 부상을 견제하려는 미군의 남한 주둔은 계속될 수 있으므로, 북미 사이에만 이루어지는 종전선언은 필경 분단의 고착화로 이어질 우려가 매우 높다.

셋째, 한국전쟁의 참전국인 한국, 조선, 미국, 중국 등이 참여한 다자간 선언이 있을 수 있는데, 이는 가장 이상적인 방안일 것이며, 2021년 9월 21일 문재인 대통령은 유엔총회 연설에서 "남북미중 4자간 또는 남북미 3자간의 종전선언"을 제안한 바 있다. 한국전쟁의 주된 참전국이 모두 함께 정전 상태를 종식시키자고 선언하는 것인데, 더욱 바람직하게는 세계사적 유례에 비추어 종전선언을 포함하는 하나의 강화(평화)조약으로 포괄적으로 체결되어야 할 것이다.

(2) 남북 불가침 협정: 6·15선언에서 명시한 '남북불가침협정의 추진'은 그동안 유명무실해졌다. 그러나 2018년에 이루어진 '9·19남북군사합의'를 전면적으로 확대 적용하는 협정을 남북 간에 독자적으로 합의할 수 있다면, 이야말로 외세의 개입을 배제한 자주적인 평화통일의 첫걸음이 될 수 있다.

나. 협상 단계

평화를 위한 협상 테이블에서 중립화를 일괄적으로 논의할 수 있다면, 제기될 중립화의 필수 요소 및 조건들을 열거하면 아래와 같다.

(1) 비동맹선언: 남북은 그 어떤 나라와도 군사동맹을 맺지 않는다. 이는 '한미상호방위조약' 및 '조중우호협력조약'의 동시적 종결을 의미할 수도 있다. 한편, 북한은 1980년부터 '비동맹 중립'을 실질적으로 표방하고 있다는 점도 고려할 필요가 있다.

(2) 외국군 진입 금지: 향후 한반도 분쟁에 외국군 진입 및 한반도 내 군사기지 제공을 금지한다. 이는 THADD 등 전략 무기를 포함한 주한미군기지 철수를 의미할 수도 있다.

(3) 비핵화의 범위: 비핵화/비핵지대화의 문제는 동북아 평화체제 구축에서 최대의 장애물이다. 싱가포르와 하노이에서의 북미 간 협상에서 보았듯이 이 문제가 해결되지 않은 채 중립화 및 통일의 논의는 진척되기 어려워 보인다. 즉, 북한의 핵 폐기를 전제조건으로 하는 평화회담은 성립되기 어렵고, 북한의 체제 보장과 맞물려 일괄적으로 타결되어야 할 과제이다. 비핵화를 논의할 시점에 이르면 다음 세 가지의 과제가 논의되어야 할 것이다. 첫째, 북한의 비핵화인

데, 장거리 미사일 문제도 포함될 것이다. 둘째, 한반도 전체의 비핵화를 논의해야 하는데, 이는 한국이 미국의 핵우산을 탈피하는 문제를 수반한다. 셋째, 가장 바람직한 것은 동북아 지역 전체의 비핵화를 논의하는 것인데, 이는 일본의 핵무장화 가능성을 차단하는 목표로 이루어져야 한다.

(4) 중립국가로서의 국방력 수준: 중립국은 비무장(예: 코스타리카) 중립 또는 무장 중립을 표방할 수 있다. 무장 중립의 경우 그 무장의 강도는 그 지역이 처한 국제전략적 상황과 맞물려서 결정될 것이다. 최소 방어 무력론(예: 스위스)[12]이 있을 수 있고, 그와는 반대로 최대 강화 무력론도 있을 수 있는데, 이스라엘의 경우처럼 중립국은 아니나 자강력 확보를 최우선시하는 것이다. 또한 군축 및 감군 문제가 필연적으로 대두되는데, 여기에는 현대적 상황 아래서 인구 절벽이나 현대적 고도기술무기의 확대를 함께 고려할 필요가 있다. 마지막으로 대두될 문제는 핵무장 중립인데, 이는 국제적 인정이 관건이며 만약 한반도가 핵무장을 한다면 일본 및 동북아의 핵무장론을 열어줄 핵도미노 현상을 감안해야 한다. 그럼에도 불구하고 일각에서는 북한의 핵 보유를 인정해야 한다든가 심지어는 남한도 핵무장을 추진하자는 주장도 대두되고 있다.

다. 최종 단계

한반도 중립화는 한국전쟁 정전의 상태를 일소하는 평화조약과 함께 동시에 추진되어야 한다. 그 이유는 중립화가 전제되어야만 남북

---

12 하용출·박정원, "약소국의 자주외교전략: 유럽 사례를 통해 본 가능성과 한계", 『전략논총』 vol. 9 (1998), 34-56쪽.

및 주변 이해 당사국들이 동북아에서 항구적인 평화가 이루어짐과 동시에 그들의 전략적 이해관계도 충족시킬 수 있다는 확신이 서야만 가능하기 때문이다. 다시 말해 중립화와 평화조약은 동전의 양면을 이루면서 상호보완적 관계를 갖는다고 할 수 있다.

(1) 중립화 조약의 형태는 크게 두 종류로 나누어볼 수 있다. 그 하나는 남북의 결단에 의한 남북 국가 간의 조약인데, 국제적 보장이 취약하여 항구성이 의문시될 수 있다. 바람직하게는 주변 이해 관련국들이 참여하여 다자간의 협상을 통해 한반도 중립화를 상호 보장하는 국제조약으로서 '한반도 평화조약'과 연계하여 추진한다면 국제적 실효성과 항구성을 담보할 수 있다.

(2) '한반도 평화조약'의 당사자에 관한 여러 선택지는 다음과 같다. 첫째, 남북 간 평화조약인데, 남북이 서로의 국가적 실체를 인정해야 하며, 민족 차원의 자주적 결단이 필요하다. 둘째, 남북이 주도하고 미국과 중국이 보장하는 '2+2' 형태인데, 남북이 주체가 되어 조약을 체결하고 동시적으로 한국전 참전 당사자인 미국과 중국의 보장(underwriting)으로써 유효성을 확보하는 방법이다. 셋째, 남북, 미국, 중국이 공동 주체가 되는 4자간 평화조약인데, 한국전 참전국 사이의 일괄적인 종전 및 강화조약이다. 또한 조약의 부속적 사안으로 한반도 비핵화 문제도 일괄 타결할 수 있을 것이다. 마지막으로, 보다 이상적인 방안으로서 남북이 주체가 되고, 미국, 중국은 물론 러시아와 일본까지도 참여하여(2+4), 동북아 이해 당사자 간의 포괄적인 '동북아 평화조약'을 추구할 수도 있다. 동시에 역내 비핵화와 동북아 자유경제지역 건설을 포함할 수 있다.

2. 순차적 중립화 선언에 관한 견해들

국내외에서 중립화의 가능성을 전제하여 제기된 논의는 중립화 선언 주체와 그들 선언의 선후 관계에 따라 다음과 같이 유형화할 수 있다.

가. 북한이 일방적으로 중립화를 먼저 선언하고(이미 실질적인 비동맹 중립주의를 취하고 있다는 견해도 있다), 조건이 성숙되면 남한이 뒤이어 중립화를 선언한다.

나. 남한이 독자적으로 먼저 중립화를 선언하고, 북한이 뒤따르도록 유도한다.

다. 남북이 협의를 거쳐 동시에 자주적으로 중립화를 선언한다.

라. 남북 및 미국, 중국의 합의 하에 4자간 포괄적 평화조약의 일환으로, 또는 평화조약에 부속된 별도의 중립화 조약을 통해 일괄적으로 한반도 영세중립화를 확정해야 한다는 것이 필자의 주장이다. 그 이유는 위 세 가지의 방안이 모두 국제적 인정을 결여하고 있으므로 실현된다 하더라도 안정성, 항구성을 가질 수 없기 때문이다. 반드시 남북이 동시에 중립화를 선언해야 하며, 이를 통해 남북이 합의한 '코리아 국가연합'과 결부되어 북한의 체제 유지를 보장하되 궁극적 통일 과정을 불가역적으로 확보할 수 있을 것이다.

3. 한반도 중립화에 대한 지지, 거부 세력의 입장 검토

한반도 중립화에 대한 주변국의 지지, 거부 입장에 따라 중립화 논의가 순조롭게 진행될 수도 있고 난관에 봉착할 수도 있다. 한반도 중립화의 핵심적 사안은 우리 민족의 자주적 의지가 최우선 과제이겠지만 어찌 보면 주변 강대국들이 우리의 자주적 결단에 적극적이든 피동적이든 따라올 수 있도록 하는 것이 관건일 것이다.

가. 조선

김일성 이래 체제 보장을 위한 최선의 방안으로 중립화를 공개적, 비공개적으로 모색해왔으므로,[13] 체제 위협이 제거될 확신만 있다면 적극 찬성할 것이나, 반대로 체제 보장에 대한 확신이 없는 한 영구적인 중립화 조약에 적극적일 수 없을 것이다.

나. 중국

중국이 한반도에 대해 전략 기지화를 목표로 한 패권주의적 야심이 있다면 미국의 견제를 받을 것이다. 그러나 거꾸로 미국이 한반도 전진기지를 철수하여 완충지대가 형성됨으로써 중국에 대한 직접적인 위협이 배제된다면 한반도 중립화에 적극적일 여지가 크다.[14]

---

13 최우균, "조선에 통일, 중립의 연방국가를", 『조선통일론』 (아시아태평양평화연구소, 1989); 강종일 편저, 『한반도 중립화로 가는 길』 (광양사, 2007), 129-133쪽.

14 강종일, 『한반도 생존전략:중립화』 (해맞이미디어, 2014), 312쪽.

다. 러시아

한반도 중립화에 따르는 경제적 이해관계(시베리아철도, 천연가스 파이프라인)에 따라 찬성할 가능성이 높다. 특히 그들이 일으킨 우크라이나 전쟁에 대한 후과로 미국 및 서방의 막대한 경제적, 군사적 압박을 받고 있는 상태에서, 동아시아에서 미국의 위협으로부터 한반도라는 완충지대를 갖는 것을 환영할 것이다.

라. 일본

전쟁 수행이 가능한 "정상국가"를 모색하는 데서 한반도의 긴장 상태가 계속되어야 할 필요성을 갖고 있다. 또한 통일된 한반도의 격상된 위상에 대한 우려 및 일본의 동북아 주도권 약화에 대한 우려 등으로 인해 한반도 중립화를 방해할 가능성이 높다. 따라서 일본 내 평화 희구 시민단체와는 연대를 고려할 필요가 있다.[15]

마. 미국

군부 및 MIC(군산복합체)의 공동이익을 추구하기 위해 국제적 '악마(evil)'의 존재가 언제나 필요하다. 그러나 집권 정권별 성향에 따라 한반도 중립화에 대해 궁극적인 거부 세력으로 또는 우호 세력으로 작동할 수 있기에, 미국의 정계 및 세계의 평화 희구 세력과의 적극적인 연대를 추진해야 할 필요가 있다.

---

15 김동규, "한반도의 남북한 통일에 대한 일본의 역할과 중립화 통일론", 『통일교육연구』 vol. 12, No. 1 (2011), 1-24쪽.

바. 한국

커다란 남남갈등이 예상된다. 특히 한미동맹의 유지를 한국 사회 내에 기득권 유지와 동일시하는 세력의 극렬한 저항이 예상되며, 다른 한편으로는 낭만적 민족주의 및 통일지상주의의 입장에서는 중립화 및 국가연합체제를 분단의 고착화로 간주하고 반대할 가능성도 있다.

V. 한반도 중립화의 실천적 추진 방안

1. 단계별 추진론 vs 일괄타결안

앞에서 살펴본 대로 중립화를 위한 여러 가지 전제조건 및 제약사항들은 각각의 조건들이 서로 난마와 같이 얽혀 있는 것을 감안할 때 한반도 영세중립화란 실로 지난한 목표일 수밖에 없다. 그러나 중립화는 민족의 생존권 확보 및 미래의 번영을 위해서 만난을 극복하더라도 한반도 영세중립화는 기필코 우리 민족이 자주적으로 이루어야 한다. 중립화가 어려운 과정이기 때문에 관련된 여러 전문가들 및 다양한 평화운동가들은 이를 이루기 위한 여러 가지 방안을 제시해왔다.[16] 이러한 방안들을 필자 나름으로 단순화시킨다면 크게 두 가지 중립화 달성 방안으로 나누어볼 수 있다.

가. 단계별 추진론

이는 앞서 '중립화의 구성요소 및 추진단계'에서 열거한 세 가지의 단계를 하나씩 하나씩 꾸준히 해결해나가서 궁극적으로 영세중립

16 강종일 편저, 『한반도 중립화론 자료집』 (한신기획, 2017).

화 및 민족통일을 달성하자는 주장들이다.[17] 그러나 이는 하나의 통일된 견해는 아니고 논자에 따라 추진 단계마다의 구성 요소들이 순서를 달리해 조합되어 제기되면서 상이한 주장들이 서로 충돌하고 있다. 예를 들면, 미군 철수를 먼저 해야 한다, 또는 비핵화가 먼저 이루어져야 한다, 아니면 남한 또는 북한이 먼저 중립화를 선언해야 한다는 등의 통일방안들이다. 그러나 이러한 주장들은 고착된 분단 상태를 타개해보려는 고심에 찬 제안들이기는 하나, 오히려 강대국들이 설정하고 강요하는 한반도 전략의 전체적인 틀을 부처님 손바닥을 못 벗어나듯이 이를 깨치고 나가지 못한다는 한계를 지적할 수밖에 없다.

나. 일괄타결론

단계별 추진론의 한계를 극복하기 위하여, 필자는 한반도 중립화를 '한반도 평화조약'과 함께 일괄적으로 타결해야 한다고 주장한다. 강대국이 지배하는 분단 구조 아래서, 위에서 열거한 중립화 추진 과정 3단계의 구성요소는 그 각각이 어느 하나라도 해결하기 어려운 과제이고, 또한 그 구성요소들이 서로 다른 지평에서 하나를 해결하

---

17 대표적으로 곽태환은 '한반도 중립화 5단계 통일방안' (『국방정책연구』, 제19권 [1992], 135-158쪽)을 제시하였다:
1단계(남북화해, 협력관계 발전/ 남북기본합의서 실천 이행/ 비핵화 실현/ 4자(미중남북) 평화조약 체결)
2단계(남북경제·평화공동체 건설/ 남북 중립화통일 기본조약 체결: 남북연합단계 진입)
3단계(남북과 미·중·러·일 4강의 중립화 국제조약 체결: 남북연방 단계 진입)
4단계(남북한 중립화통일헌법 채택: 한반도 총선거)
5단계(통일코리아 중립화 국가 건설/ 유엔 회원국 등록)

는 것이 다른 하나의 구성요소를 더욱 해결하기 어렵게 만들 수 있는 구조를 갖고 있다는 인식에서 일괄타결론을 제시한다. 예를 들면 비핵화를 전제로 한 북미 수교는 분단을 고착화하여 다음 단계의 중립화 및 통일의 추진을 가로막을 수도 있다는 우려가 크다. 그러므로 중립화는 오히려 하나의 커다란 새로운 틀, 즉 '한반도 평화조약'이라는 포괄적 틀 안에서 일괄적으로 해결해야만 그 목표를 달성할 수 있다는 주장이다. 그 근거는 단계별 추진론이 하나의 커다란 역설을 내포하고 있기 때문이다.

2. 단계별 추진론의 역설

위에서 언급한 중립화를 향한 여러 추진 단계와 구성요소들은 그 어느 하나라도 녹록하게 풀릴 수 있는 과제가 아님은 주지의 사실이다. 설사 한 단계가 타결되었다 하더라도 그다음 단계가 막다른 골목에 봉착한다면 그 이전의 노력들은 허사가 될 가능성이 크다. 우선 하나의 단계를 추진하는 데서도 예측 가능한, 또는 예측 불가능한 장애물이 한두 가지가 아니다. 한반도의 이해관계가 있는 국가들 각각이 수시로 바뀌는 정치세력의 성향, 국가 전략목표의 변동 등이 때로는 우호적으로, 때로는 장애물로 등장할 수 있기 때문이다. 근자에 문재인 대통령의 유엔총회 '4개국 종전선언' 제안에 미국의 외교라인 일각에서 긍정적 반응이 일자, 일본 정부는 즉각 종전선언 추진에 대한 반대를 표명하고 나섰던 것이 간과할 수 없는 대표적 사례일 것이다.

무엇보다도 그 단계의 숫자가 많을수록 한반도에서 긴장 고조를 희망하는 냉전 회귀 세력이나 신냉전 추종 세력들에게 단계마다 그 진행을 거부하거나 방해할 수 있는 칼자루를 그 단계의 숫자만큼 더 많이 쥐여주는 것이기에, 궁극적인 영세중립화나 민족통일은 실로 이루기 어려운 꿈으로만 남을 것이다. 시간을 끌다가는 오히려 한반도에서 긴장 고조에 따른 민족의 생존권 위협, 나아가서는 국지적 또는 전면적 전쟁의 발발에 의한 파국이 훨씬 더 가능한 시나리오라고 할 수 있다.

또한 위의 각 단계는 논리적 정합성도 갖고 있지 않다. 즉, 한 단계의 해결 조건이 다음 단계의 해결 조건과 하나의 통일된 논리 구조를 가진 지평 위에서 작동하는 것이 아니라는 것이다. 각 추진 단계는 단계마다의 독립 변수들로 작동되는 별도의 논리 지평들이다. 비유컨대 커다란 한 접시(하나의 논리 지평)를 들고 입에 맞는 음식만 요것조것 골라 모아 먹을 수 있는 뷔페식 식사가 아니라는 것이다. 요약하면, 중립화를 단계별로 추진하려 할수록 그 달성이 요원해진다는 패러독스인 것이다.

3. 영세중립국 조약 일괄타결안

이와 같이 단계별 추진론은 역설적으로 민족통일의 길에서 멀어질 수 있다. 단계별 추진론의 논리적 비정합성과 현실적인 국제정세의 변동성을 고려하고, 특히 신냉전시대에서의 강대국 세력 재편을 감안할 때, 시간적으로도 우리 민족이 처한 상황의 다급함을 먼저 지적해야 할지도 모른다. 따라서 이 모든 난제를 모아 오히려 일거에 해결하려는 시도가 보다 더 현실적이고 타당성을 갖는다. 어렵기는 마찬가지이니 한 번에 모든 난제들을 모아 일거에 돌파해보자는 것이다. 즉, 뷔페식이 아니라 '한정식 한 상'을 차려놓은 식사의 방법이 더 타당할 수 있다는 필자의 주장이다.

그 '하나의 밥상'이란 위의 3단계의 조건을 동시에 다루는 하나의 포괄적인 틀로서 '한반도 평화조약'이다. 즉, 한국전쟁 당사자 4개국이 전쟁 상태를 종결하는 '강화조약(Peace Treaty of Korean Peninsula)'을 맺는 것이다. 그렇게 되면 종전선언의 사전 단계가 필요 없게 되고, 남북불가침, 비핵지대화, 군비축소 등의 난제들이 그 부속조항으로 일괄 타결될 수 있다. 이를 위한 협상 과정에서 관건이 되는 것은 한편은 북한의 체제 보장이며 다른 한편은 영구 분단을 방지하고 궁극적 민족통일로 가는 길을 확보하는 것이다. 이 두 가지 목적을 위해 필요한 것이 '한반도 중립화'와 '코리아 국가연합'이며, 이를 위해서는 평화조약의 부속 조약이나 남북 간 별도의 조약으로 체결이 가능할 것이다.

이는 바로 오스트리아의 중립화 과정에서 볼 수 있었던 독립과 중립을 한꺼번에 달성한 일괄타결 방법이었다. 물론 그 과정에서 국내적인 정치적 대립이 있었지만, 좌우 정치세력이 민족적 대의에 일치단결하여 독립을 쟁취한 것이었고 그 방도가 중립화였던 것이다.[18] 한반도에는 두 개의 국가가 엄존하고 또한 한국 내의 정치세력들이 극단의 대립을 보여주고 있는 상황은 오스트리아의 경우와 수평적

---

18 임상우, "오스트리아 중립화에 비추어 본 한반도 중립화 통일론", 『통합유럽연구』 제12권 3집 (2021), 127-166쪽.

으로 비교하기는 어렵다. 그러나 자주와 번영이라는 민족적 대의를 향해 반드시 수렴되어야 할 차이점이라는 데는 이견이 있을 수 없는 일이다.

그리고 강대국의 힘에 의한 외교 논리와 이에 순응하는 국제정치학의 개념 틀을 넘어서지 못한 채 안보 및 통일외교정책을 세우고 있는 우리 정부는 이를 주도적으로 추진할 수 없는 처지에 있다는 것 또한 분명한 사실이기 때문에, 시민주도 운동으로서 대중적 추동력의 기반을 가지고 정부의 중립화 통일정책을 선도해야 할 필요가 있다.

4. '한반도 평화조약(Peace Treaty of the Korean Peninsula)'과 세계 평화

가. 평화협정이 아닌 평화조약

최근 들어서 시민운동단체들의 여러 형태의 평화운동에서나 정부의 공식적 통일정책에서 자주 등장하는 단어가 '종전선언'의 후속 조치로서의 '평화협정'이다. 그러나 이 '협정'이라는 개념을 넘어서서, 보다 항구적인 '조약'의 개념으로 접근해야 한다는 것이 필자의 입장이다. 우선 그 협정의 주체(남북 간? 또는 북미 간?)가 모호하다는 문제도 있지만, 무엇보다도 우리의 중립화운동의 목표는 협정(agreement)이 아니라 조약(treaty)이어야 한다.

물론 현실 외교사에서 협정과 조약의 효력 범위에는 뚜렷한 구분은 없고, 또한 그것들이 파기될 지경이면 협정이든 조약이든 큰 차이가 없는 것이 사실이다. 그러나 조약, 특히 강화조약(peace treaty)은 지속적인 시간에 걸쳐 여러 교전국들이 상대적으로 큰 규모로 전쟁을 벌이다가 마침내 이를 영구히 종식시킬 때 맺어지는 것으로서 이론적으로는 항구적인 효력과 현실적으로는 국제사회에서 가장 높은 구속력을 갖는다. 이를테면, 전 유럽에 걸친 30년간의 종교전쟁을 종식시켰던 근대 최초의 국제적 강화조약인 '베스트팔렌조약(Peace Treaty of Westfallen, 1648)', 거의 전 세계적 영향을 미쳤던 1차 세계대전을 종결시킨 '베르사이유강화조약(Peace Treaty of Versailles, 1919)', 보다 작은 범위로는 태평양전쟁의 종전을 타결한 '샌프란시스코 강화조약(1951)' 등이 대표적이다.[19] 또한 국내적으로는 조약은 반드시 국회의 비준을 거치기 때문에 그동안 남북 사이에 이루어진 수많은 협약들이 유명무실하게 되었던 악순환을 지양할 수도 있다. 한마디로 주로 단기적 외교 사안을 해결하는 '협정'에 비해 '조약'은 세계사적 이정표가 되는 사건으로 작동하고 그만큼 커다란 효력을 갖게 되며, 또 그렇게 역사적으로 기록될 여지가 많은 것이다.

이 조약의 협상 과정은 세계사적인 평화조약들의 예에 비추어 판문점과 같은 장소에 관련국들이 캠프를 설치하고 상당 기간 동안(6개월~1년) 진행될 수밖에 없다. 왜냐하면 여기에서 예상되는 수많은 이해충돌의 난제들을 해결해야 하는 어려움이 있기 마련이기 때문이다. 그러나 가능한 모든 난제(예를 들면 비핵지대화 문제)들이 협상 테이블에 아젠다로 올라가고, 막상 이해관계 교환이 이루어지면서 쟁점들이 조율되고 나면, 그 내용을 다루는 포괄적 조약의 형식은

19 임상우, "베르사이유 조약과 유럽평화의 이상", 『통합유럽연구』 제9집 2호 (2018), 1-29쪽.

그리 복잡하지 않다. 우선 종전선언과 남북불가침 천명은 평화조약의 전문(preamble)에서 선언적 문구만으로도 해결할 수 있다. 그리고 중립화의 핵심적 구성요소들인 비동맹 조항, 외국군 진입금지 조항, 한반도(동북아) 비핵화 협정, 동아시아 경제자유지역 협정 등의 사항은 본 조약의 조항이나 부속조약 또는 부속합의서로 해결될 것이다.

나. 세계평화의 담론 주도: 일괄타결이 난망하다는 데 대한 대항 논리의 제시

한반도에서 이토록 오랜 시간 동안 고착화된 냉전의 산물들은 누가 봐도 쉽게 해결되지 못할 난제들이다. 이렇게 어려운 문제들을 일거에 한마당에서 해결하려는 제안은 어쩌면 현실성이 없는 백일몽을 꿈꾸는 시도로 치부될 수도 있을 것이다. 그렇다면 도대체 어떻게 이해가 충돌하는 강대국들을 한자리에 모아 평화회담을 진행토록 한다는 말인가? 이러한 반문에 대해서는 포괄적인 '한반도평화조약'을 맺어야만 할 세 가지 적극적인 대항 논리를 제시한다.

(1) 한국전쟁 강화조약: 2+2(남, 북+미, 중)

강대국 사이의 냉전 구도의 주산물로서 한국전쟁이 발발하여 잠정적인 휴전이 이루어진 후 어언 70년 가까운 세월이 지났다. 그래도 아직 전쟁은 끝나지 않았고 한반도는 세계에서 가장 첨예한 군사적 대치 상태를 아직도 유지하고 있는 지역이다. 우리 민족이 지나간 냉전시대의 유물을 떠안고 앞으로 얼마나 더 많은 세월을 이렇게 긴장된 일촉즉발의 상황 아래에서 살아야 하겠는가? 아닌 말로 백 년을 채워 세계사적 기록이라도 세우려는 것인가? 이제는 그 전쟁 상태

를 종식시킬 때가 되지 않았는가? '한반도 중립화'라는 포괄적 방안으로써 우리 민족이 이를 자주적으로 주도함에 있어서, 강대국들은 한국전쟁의 발발에 원천적인 도의적 책임이 있으니 결자해지의 원칙으로 그 전쟁을 종식시키는 강화조약에 임해야 한다는 세계사석 대의를 내세운다면 이를 쉽게 거부하지 못할 것이다. 여기서 '강화조약'은 한국전쟁 주 참전국 4개국(남, 북, 미, 중)이 맺는 것이 국제적 인정을 받는 최선의 방법이 되겠지만, 신냉전 하의 국제정세가 여의치 못하면 '민족 자주성'이라는 원칙 아래 남북이 주도권을 갖고 자발적으로 추진하는 방안을 모색해야 할 것이다. 그 과정에서 미국과 중국은 2차적인 협상 주체(2+2)로 참여하도록 하는 국제 여론을 세계평화라는 담론에 실어 일으켜야 할 것이다.

(2) 동북아 평화조약: 2+4(남북+미, 중. 러, 일)

한반도 중립화는 비단 민족 내부의 갈등과 대립을 넘어서서 안정적인 지역평화체제를 보장할 것이다. 날로 첨예해지는 미국과 중국의 신냉전 상황은 한반도의 운명은 물론이고 동북아 전체를 초미의 긴장 상태로 내몰아갈 공산이 크다. 여기에 한반도가 대륙세력(중, 러)과 해양세력(미, 일) 사이에서 완충지대 역할을 하여 지역 내 지정학적 세력 균형을 도모함은 물론 쌍방의 경제적 이해관계를 우회적으로 조율할 수 있는 자유경제지역으로 작동할 수 있다. 즉, 관련 강대국 모두에게 경제적, 안보적 공동이익을 도모할 수 있도록 '동북아 평화 및 공동번영'이라는 담론의 틀을 제시하면서 '동북아 평화조약'을 또 하나의 대안으로 추진할 필요도 있을 것이다. 이 조약은 남북이 주체가 되고 주변 관련국들인 미국, 중국, 러시아, 일본 등이 참여하는 '2+4 형태'로 이루어지는 것이 가장 이상적이겠으나, 6자가 동등한 입장에서 체결해도 무방할 것이다. 그러나 러시아나 일본이 참여할 수 있는 전제조건은 동북아 평화를 위협하는 군사적 확장의 가능성이 확고히 배제되어야 함은 물론이다.

(3) 세계평화운동의 모범

시나브로 인류사는 새로운 시대로 접어들고 있다. 특히 '코로나 이후 시대(After Corona)'와 병행하여, 세계는 그동안의 강대국 패권주의 시대를 벗어나 다극화된 시대로 대전환(Great Transforamtion)하고 있다. 여기에 우리 민족은 자발적으로 강대국의 굴레를 벗어나 우리가 주도적으로 지역평화체제를 모색해야 한다. 한반도 중립화를 통해 민족 내부의 대립과 갈등의 해소는 물론 나아가서 지역의 평화와 안정까지도 성취하는 모델을 세계시민 앞에 제시하여 향후 지역분쟁을 극복한 평화운동의 세계적 모범으로 자리잡을 것을 평화를 지향하는 세계시민들 앞에 제시할 필요가 있다. 특히 국가연합에 의한 통합의 경험을 가지고 있는 유럽 및 여타 유엔 가입국들을 이러한 '세계평화'라는 담론으로 끌어들이는 전략적 접근이 꼭 필요하다. 일찍이 김구 선생이 갈파했듯이 "진정한 세계평화가 우리에게, 우리로 말미암아 이루어지기를 바란다"는 취지야말로 세계시민들을 설득시킬 강력한 대의일 것이다.

VI. 전망: 영세중립국으로 번영하는 코리아

1. '선중립, 후통일'로 항구적 안보와 자주독립 성취

민족의 염원인 통일의 담론에는 세계사상 유례를 찾기 힘들 정도의 강렬한 감성적 민족 정서의 크기만큼 이와 배치되는 현실적 제약조건들은 역시 심대하다. 그런데 이러한 제약조건에 대한 현실적 접근은 상대적으로 간과되는 경향이 있다. 앞서 열거한 중립화의 조건들이 해소되지 않고는 통일은 가능하지도 않으며 의미도 없다. 예를 들면 무조건 통일론이나 심지어 흡수통일론을 따르자면 남한 주민이 지불해야 할 막대한 통일비용은 차치하고라도 북한 주민을 2등 시민으로 처우하자는 말인데, 그렇다면 무엇을 하려고 통일은 한다는 말이며 구두선처럼 읊조리던 민족 동질성은 어디에 있다는 말인가?

이렇게 볼 때, 통일의 전제조건으로서 중립화의 조건들은 바로 통일의 목표인 셈이다. 통일하자는 것은 서로 싸우지 말며 서로 같이 번영하자는 말인데, 중립화의 조건들이야말로 바로 그 목표 자체이기 때문이다. 중립화는 통일의 유일한 방법이며 통일 이후에도 자주적 상태를 안정적으로 유지하기 위한 효과적 방안이기도 하다. 따라서 통일이라는 궁극적 목표를 이루기 위해서는 한반도가 먼저 중립화되어야 한다. 요약하면, '선중립, 후통일'이다.

2. 영세중립국으로서의 국가체제

'한반도 평화조약'을 가능하게 하고 영세중립화를 국제적으로 보장하는 것은 주변 강대국들의 상호 견제에 의한 세력균형의 틀이겠지만, 이를 궁극적, 항구적으로 보장하기 위해서는 남북이 하나의 국가체제 아래에 묶여 있어야만 가능하다. 지금처럼 목표가 다른 두 국가 간의 대립적 체제로 계속 남아 있다면 국제정세의 변동과 강대국들의 이해관계에 의해 또다시 그들에게 칼자루를 쥐여주고 통일된 중립국으로서의 번영의 꿈은 요원해질 것이기 때문이다. 그러나 당장 하나의 통일국가를 이루기에는 역사적, 현실적 제약이 명백하므로, 평화조약과 중립화는 일괄적으로 동시에 추진되어야 하는 것과는 달리, 통일국가 수립 과정이야말로 다음의 몇 가지 단계를 거쳐서 이루어야 할 것이다.

단계적 통일과정에서 무엇보다 중요한 대전제의 하나는 같은 민족 성원으로서 한국과 조선 쌍방의 정치적 실체를 상호적으로 인정해야만 한다. 즉, 당분간 1민족, 2체제(2독립국)를 인정하지 않고서는 이상에서 살펴본 모든 논의가 진척될 수 없기 때문이다. 그래야만 즉각적인 화학적 결합이 불가능한 현재의 상태에서, 이미 수차례 남북의 지도자들이 합의했듯이, 점진적, 단계적으로 궁극적인 민족통일 국가를 모색해야 할 수 있을 것이다.

가. 첫 번째 단계는 영세중립화를 포괄하는 평화조약과 동시에 즉각적으로 남북은 '코리아 국가연합(Confederation of Korean States)'을 선포하고 1민족, 2국가, 3정부(대한민국 자치정부, 조선민주주의인민공화국 자치정부, 코리아국가연합 정부)로써 통일의 전 단계를 확약한다. 즉, 남북 양국 각기의 주권을 인정하되 상위의 국가연합정부를 구성하고 궁극적 통일을 지향할 수 있는 제 권한을 부여하는 것이다. 이 국가연합의 모델은 유럽연합(EU)이 될 것이다. 서로 싸우지만 않아도 공동번영의 기초는 세워지는 것이다.

나. 두 번째 단계는, '한반도 평화조약'에서 정하는 일정 시간이 지난 후, 다시 '코리아연방공화국(Federal Republic of Korea)'을 구성하여 1민족, 1연방정부, 2지역정부 체제로 민족의 궁극적 통일에 한 발 다가간다. 이의 모델은 독일연방공화국이 이상적이다. 이로써 민족의 공동번영과 동북아 평화를 항구화한다.

다. 궁극적인 통일에는 정치적 체제는 물론이고 이에 앞서 경제적 수준의 균형이 모색되어야 하므로 이는 '동북아 경제자유지역'을 공동운영함으로써 남북의 상대적인 경제적 균등성을 확보하고, 마지막 단계로서 조건이 성숙하여 언젠가 때가 오면, 가급적 분단 100년이 되는 2045년 이전으로 시한을 설정하여, 우리의 숙원인 1민족, 1국가, 1정부의 통일을 자연스레 이룬다.

라. 단계별 시한 명시

이상과 같은 절차는 포괄적으로 맺게 되는 '한반도 평화조약'에 선언적 또는 의무적 조항으로 그 단계별 시한을 명시하여 불가역적으로 후일을 기약할 필요가 있다.

3. 한반도(동북아) 경제자유지역

한반도 및 동북아 공동경제권에 대해서 기존의 논의가 상당수 있고,[20] 다음과 같이 요약적으로 전망해볼 수 있다.

가. 동북아 경제권 전망

(1) 한국: 태평양 세력(미국, 일본, 호주 등)과 중국의 일대일로 전략을 완충적으로 중재하면서 자본과 기술을 조선에 투자하여 상승적인 경제 효과를 기대할 수 있다.

(2) 조선: 철의 실크로드 연결, 시베리아 천연가스 파이프라인 통과만으로도 커다란 경제적 이익을 도모할 수 있다. 적절한 지역을 지정하여 가칭 '동북아 자유경제지역'을 건설한다면 실로 막대한 경제적 이득을 기대할 수 있고, 궁극적으로는 통일의 길을 막고 있는 남북 경제력의 현격한 차이를 극복할 수 있는 결정적인 방안이 될 수 있다.

---

20 이재봉, 『한반도 중립화 선언과 동아시아 공동시장 개발 필요』(통일한국, 2001), 17-19쪽.

나. "동북아 자유경제지역" 현행 후보지

부분적 개방지역에 대한 공동투자와 공동경영의 모델에 의한 후보지역은 이미 진행되었거나 기획되고 있다.

(1) 한국/조선 공동 추진: 개성공단.

(2) 조선의 독자적 추진: 나진/선봉, 신의주, 원산.

다. '코리아 경제공동체(Korean Economic Community, KEC)'의 구성

그 구성으로는 다음의 여러 방안이 있을 수 있다.

(1) 조선의 개혁개방지구에 대한 국제적 투자를 유치하기 위해 한국이 선도적으로 참여한다.

(2) 남북공동경영(한국의 자본/기술 및 조선의 노동/자원)을 통한 상호협력 모델을 수립한다.

(3) 주식회사형 국제자유경제지역: 국제적인 지분투자(조선: 토지/노동력, 한국: 기술/자본, 국제: 무역/금융)를 통하여 안보 및 지역 안정성을 확보하고, 동북아의 산업, 금융의 허브(홍콩을 대체)로 도약한다.

(4) 유럽연합(EU)의 전 단계인 유럽경제공동체(EEC를 거쳐 EC로)를 모델로 하여 KEC로 시작할 수도 있지만, 일거에 유럽연합과 같은 국가연합을 이루어 민족경제공동체를 모색하는 것이 보다 현실적일 것이다.

Ⅶ. 맺는말: '핵우산'을 접고 '중립화 우산'을 쓰자

이상에서 보았듯이 한반도의 평화와 번영을 도모하고 동시에 동북아평화 및 세계평화에 기여할 수 있는 길은 오직 '한반도 영세중립화'에 있다. 이 길은 한반도의 민족 성원이 민족의 운명을 스스로 개척해나가는 자주의 길이요, 주변 강대국들의 간섭과 개입을 원초적으로 배제하는 자립의 길이며, 민족의 독립과 안위를 스스로 지키는 자강의 길이다.

한반도의 중립화야말로 남북이 화해하고 상호 체제를 인정하며 자주적인 미래의 공동번영을 위한 새로운 자립의 활로를 모색하는 길이다. 민족의 번영과 나아가서 동북아의 평화를 이루는 유일한 방도는 한반도의 영세중립화이며, 이는 남북이 함께 선언하여 주변 열강과 세계 각국이 이를 수용하는 것이다.

남북은 영세중립화를 통해 일단 '남북국가연합'에 기초한 경제공동체를 이루어야 한다. 이의 전제조건으로서, 국제패권주의 구도 하에서 강대국의 압제와 강요로 이루어진 남북 대치의 상태를 종식시켜야 한다. 특히 남북이 핵무장이나 핵우산 아래 있는 것은 이러한 패권적 구도를 영속화시킬 뿐이다, 안보는 무기로만 이루어지는 것이 아니며, 무기를 많이 가질수록 상대방은 더 강력한 무기를 가지려 할 터이니 역설적으로 무기만에 의존한 안보는 전쟁을 부를 뿐이다. 특히 핵무장은 가장 큰 역설로서 아무 때나 쓸 수는 없지만 막대한 안보 위협을 제기하여 역설적으로 전통 무력의 무한 증강을 부추길 뿐이니 그 비용 또한 막대해질 것이다.

그러므로 우리가 항구적인 안보를 위해 써야 할 우산은 핵우산이 아니라 '중립화의 우산'이다. 핵우산은 갈등과 대립만을 품고 있는 반면, 중립화 우산은 그 아래에 안보와 평화는 물론 자주독립과 번영의 약속을 담고 있어서, 남북이 평화공존하며 궁극적으로 민족의 통일과 번영을 모색할 수 있는 길을 열어줄 것이다. 요약하면, 중립화는 평화통일의 필요조건이며, 한민족의 자주의식과 통합을 향한 노력은 민족통일의 충분조건인 것이다.[21]

마지막으로, 중립화 우산은 강대국이 펼쳐줄 리 없으니 우리 시민들이 자주적으로 펼쳐나가야 할 것이다. 그렇지만 한국의 정부 및 사회 주도세력이 강대국의 고삐에 매여 있는 상황에서는 달성되지 못할 것이므로, 오직 시민들의 자각과 자발적 참여로서만 가능할 것이다. 여기에 중립화운동이 대중운동으로 확산되어야 할 절체절명의 사명이 있다. 이 운동이 결실을 맺는 날, 세계의 역사 앞에 이 민족이 어떻게 통한의 분열과 대립을 넘어 항구적인 평화를 이루고 번영을 누리는지를 자랑스럽게 기록할 것이다.

끝으로. 한반도 영세중립화를 위한 비전, 원칙, 목표 및 과제를 도표와 도식으로 요약하면 다음과 같다.

---

21 박후건, 『중립화 노선과 한반도의 미래』 (선인, 2007), 266쪽.

〈영세중립화를 위한 원칙, 목표 및 과제〉

중립화 4대 원칙	영세중립국 4대 목표	과제(한반도 완충지대화)
비동맹	공동안보	(1) 2+2 평화조약(남북+미중) (2) 남북영세중립국가조약 (3)평화헌법 제정
비침공	자주독립	외국군 철수 및 진입 금지
선중립, 후통일	민족통일	코리아국가연합→통일연방국가
비핵화	경제번영	동북아 자유경제지역 건설

〈영세중립국의 비전: 항구적 평화체제 아래서 번영하는 통일된 한반도〉

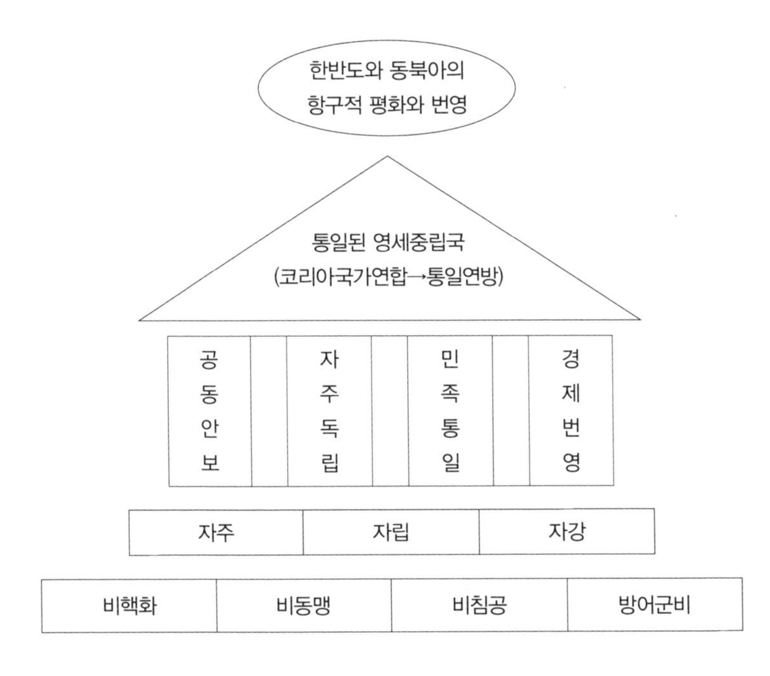

〈참고문헌〉

강광식, 『중립화 정치론: 한반도 적용 가능성 탐색』 (인간사랑. 1989).

강종일, 이재봉 편저, 『한반도의 중립화 통일은 가능한가』 (들녘, 2001).

강종일 편, 『한반도 중립화로 가는 길』 (광양사, 2007).

강종일, 『한반도 생존전략: 중립화』 (해맞이미디어, 2014).

강종일, 편저, 『한반도 중립화론 자료집』 (한신기획, 2017).

김동규, "한반도의 남북한 통일에 대한 일본의 역할과 중립화 통일론", 『통일교육연구』 vol. 12, No. 1 (2011).

김병규, 『Twin Koreas: 한반도의 지정학적 재탄생』 (퍼플, 2020).

김준형, 『대전환의 시대』 (크레타, 2022).

문수언 외, "한반도 통일의 국제정치와 동북아 다자안보협력", 『국제정치논총』 vol. 37 (1998).

박후건, 『중립화 노선과 한반도의 미래』 (선인, 2007).

안병준, 『국제환경의 변화와 민족통일』 (정음사, 1986).

윤태룡, "국내외 한반도 중립화논쟁의 비교분석: 찬반논쟁을 넘어서", 『평화학연구』 14 (2013).

윤태룡, "Neutralize or Die: Reshuffling South Korea's Grand Strategy Cards and the Neutralization of South Korea Alone", *Pacific Focus* Vol. 30, No. 2 (2015).

이경, "분단국의 통일 사례 비교", 『대한정치학회보』 제18집 제3호 (2011).
이재봉, 『한반도 중립화 선언과 동아시아 공동시장 개발 필요』 (통일한국, 2001).
임상우, "베르사이유 조약과 유럽평화의 이상", 『통합유럽연구』 제9집 2호 (2018).
임상우, "오스트리아 중립화에 비추어 본 한반도 중립화 통일론", 『통합유럽연구』 제12권 3집 (2021).
최우균, "조선에 통일, 중립의 연방국가를", 『조선통일론』 (아시아태평양평화연구소, 1989),
하용출·박정원, "약소국의 자주외교전략: 유럽 사례를 통해 본 가능성과 한계", 『전략논총』 vol. 9 (1998).
《한겨레》 2021년 6월 1일.
홍석률, "중립화통일 논의의 역사적 맥락", 『역사문제연구』 제12호 (2004).

John Galtung, "The Neutralization Approach to Korean Reunification," Michael Haas, ed., *Korean Reunification* (Praeger, 1989).
Haas, ed., Korean Reunification (Praeger, 1989).
Alexandre Mansourov, "A Neutral Democratic People's Republic of Korea?," in Tsuneo Akaha ed., *The Future of North Korea* (Routledge, 2002).
http://www.cvce.eu/obj/the_agreement_on_austrian_neutrality-en-

7704e295-c957-4440-bafa-53f1eb58dbed.html (검색일: 2021. 9. 10).

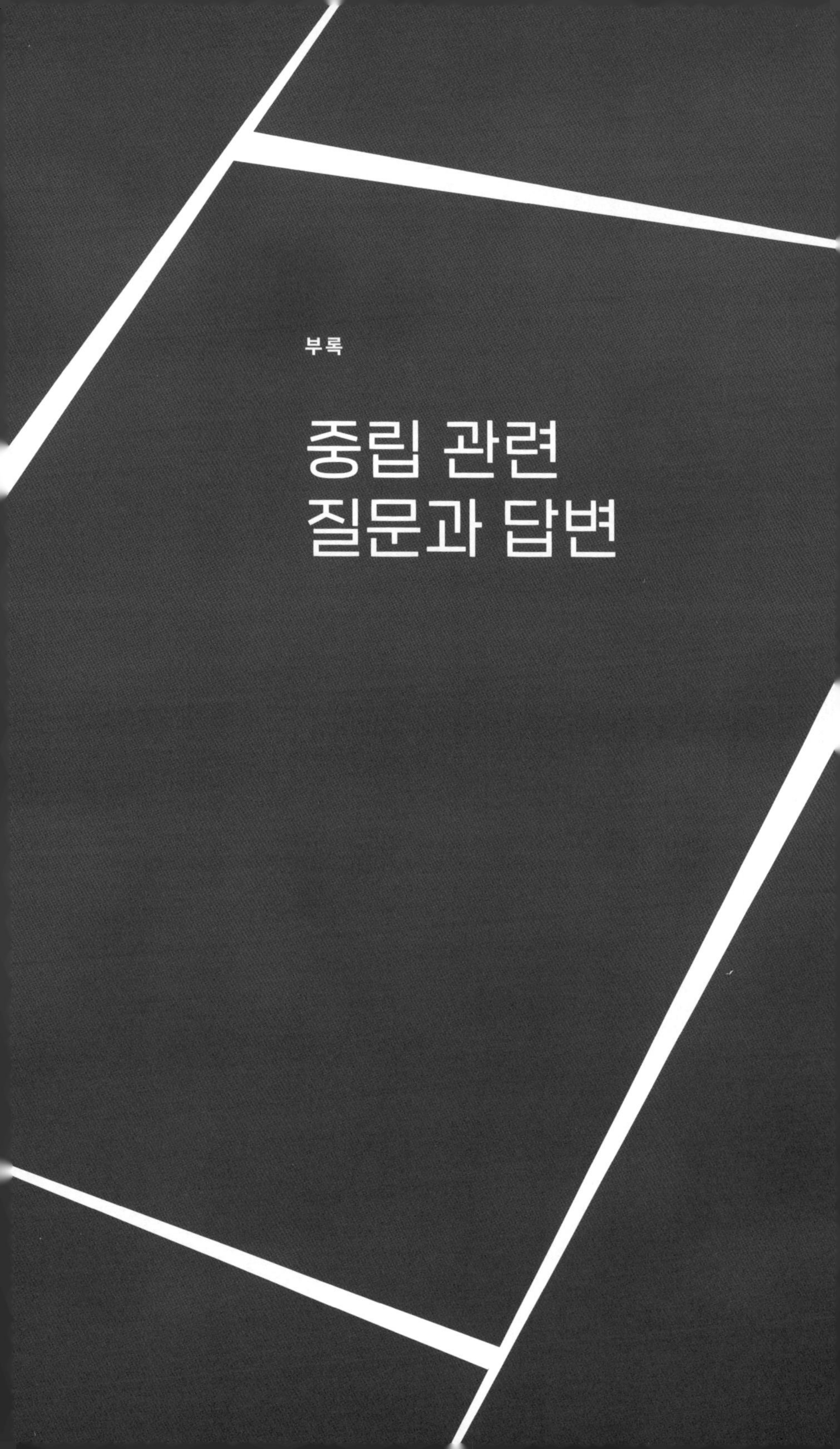

부록

중립 관련 질문과 답변

한국 사회에서 정치, 외교, 군사 용어 '중립'은 아직 익숙하지 않다. 오해와 편견이 많다. 글쓴이들이 오랫동안 한반도 중립화에 관해 연구해오는 동안 글을 발표하거나 강연하면서 다양한 질문이나 비판을 받기 마련이었다. 본문에서 다루었지만, 가장 많이 받아온 질문과 그에 대한 답을 다음과 같이 쉽고 간단하게 정리해본다. '중립'에 대한 오해와 편견이 줄어들길 기대한다.

1. 영세중립이 무엇이며, 왜 필요한가요?

영세중립이란 한 국가의 외교정책으로 다른 국가들의 어떠한 전쟁에도 개입하지 않고, 타 국가로부터 어떠한 침략전쟁을 사전에 방지하면서 타 국가를 침략할 수도 없는 국가로 전시와 평시를 막론하고 평화를 유지하는 것입니다. 따라서 전쟁 그 자체를 부인하면서 오로지 평화를 선호하고 유지하려는 특정한 국가를 영세중립국이라 합니다.

영세중립국이 되려면 세 가지의 조건을 갖추어야 한다는 것이 전문학자들의 주장입니다. 첫째 그 국가의 지도자와 국민들이 영세중립을 강하게 원해야 하며, 둘째는 지정학적으로 강대국에 포위되어 있어 침략을 많이 받은 국가이며, 셋째는 주변 강대국들이 그 약소 국가를 침략하지 않겠다는 조약을 체결하는 국제적 조건입니다.

영세중립의 정의는 그 국가의 자주독립과 영토의 통합을 강대국과 조약을 통해 영구적으로 보장받는 제도적 장치입니다. 현재 지구상에는 영세중립국으로 스위스를 비롯해 오스트리아, 코스타리카 공화국, 투르크메니스탄 등 4개국이 있으며, 몽골이 영세중립 정책을 추진하고 있습니다.

스위스는 1815년 영세중립국이 된 후 어떠한 외국의 침략도 받지 않고 국방예산을 절약하는 평화 애호 국가로 평가를 받고 있습니다. 통일된 한반도가 장차 미국, 중국, 러시아, 일본으로부터 어떠한 침략도 받지 않으면서 주변 국가 간의 전쟁도 예방할 수 있는 영세중립 정책의 필요성이 여기에 있습니다. (강종일)

2. 중립화는 약소국들이 추구하는 당당하지 못하거나 소극적 정책 아닌가요?

한 국가가 중립화를 한다는 것은 영세중립국이 된다는 말과 같은 의미입니다. 그러니까 중립화와 영세중립은 같은 뜻을 내포하고 있습니다. 한반도는 주변에 국력이 세계에서 1등부터 4등까지 가는 국가들로 한반도를 자기들의 영향권에 편입시키려고 패권경쟁을 계속하면서 상호 견제와 대립을 하고 있습니다.

그들은 인구가 모두 1억 명 이상이고, 국토의 면적은 일본을 제외하고는 한반도와 비교할 수도 없을 정도로 큰 국가들입니다. 남북이 통일된다 해도 4강 국가와의 국력 격차는 상대적 열세가 될 것이므로 평화를 보장받을 수 있는 제도적 장치가 필요하게 됩니다. 통일된 한반도가 선진국이 되고 군사적으로 강국이 된다 하여도 전쟁을 하지 않고 평화를 유지하는 것이 가장 바람직한 방법이라고 생각됩니다. 한반도 주변에 있는 국가들이 한반도를 지배하기 위해 전쟁을 한다거나 한반도를 직접 침략하게 되면 한반도는 전쟁의 피해를 받게 될 것입니다.

『손자병법』이 지적한 바와 같이 동북아시아에 있는 국가들이 전쟁을 피하면서 평화를 유지하는 제도적 장치는 제일 중요한 화두가 될 것입니다. 이를 달성하기 위해 한반도가 중립화 국가가 됨으로써 강대국의 침략전쟁도 피하면서 상호 협력할 수 있는 제도적 장치가 요구되고 있습니다. 한반도가 영세중립국이 되지 않고 주변의 강대국들과 무력경쟁을 하면서 살아가는 것이 피곤하고 어려운 일이 될 수 있기 때문입니다.

그러므로 한반도는 평화와 안보를 유지하면서 강대국들과 협정을 통해 사전에 평화를 보장받는 것이 현실적 안보방안이 될 수 있을 것입니다. 한반도가 중립화를 하는 것은 소극적인 약소국의 정책이 아니라 전쟁을 사전에 방지하면서 관련 국가들로부터 적극적이고 제도적인 평화의 담보를 받는 적극적인 전략이 될 것입니다. (강종일)

3. 한반도가 영구중립국이 되면 국제적으로 완전히 고립되는 것이 아닌가요?

한반도를 둘러싼 강대국들 중 그 어느 편도 들지 않는 것이 중립이니까, 이들로부터 모두 경원당하고 또한 강대국의 영향 아래 있는 국제사회로부터 고립을 자초할 수 있다는 우려가 제기될 수는 있습니다. 그러나 중립화의 결과는 그 반대가 될 것입니다.

그동안 한반도는 강대국의 전략적 이해관계로 분단되어 아직도 그 고삐에 매여 있습니다. 현재 국제적 패권 구도가 급변하는 상황에서 또다시 어느 한편 강대국의 그늘로 들어간다면, 우리는 다시 과거로 돌아가 강대국의 속박을 면치 못하고, 오히려 국제사회에서 자주적인 외교의 자율성(free hand)을 갖지 못한 채 고립을 자초하는 길이 됩니다.

현재 국제적 역학관계는 미국 단일 주도의 국제체제에서 미국과 중국 및 다른 강대국들이 각축하는 다극체제로 진입하고 있는 대전환(Great Transformation)의 시대를 맞고 있습니다. 이러한 힘의 균형이 이동하는 상황이 우리가 자주적으로 중립화를 성취할 수 있는 절호의 기회입니다. 국제정치적 세력 구도의 충돌은 명백하게 진행되겠지만 현대 세계에서 서로 얽혀 있는 경제적 이해관계는 간접적일지라도 강대국 간 소통의 통로를 모색할 수밖에 없습니다.

중립화된 한반도는 그러한 우회적 소통에 있어 최적의 경로가 될 것이고, 동아시아의 세력균형 및 경제적 공동이익을 추구할 수 있는 최적의 장소가 될 것입니다. 특히 이러한 강대국 간 경제적 소통을 위해서 조선 지역에 '동북아 자유경제지역'을 설정하고 국제적 자본을 유치한다면, 고립이 아니라 국제사회와 긴밀히 연결된 지역으로 발전할 수 있습니다. 이리하면 조선의 경제 여건의 향상을 통해 통일을 위한 남북의 경제적 격차 해소에 기여하고 조선을 고립에서 벗어난 국제사회의 일원으로 나서게 할 것입니다. (임상우)

4. 중립화 통일을 추구한다면, 중립화가 먼저인지 통일이 먼저인지, 아니면 동시에 하는지요? 그리고 한반도 중립화는 남북한이 동시에 하는 것인지, 아니면 각각 해야 하는 것인지 궁금합니다.

'선 중립, 후 통일'의 원칙입니다. 궁극적으로 민족통일을 지향하는 것은 변함이 없지만요. 그보다 먼저, 한국과 조선은 동시에 중립국이 되어야 강대국의 고삐에서 벗어나 자주적인 안보 및 외교를 수행할 수 있습니다. 통일을 이루기까지는 1민족 2국가 상태에서 유럽연합과 같은 국가연합의 체제하에서 민족 동질성을 추구해야 합니다.

현재의 남북 대치 상황에서는 통일이 불가능하고, 혹시 일방에 의해 강제적으로 통일이 된다고 해도 그동안 체제의 현격한 이질성으로 인해 화학적 결합이 어렵습니다. 한국과 조선은 당분간 국가연합 체제 아래서 각기의 국가 특성에 따라 병존해야 합니다. 일정한 시간이 지나 체제 이질성이 상당한 균형 상태에 도달하면 그때 가서 자연스럽게 통일이 이루어질 것입니다. 통일을 이루려는 궁극적 이유가 한민족의 공존과 번영을 이루기 위한 것일진대, 통일로 가는 길에 공존과 번영을 현실적으로 먼저 확보하는 방안이 있다면 당연히 이를 우선적으로 추진해야 할 것이고, 바로 이 길은 한반도 중립화인 것입니다.

한반도에는 두 개의 국가가 엄존하므로, 한국과 조선은 함께 중립화를 선언해야 하고, 동시에 '코리아 국가연합'을 결성하여 남북을 국제사회를 향해 하나의 정치 실체로 묶어놓아야만 통일로 가는 길을 불가역적으로 보장할 수 있습니다. 중립화의 경로를 통하지 않고서는 현재의 긴장적 대치와 간헐적 충돌만이 영구히 계속될 뿐이고, 이러한 상태는 강대국의 국제전략적 이익에만 부합할 뿐 민족의 자주성과 안전을 확보할 수 없을 것입니다. (임상우)

5. 남북한이 통일 전에 각각 중립화를 이루면 영구분단이 되는 것 아닌가요?

한반도에는 UN에 가입된 두 개의 국가가 국제적으로 엄존하므로, 궁극적인 통일로 가는 길에 잠정적인 '코리아 국가연합'을 결성하여 중립화를 항구화해야 합니다. 중립화의 경로를 통하지 않고서는 현재의 긴장적 대치와 간헐적 충돌만 영구히 계속될 뿐이고, 이러한 상태는 강대국의 국제전략적 이해관계에만 휘둘려 한반도의 민족의 영구분단만을 초래할 뿐입니다.

먼저 한국전쟁의 정전 상태를 종식시키기 위해 참전 4개국(남, 북, 미, 중) 사이에 '한반도 평화조약(Peace Treaty of Korean Peninsula)'이 체결되어야 하고, 동시에 중립화 조약을 체결하여, 즉각적으로 남북은 유럽연합을 모델로 한 '코리아 국가연합'을 선포하면서 1민족, 2국가, 3정부(대한민국 자치정부, 조선민주주의인민공화국 자치정부, 코리아국가연합 정부)로써 이를 통일의 전 단계로 확약하면서 영구분단을 지양해야 합니다.

즉, 남북 양국 각기의 주권을 인정하되 상위의 국가연합 정부를 구성하고 궁극적인 통일을 지향합니다. 서로 싸우지만 않아도 공동번영과 통일의 기초는 세워지는 것입니다. 다음 단계는, '한반도평화조약'에서 정하는 일정 시간이 지난 후, 다시 '코리아연방공화국'을 구성하여 1민족, 1연방정부, 2지역정부 체제로 민족의 궁극적 통일에 한 발 다가설 수 있습니다.

이제 막연하게 '통일'이라는 구호만 외치기보다는, 실질적으로 한반도의 안보와 번영을 확보할 수 있는 길을 모색할 때가 되었으며, 그 길은 남북이 동시에 중립화를 선언하고 상호 체제 인정에 기반한 '코리아 국가연합'을 구성하는 것이며, 궁극적인 통일에 이르는 이 모든 절차는 일괄적인 협상으로 타결해야 합니다. (임상우)

6. 한반도가 중립화를 이루면 핵무기를 보유할 수 있는가요?

중립화를 이루든 그렇지 않든 핵무기 보유는 이와 직접적인 관련이 없는 문제이기는 합니다. 왜냐하면 현재도 핵비확산조약(NPT) 10조의 '자국의 지상 이익을 위태롭게 하는 비상사태에선 NPT를 탈퇴할 수 있다'는 조항에 근거하여 북한이 핵무장을 이룬 상황에서 한국의 핵 보유는 합법적이며 정당화될 수 있는 측면이 있기 때문입니다. 또한 이러한 조항에 근거하여 한국이 NPT를 탈퇴하면 중국이 긴장하게 되고 북한에 대한 핵무기 폐기 압박을 더욱 강화할 것이기에 이런 전략이 필요하다고 주장하는 분도 있습니다. 한국이 핵무장을 하면 일본도 핵무장하게 될 것이고 이어서 대만도 핵무장을 하게 될 것인데 이는 중국이 심히 우려하기 때문이라는 것이지요. 논리적으로 일리 있는 주장이기도 합니다. 문제는 현실성입니다. 한국의 NPT 탈퇴는 미국과 중국 그리고 러시아 등 기존의 핵 보유국뿐만 아니라 주변국인 일본의 반대를 불러올 것이고, 이는 무역제재로 나타날 수 있어 무역 비중이 아주 큰 한국 경제에 치명적 타격을 줄 가능성이 높습니다. 또한 핵무장은 평화를 강조하는 분들 입장에서는 대량살상을 야기할 수 있어 그 자체로 허용하기가 쉽지 않습니다.

한편 2021년 10월 다트머스대학의 린드·프레스 교수는 "미국은 냉전 시 영국·프랑스 핵무기 보유, 나토 회원에 대해 핵 공유, 유럽 주둔 미군 증강 등 세 갈래로 신뢰의 문제에 대처했다. 또한 현재 미국은 NPT 때문에 한국과의 핵 공유에 관심이 없고, 주한미군을 증강할 것으로 보이지 않기 때문에 한국으로선 스스로 핵무기를 보유하는 것을 선택할 수 있다"고 주장하였습니다. 물론 2022년 10월 19일 열린 제47차 한미군사위원회 회의에서 미 합참의장은 '확장억제'를 재확인하고 주한미군 전술핵 재배치와 한국 독자 핵무장에 대해 부정적 입장을 취하였습니다. 한국의 권영세 통일부 장관과 박진 외교부 장관도 전술핵 재배치론을 일축하였습니다.

핵무기가 전파될수록 세계는 더 나아질 것이라는 케네스 왈츠의 주장과 그 반대로 더 나빠질 것이라는 스콧 세이건의 논쟁에서 알 수 있듯이 앞으로도 핵무장에 대한 논의는 지속적으로 전개될 것입니다. 핵주권과 핵평등에 대한 요구도 서서히 일어날 가능성도 있습니다. 여하튼 만약 미군이 철수하게 되는 중립화가 완성되면 국내적으로 안보문제에 대한 불안감이 커질 것이고, 핵무장에 대한 요구도 더욱 커질 것으로 예상됩니다. 만약 핵무장을 할 수 있다면 안보도 튼튼해질 뿐만 아니라 중립화 가능성도 높아질 수 있겠지요. 그런데 현재 중립화에 대해서는 미국의 반대가 가장 클 것이고, 핵무장에 대해서는 기존 핵보유국 모두의 반대가 있을 것이기에 중립화와 관련된 핵무장에 대해서는 그때의 상황과 경제문제까지도 고려하여 가장 합리적이고 현실적인 방법을 찾아야 할 것입니다. (정지웅)

7. 한반도 중립화는 주한미군 나가라는 말인데, 미국이 반대하면 어떻게 되는 것인가요? 그리고 주한미군을 철수하면서 한국에 보복하면 어떻게 할 것인가요?

그렇습니다. 미국은 절대 주한미군을 자발적으로 철수하지 않을 겁니다. 거의 모든 분야에서 치열하게 패권경쟁을 벌이는 중국을 견제하고 봉쇄하기 위해 주한미군을 반드시 유지해야 하는 거죠. 끝내 거부한다면 당연히 중립화를 이룰 수 없습니다. 따라서 우리의 안보와 국익을 위해 주한미군이 철수하도록 해야 합니다. 미군이 자발적으로 나가도록 하기 위해서는 지도자들의 정치력과 외교력 그리고 국민의 압도적 지지가 필요합니다. 미국이 자발적 철수를 끝내 거부하면 한미상호방위조약을 한국이 일방적으로 폐기할 수도 있습니다.

그러면 미국은 분명히 한국에 보복하겠지요. 그럴 의지와 능력을 충분히 갖고 있다고 생각합니다. 미국의 일시적 보복이 두려워 분단과 전쟁에서 벗어나지 못하고 영원히 종속되다시피 살아가는 것보다는, 보복을 당해 당분간 고통스럽더라도 자주적으로 평화와 통일을 성취해 영원히 떳떳하고 자랑스런 영구중립 복지국가 만들어가는 게 바람직하다는 것을 인정한다면, 보복과 고통을 감수해야 합니다. 한국은 그러한 보복을 견디고 고통을 극복할 수 있는 힘이 있어요. 전 세계 약 200개 국가 가운데 경제력은 10위 또는 최상위 5%를 자랑하고, 군사력은 6위 또는 최상위 3%를 기록하며, 기술력과 문화력은 세계 최고 수준을 뽐내는 나라잖아요. 그런 강국이 그에 걸맞은 자주성도 지녀야죠. (이재봉)

8. 남한이 중립을 선언하고 주한미군이 철수하면, 북한이 핵무기를 갖고 남한을 침공하지 않을까요?

먼저 북한 핵무기에 대한 남한 국민의 인식이 바뀌는 게 바람직합니다. 많은 사람들이 북한은 핵무기를 절대 포기하지 않을 것이라고 생각합니다. 물론입니다. 그러나 북한이 왜 핵무기를 만들었고 어떤 조건에서 핵무기를 포기할 수 있을지에 대해서는 별로 생각하지 않는 것 같아요. 주한미군의 위협을 포함한 미국의 대북 적대정책 때문에 핵무기를 만들었으니, 주한미군이 떠나고 미국의 적대정책이 사라지면 북한이 핵무기를 보유할 필요성이 없어지거나 줄어들지 않겠어요?

따라서 주한미군 철수와 북한 핵무기 폐기를 바꾸면 됩니다. 남한의 많은 국민은 주한미군이 언젠가는 나가야 한다고 생각합니다. 그러나 북한이 핵무기를 갖고 있는 한 주한미군 철수는 안 된다고도 생각합니다. 북한 처지에서는 자기네 안보를 위협하는 주한미군이 있는 한 핵무기는 결코 포기하지 않을 테고요. 그렇다면 한반도 평화협정을 맺으며 주한미군 철수와 북한 핵무기 폐기를 동시에 처리하면 됩니다.

북한 핵무기가 남한을 침공하기 위한 것이 아니니까 북한이 핵무기를 계속 갖고 있으면 통일 한반도가 핵 보유국이 된다고 주장하는 사람들도 적지 않습니다. 저는 반대합니다. 북한이 핵무기를 갖고 있으면 주한미군 철수에 반대하는 남한 사람들이 많을 수밖에 없고, 한반도 중립화가 어렵게 되거든요.

언젠가 주변 4강대국에 둘러싸인 통일 한반도가 꼭 핵무기가 필요하다면 그때 만들어 보유하면 됩니다. 자원과 능력을 지니고 이미 만들어본 경험까지 갖춘 통일 한반도가 어렵지 않게 만들 수 있겠지요. (이재봉)

9. 북한이 핵무기를 갖고도 중립을 선언할 수 있을까요?

북한은 이미 중립국가를 제안하고 있는 상태에서 핵무기를 보유한 국가가 되어 있는 셈입니다. 다 아시는 대로 1980년 북한은 한반도의 통일방안으로 중립국가의 정체성을 가진 고려민주연방공화국 창설방안을 제안한 바 있습니다. 그런데 북한의 핵 프로그램은 긴 역사를 가지고 있습니다. 2차 세계대전 종전 시 이미 미국의 원자탄 사용을 구경하였고 또 6·25 한국전쟁 시 미군과 연합군의 사령관이었던 더글러스 맥아더 장군과 당시 미국 대통령 해리 트루먼을 비롯한 전쟁 수행팀들이 원자탄의 사용을 심도 있게 논의했던 사실들을 파악하고 있던 북한은 1950년대에 이미 핵무기 개발에 대한 의지를 가지고 있었던 것으로 알려져 있습니다. 말하자면 북한은 미국의 핵 위협을 피부로 느끼면서 이에 대응하는 것은 물론 신생 국가의 안보 측면에서도 핵무기는 대단히 매력적인 수단으로 생각했을 것입니다. 그러나 '원자력의 평화적 이용'을 명분으로 당시 소련과 중국에 핵무기 개발에 관한 협력을 요구하였으나 모두 거절당하고 자력갱생의 결심으로 핵 개발을 추진하였습니다.

2006년 1차를 출발로 하여 6차에 걸쳐 핵실험을 진행하였으며 '국가핵무력완성'(2017)을 선언하였고 2022년에는 핵 교리의 법제화를 통해 억제뿐만 아니라 선제공격까지 정당화 작업을 완성하였습니다. 따라서 질문의 요지인 북한의 입장에서 '핵무기와 중립화'는 원천적으로 양립이 가능한 논리입니다. 다만 중립화를 추구하면서 핵무기 보유가 정당한가는 또 다른 문제라 할 것입니다. (양재섭)

10. 한반도가 중립화하면 북한 핵무기를 어떻게 해야 하는가요?

지구 역사상 핵무기를 실제로 사용하였던 국가는 미국밖에 없었습니다. 아마도 인류는 1945년 8월 일본 히로시마와 나가사키에 투하되었던 원자탄의 위력을 경험하면서 다시는 이런 참상이 없어야 되겠다고 마음을 다졌을 것입니다. 정작 원자탄을 사용한 미국 스스로도 그렇게까지 엄청난 결과를 초래할 것이라 예상치 못했을 것입니다. 비인도적 대량 살상의 전형적 수단인 핵무기는 지구상에서 반드시 사라져야 할 괴물입니다. 따라서 '세계의 비핵화'와 '한반도의 비핵화'는 한데 묶어서 우리 모두의 과제가 아닐 수 없습니다.

남한과 북한은 1992년 2월 19일에 발효된 〈한반도 비핵화 공동선언〉을 통하여 "한반도를 비핵화함으로써 핵전쟁 위험을 제거하고 우리나라의 평화와 평화통일에 유리한 조건과 환경을 조성하며 아시아와 세계의 평화와 안전에 이바지하기"로 약속한 바 있습니다. 또 북한과 미국은 1994년 10월 21일에 〈조-미 제네바 합의〉를 통하여 "양측은 핵이 없는 한반도의 평화"와 "국제적 핵 비확산 체제 강화"를 위해 함께 노력할 것을 합의하였습니다. 그러나 불행하게도 이런 저런 사정으로 약속들이 지켜지지 않았고 그 후 2003년에 시작된 6자회담(한국, 조선, 미국, 중국, 일본, 러시아)을 통하여 한반도의 비핵화를 위해 노력했지만 역시 성과를 내지 못했습니다.

그럼에도 불구하고 한반도의 비핵화는 세계평화를 위해 반드시 이뤄내야 할 필연입니다. 더구나 한반도의 중립화 평화를 완성하기 위해서는 어떤 방법으로든 원칙적으로 핵무기를 제거해야 할 것입니다. 현재로서 한반도에 존재하는 핵무기 처리에 관해 구체적인 방법이 없다 할지라도 차후 세밀하게 연구하여 합의를 이뤄내야 합니다. 북한의 핵무기와 남한의 핵우산이 모두 제거된 한반도라야 진정한 평화국가를 지향할 수 있을 것입니다. 한반도의 철통같은 안보 구축이 병행되어야 할 것은 더 말할 나위 없습니다. (양재섭)

11. 한국이 중립국이 되면 강대국의 침략을 받는 약소국을 도와줄 수 없잖아요? 약자가 강자의 횡포와 위협에 시달리면 방관하지 않고 강자에 맞서 약자를 도와주는 게 정의인데, 그러한 기본적 정의조차 실현할 수 없는 중립화에 반대합니다.

중립화란 침략전쟁이든 방어전쟁이든 어떠한 전쟁에도 개입하거나 휘말리지 않기 위한 것입니다. 한국은 베트남과 이라크에서처럼 미국의 침략전쟁을 돕기 위해 파병한 경험이 있어요. 우선 더 이상 미국의 침략전쟁에 개입하거나 방조하지 않아야 합니다. 그리고 강대국의 침략에 맞서 약소국을 군사적으로 도와주기 위해 직접 전쟁에 뛰어드는 것은 전쟁을 장기화하며 희생자를 늘리게 될 위험에 빠지기 쉽다고 생각합니다. 한국이 침략 강대국을 압도하고 패배시킬 수 있는 무력을 지니고 있다면 그게 바람직할 수도 있겠지만요. 저는 한국이 중립국이든 아니든, 침략당한 약소국을 지원하기 위해 전쟁에 개입하는 것보다, 다른 나라들과 힘을 합쳐 침략 강대국이 전쟁을 하루라도 빨리 끝내고 희생자를 줄일 수 있도록 정치적, 외교적, 경제적 영향력을 행사하는 게 훨씬 더 바람직하다고 생각합니다. (이재봉)

12. 스웨덴과 핀란드가 중립을 포기하려는 마당에 한반도 중립화를 추구하는 것이 타당한가요? 그리고 그 국가들이 NATO에 가입하면, 비동맹 중립정책을 취할 때보다 국가 안보가 더 강력해질까요?

러시아가 원하는 중립의 태도를 우크라이나가 취했다면 전쟁은 일어나지 않았을 것입니다. 우크라이나 전쟁에서 보다시피 중립 쪽으로 나아가면 갈수록 전쟁 예방 효과가 크며, 한반도에서도 동일한 효과를 누릴 수 있습니다.

한반도에서 중립의 전쟁 예방 효과를 누리려면, 전쟁의 방아쇠 역할을 하는 '한미동맹-북한 핵무장의 모순 관계'를 해소해야 합니다. 비동맹 중립의 힘으로 이 모순 관계를 지양해야 하는데, 지양할 힘(止揚力)이 현재는 보이지 않지만 국제정세의 변환에 따라 드러날 수 있습니다. 즉, 미국의 힘이 서서히 기우는 만큼 중국의 힘이 점진적으로 커지고 있는 국제정세의 틈을 파고들어 중립의 전쟁 예방 효과를 누리며 한반도 중립화의 길을 모색할 수 있습니다. 조선시대의 광해 임금(광해군)이 중립정책을 통해 '기울어져 가는 명나라(현재의 미국)'와 '떠오르는 청나라(현재의 중국)' 사이에서 교묘한 중립외교를 펼쳤듯이, 한미일 3각 군사공동체-중국·러시아·북한의 대립 구도에서 광해군 방식의 틈새 외교를 통한 중립지대를 확보한다면 한반도 중립화 통일을 앞당길 수 있습니다. 따라서 스웨덴·핀란드가 중립을 포기하려고 시도함에도 불구하고 한반도 중립화를 추구하는 것이 타당합니다.

그리고 스웨덴과 핀란드가 NATO에 가입하면 다음과 같은 중대한 문제가 파생됩니다.

첫째, 집단 자위권을 행사하는 군사동맹체인 NATO에 가입하는 순간 양국이 누려왔던 군사적 중립은 무효가 됩니다.

둘째, 양국이 가입하면 북유럽 5개국 모두가 NATO 가맹국이 됨으로써, 북유럽 전체에 걸쳐 러시아와의 군사적 대립 전선이 형성됩니다. 만약 이 전선에서 우크라이나와 같은 전쟁이 발발한다면, NATO 가입 이전의 중립 상태보다 더욱 큰 안보 위험이 발생합니다. 이미 핀란드에는 미국의 최첨단 전투기인 F35가 수십 대 배치되어 있는데, NATO에 가입하면 러시아와의 최전선인 핀란드에 NATO · 미국의 수많은 전략자산들이 배치되어 전쟁 위기가 더욱 고조될 뿐입니다.

셋째, 2차 대전 이후 줄곧 북유럽 지역은 해외의 군사기지 설치를 인정하지 않고 핵무기를 도입하지 않는 비핵 지대(비핵무기 지대)였는데, 5개국 모두 NATO 가입국이 되면 NATO · 미국의 핵우산 지역으로 편입될 가능성이 큽니다. 특히 러시아와 가까운 핀란드·스웨덴이 핵우산 아래로 들어간다면 양국이 러시아와 핵무기 대결하는 상태가 되어 중립정책 유지 때보다 우심한 안보 위기에 빠질 수 있습니다. (김승국)